MINIDICIONÁRIO ESCOLAR
INGLÊS

Português/Inglês · Inglês/Português

CIP-BRASIL. CATALOGAÇÃO NA PUBLICAÇÃO
SINDICATO NACIONAL DOS EDITORES DE LIVROS, RJ

M621
2. ed.

Cultural, Ciranda
  Minidicionário escolar inglês / [Ciranda Cultural]. - [2. ed.] - Barueri, SP : Ciranda na Escola, 2017.
  352 p. : il. ; 16 cm.

  ISBN: 978-85-380-7394-9

  1. Língua inglesa - Dicionários. 2. Língua portuguesa - Gramática. I. Ciranda Cultural (Firma).

17-42290

CDD: 469.3
CDU: 811.134.3'374(081)

Ciranda na Escola é um selo da Ciranda Cultural.

© 2009 Ciranda Cultural Editora e Distribuidora Ltda.
Produção: Ciranda Cultural

2ª Edição em 2017
9ª Impressão em 2024
www.cirandacultural.com.br
Todos os direitos reservados. Nenhuma parte desta publicação pode ser reproduzida, arquivada em sistema de busca ou transmitida por qualquer meio, seja ele eletrônico, fotocópia, gravação ou outros, sem prévia autorização do detentor dos direitos, e não pode circular encadernado ou encapado de maneira distinta daquela em que foi publicada, ou sem que as mesmas condições sejam impostas aos compradores subsequentes.

Como usar este dicionário

Este dicionário está dividido em duas partes:
- a primeira, apresenta o verbete em português e a palavra equivalente em inglês:
a.mar *v* to love.
- na segunda parte, você pode procurar o verbete em inglês para encontrar sua tradução em português:
lo.ve *s* amor / *v* amar

As abreviações em itálico que aparecem antes da palavra traduzida indicam a classe gramatical a qual aquela palavra pertence.

s. substantivo
v. verbo
adj. adjetivo
adv. advérbio
pron. pronome
interj. interjeição
prep. preposição

Vale lembrar que, assim como no exemplo citado, uma palavra não precisa pertencer apenas à mesma classe gramatical do outro idioma.

A palavra **love**, por exemplo, em inglês pode ser tanto um substantivo quanto um verbo.

Para encontrar a palavra que deseja, basta folhear seguindo a ordem alfabética!

Números cardinais
cardinal numbers

1	2	3	4
one	two	three	four
5	6	7	8
five	six	seven	eight
9	10	11	12
nine	ten	eleven	twelve
13	14	15	16
thirteen	fourteen	fifteen	sixteen
17	18	19	20
seventeen	eighteen	nineteen	twenty
30	40	50	60
thirty	forty	fifty	sixty
70	80	90	100
seventy	eighty	ninety	hundred
1.000	10.000	100.000	1.000.000
a/one thousand	ten thousand	a/one hundred thousand	a/one million

Números ordinais
ordinal numbers

1st	2nd	3rd	4th	5th
first	second	third	fourth	fifth
6th	7th	8th	9th	10th
sixth	seventh	eighth	ninth	tenth
11th	12th	13th	14th	15th
eleventh	twelfth	thirteenth	fourteenth	fifteenth
16th	17th	18th	19th	20th
sixteenth	seventeenth	eighteenth	nineteenth	twentieth
30th	40th	50th	60th	70th
thirtieth	fortieth	fiftieth	sixtieth	seventieth
80th	90th	100th	1.000th	1.000.000th
eightieth	ninetieth	a/one hundredth	a/one thousandth	a/one millionth

Frações e porcentagem
Fractions and percentage

100% Cem por cento	10% Dez por cento	½ Metade
A hundred per cent	Ten per cent	One half/Half
¾ Três quartos	0,5 Zero vírgula cinco	3,5 Três vírgula cinco
Three quarters	Zero point five	Three point five

As horas – the time

Que horas são?	*What time is it?*
É meio-dia	*It's midday/Twelve o'clock*
É meia-noite	*It's midnight*
São três horas	*It's three o'clock*
Uma e dez	*Ten past one*
Duas e meia	*Half past two/Two thirty*
Quinze para as três	*A quarter to three/Two forty-five*
São quase nove horas	*It's nearly nine o'clock*
A que horas?	*At what time?*
À uma hora	*At one*
Às duas e quinze	*At quarter past two*
Às três e pouco	*Just after three (o'clock)*
Por volta das quatro e meia	*At about half past four*
Às cinco em ponto	*At five sharp*
Em dez minutos	*In ten minutes*
Há vinte minutos	*Twenty minutes ago*

Dias da semana – days of the week

Domingo	*Sunday*	Quinta-feira	*Thursday*
Segunda-feira	*Monday*	Sexta-feira	*Friday*
Terça-feira	*Tuesday*	Sábado	*Saturday*
Quarta-feira	*Wednesday*		

Meses – months

Janeiro	*January*	Julho	*July*
Fevereiro	*February*	Agosto	*August*
Março	*March*	Setembro	*September*
Abril	*April*	Outubro	*October*
Maio	*May*	Novembro	*November*
Junho	*June*	Dezembro	*December*

Estações do ano – seasons

Inverno	*Winter*
Outono	*Autumn, fall*
Primavera	*Spring*
Verão	*Summer*

Cores - colors

Amarelo	*Yellow*	Marrom	*Brown*
Azul	*Blue*	Preto	*Black*
Branco	*White*	Roxo	*Purple*
Cinza	*Grey, gray*	Verde	*Green*
Cor-de-rosa	*Pink*	Vermelho	*Red*
Laranja	*Orange*		

Frutas - fruits

Abacaxi	*Pineapple*	Maçã	*Apple*
Ameixa	*Plum*	Mamão	*Papaya*
Amora	*Blackberry*	Manga	*Mango*
Banana	*Banana*	Maracujá	*Passion fruit*
Caju	*Cashew*	Melancia	*Watermelon*
Cereja	*Cherry*	Melão	*Melon*
Coco	*Coconut*	Mirtilo	*Blueberry*
Damasco	*Apricot*	Morango	*Strawberry*
Figo	*Fig*	Pera	*Pear*
Framboesa	*Raspberry*	Pêssego	*Peach*
Goiaba	*Guava*	Romã	*Pomegranade*
Laranja	*Orange*	Tangerina	*Tangerine*
Limão	*Lemon*	Uva	*Grape*

Animais de estimação
pets

Cachorro	*Dog*
Coelho	*Rabbit*
Gato	*Cat*
Iguana	*Iguana*
Papagaio	*Parrot*
Passarinho	*Bird*
Peixe	*Fish*

Animais da fazenda
Farm animals

Bezerro	*Calf*
Boi	*Ox, Bull*
Cavalo	*Horse*
Galinha	*Chicken*
Galo	*Rooster*
Ganso	*Goose*
Ovelha	*Sheep*
Porco	*Pig*
Rato	*Mouse*
Vaca	*Cow*

Animais selvagens
Wild animals

Águia	*Eagle*	Hipopótamo	*Hippo*
Alce	*Moose*	Lagarto	*Lizard*
Baleia	*Orca*	Leão	*Lion*
Búfalo	*Buffalo*	Macaco	*Monkey*
Cavalo-marinho	*Seahorse*	Raposa	*Fox*
Cobra	*Snake*	Rinoceronte	*Rhino*
Crocodilo	*Crocodile*	Tigre	*Tiger*
Elefante	*Elephant*	Tubarão	*Shark*
Estrela-do-mar	*Starfish*	Urso	*Bear*
Girafa	*Giraffe*	Veado	*Deer*
Gorila	*Gorilla*		

Insetos e pequenas criaturas
insects and bugs

Abelha	*Bee*
Aranha	*Spider*
Barata	*Crockroach*
Formiga	*Ant*
Joaninha	*Ladybug*
Libélula	*Dragonfly*
Louva-a-Deus	*Praying-Mantis*

Partes do corpo humano
parts of the human body

Cabelo	*Hair*
Cabeça	*Head*
Sobrancelha	*Eyebrown*
Olho	*Eye*
Nariz	*Nose*
Boca	*Mouth*
Pescoço	*Neck*
Ombro	*Shoulder*
Braço	*Arm*
Cotovelo	*Elbow*
Pulso	*Wrist*
Mão	*Hand*
Dedos	*Fingers*
Polegar (mão)	*Thumb*
Barriga	*Belly*
Quadril	*Hip*
Perna	*Leg*
Coxa	*Thigh*
Joelho	*Knee*
Tornozelo	*Ankle*
Calcanhar	*Kneel*
Pé	*Foot*
Dedão	*Big toe*

Pronomes - Pronouns

Eu	I
Tu/Você	You
Ele	He
Ela	She
Ele/Ela	It
Nós	We
Vós/Vocês	You
Eles	They

O pronome *it* é usado para se referir a objetos, animais, fenômenos da natureza...

Artigos definidos - Definite article

The man	O homem
The men	Os homens
The woman	A mulher
The women	As mulheres

O artigo definido *the*, diferentemente da língua portuguesa, não tem variação de gênero ou número. Ou seja, é utilizado tanto para substantivos no singular quanto no plural, feminino ou masculino.

Artigos indefinidos - Indefinite article

A butterfly	Uma borboleta
An eagle	Uma águia

O artigo indefinido *a* deve ser usado antes de palavras que iniciam com som de consoantes.

O artigo indefinido *an* deve ser usado antes de palavras que iniciam com som de vogais.

Palavras geralmente usadas para fazer perguntas
Question words

How	Como
What	O que
Who	Quem
Why	Por que
When	Quando
Which	Qual
Whom	De quem
Whose	De quem
Where	Onde

Frases úteis – useful phrases
Ao encontrar-se com alguém

Oi!	*Hello!*
Bom dia!	*Good morning!*
Boa tarde!	*Good afternoon!*
Boa noite!	*Good evening!*

Para iniciar a conversa

Tudo bem?	*How is it going?*
Estou bem, obrigado.	*I am fine, thank you.*
Seja bem-vindo!	*Welcome!*
Como está?	*How are you?*
Prazer em conhecê-lo!	*Pleased to meet you!*

Despedidas

Adeus!	*Goodbye!*
Até amanhã!	*See you tomorrow!*
Até logo!	*See you later!*
Tchau!	*Bye!*

Para situações específicas

Cuide-se!	*Take care!*
Divirta-se!	*Have fun!*
Boa sorte!	*Good luck!*
Bom apetite!	*Enjoy your meal!*
Saúde! (brinde)	*Cheers!*
Saúde! (ao espirrar)	*Bless you!*
Felicidades!	*Best wishes!*
Parabéns!	*Congratulations!*
Feliz aniversário!	*Happy birthday!*
Feliz Ano Novo!	*Happy New Year!*
Feliz Natal!	*Merry Christmas!*

Para esclarecer dúvidas

Onde é…? Onde está…?	*Where is…?*
Onde você mora?	*Where do you live?*
Para onde você vai?	*Where are you going?*
Quanto custa?	*How much does this cost?*
O que é isto?	*What is this?*

Falsos cognatos – false friends

Falsos cognatos são vocábulos que têm a ortografia e a fonética similares aos vocábulos em português, mas não têm o mesmo significado.

Appointment: encontro, consulta	Apontamento: *note*
Attend: assistir a, frequentar	Atender: *answer*
Cigar: charuto	Cigarro: *cigarette*
College: faculdade, universidade	Colégio: *high school*
Comprehensive: completo, abrangente	Compreensivo: *understanding*
Estate: bens, propriedades	Estado: *state*
Eventually: finalmente	Eventualmente: *casually, accidentally*
Exit: saída	Êxito: *success*
Exquisite: refinado, requintado	Esquisito: *odd, strange*
Fabric: tecido	Fábrica: *factory, plant*
Hazard: risco, perigo	Azar: *bad luck, misfortune*
Ingenious: criativo, engenhoso	Ingênuo: *naïve*
Large: grande	Largo: *wide*
Lecture: conferência	Leitura: *reading*
Library: biblioteca	Livraria: *bookstore, bookshop*
Notice: aviso	Notícia: *news*
Novel: romance	Novela: *soap-opera*
Ore: minério	Ouro: *gold*
Parents: pais	Parentes: *relatives*
Particular: determinado, específico	Particular: *private*
Physician: médico	Físico: *physicist*
Policy: política, prática	Polícia: *police*
Prejudice: preconceito	Prejuízo: *damage, loss*
Pretend: fingir	Pretender: *intend*
Push: empurrar	Puxar: *pull*
Realize: perceber, compreender	Realizar: *perform, carry out*
Scholar: erudito, letrado, estudioso	Escolar: *student, schoolboy/schoolgirl*
Sensible: sensato	Sensível: *sensitive*
Tenant: inquilino	Tenente: *lieutenant*

Verbos irregulares – irregular verbs

PRESENT TENSE	SIMPLE PAST	PAST PARTICIPLE	TRADUÇÃO
Abide	Abided, abode	Abided, abode	Morar, habitar
Arise	Arose	Arisen	Elevar-se, surgir
Awake	Awoke	Awoken	Acordar
Be	Was/Were	Been	Ser, estar
Bear	Bore	Born, borne	Suportar, aguentar
Beat	Beat	Beat, beaten	Bater, derrotar
Become	Became	Become	Tornar-se, ficar
Begin	Began	Begun	Começar
Bend	Bent	Bent	Dobrar, curvar-se
Bet	Bet, betted	Bet, betted	Apostar
Bid	Bade, bid	Bidden, bid	Fazer uma oferta, ordenar
Bind	Bound	Bound	Ligar, atar
Bite	Bit	Bitten, bit	Morder
Bleed	Bled	Bled	Sangrar
Blow	Blew	Blown	Soprar, ventar
Break	Broke	Broken	Quebrar, romper
Breed	Bred	Bred	Criar, gerar
Bring	Brought	Brought	Trazer
Broadcast	Broadcast	Broadcast	Difundir, emitir
Build	Built	Built	Construir
Burn	Burnt, burned	Burnt, burned	Queimar
Burst	Burst	Burst	Explodir
Buy	Bought	Bought	Comprar
Cast	Cast	Cast	Lançar, moldar
Catch	Caught	Caught	Pegar
Choose	Chose	Chosen	Escolher
Cling	Clung	Clung	Agarrar
Clothe	Clad, clothed	Clad, clothed	Vestir
Come	Came	Come	Vir, chegar

PRESENT TENSE	SIMPLE PAST	PAST PARTICIPLE	TRADUÇÃO
Cost	Cost	Cost	Custar
Creep	Crept	Crept	Rastejar
Cut	Cut	Cut	Cortar
Deal	Dealt	Dealt	Negociar, lidar
Dig	Dug	Dug	Cavar
Do	Did	Done	Fazer
Draw	Drew	Drawn	Desenhar
Dream	Dreamt, dreamed	Dreamt, dreamed	Sonhar
Drink	Drank	Drunk, drunken	Beber
Drive	Drove	Driven	Dirigir
Dwell	Dwelt, dwelled	Dwelt, dwelled	Habitar
Eat	Ate	Eaten	Comer
Fall	Fell	Fallen	Cair
Feed	Fed	Fed	Alimentar
Feel	Felt	Felt	Sentir
Fight	Fought	Fought	Brigar
Find	Found	Found	Encontrar
Flee	Fled	Fled	Fugir, escapar
Fling	Flung	Flung	Arremessar, lançar
Fly	Flew	Flown	Voar
Forbid	Forbade, forbad	Forbidden	Proibir
Foresee	Foresaw	Foreseen	Prever
Foretell	Foretold	Foretold	Predizer
Forget	Forgot	Forgotten	Esquecer
Forgive	Forgave	Forgiven	Perdoar
Forsake	Forsook	Forsaken	Abandonar
Freeze	Froze	Frozen	Congelar
Get	Got	Got, Gotten	Obter
Give	Gave	Given	Dar
Go	Went	Gone	Ir
Grind	Ground	Ground	Moer, afiar
Grow	Grew	Grown	Crescer, cultivar

PRESENT TENSE	SIMPLE PAST	PAST PARTICIPLE	TRADUÇÃO
Hang	Hung	Hung	Pendurar
Have	Had	Had	Ter, possuir
Hear	Heard	Heard	Ouvir
Hide	Hid	Hid, hidden	Esconder
Hit	Hit	Hit	Bater, atingir
Hold	Held	Held	Segurar
Hurt	Hurt	Hurt	Magoar, ferir
Keep	Kept	Kept	Guardar
Kneel	Knelt	Knelt	Ajoelhar-se
Know	Knew	Known	Conhecer, saber
Lay	Laid	Laid	Deitar
Lead	Led	Led	Guiar, conduzir
Lean	Leant, leaned	Leant, leaned	Inclinar-se
Learn	Learnt, learned	Learnt, learned	Aprender
Leave	Left	Left	Sair
Lend	Lent	Lent	Emprestar
Let	Let	Let	Permitir, deixar
Lie	Lay	Lain	Jazer
Lie	Lied	Lied	Mentir
Light	Lit, lighted	Lit, lighted	Acender, iluminar
Lose	Lost	Lost	Perder
Make	Made	Made	Fazer, fabricar
Mean	Meant	Meant	Significar
Meet	Met	Met	Encontrar
Mistake	Mistook	Mistaken	Enganar-se
Overcome	Overcame	Overcome	Superar, vencer
Pay	Paid	Paid	Pagar
Put	Put	Put	Colocar, pôr
Quit	Quit, quitted	Quit, quitted	Abandonar
Read	Read	Read	Ler
Rend	Rent	Rent	Rasgar
Ride	Rode	Ridden	Cavalgar, andar de

PRESENT TENSE	SIMPLE PAST	PAST PARTICIPLE	TRADUÇÃO
Ring	Rang	Rung	Tocar, soar
Rise	Rose	Risen	Levantar-se, subir
Run	Ran	Run	Correr
Saw	Sawed	Sawed, sawn	Serrar
Say	Said	Said	Dizer
See	Saw	Seen	Ver
Seek	Sought	Sought	Procurar
Sell	Sold	Sold	Vender
Send	Sent	Sent	Enviar
Set	Set	Set	Fixar, estabelecer
Sew	Sewed	Sewed, sewn	Costurar
Shake	Shook	Shaken	Agitar, sacudir
Shed	Shed	Shed	Derramar
Shine	Shone	Shone	Brilhar
Shoot	Shot	Shot	Atirar
Show	Showed	Showed, shown	Mostrar
Shrink	Shrank, shrunk	Shrunk	Encolher
Shut	Shut	Shut	Fechar
Sing	Sang	Sung	Cantar
Sink	Sank	Sunk	Afundar
Sit	Sat	Sat	Sentar
Sleep	Slept	Slept	Dormir
Slide	Slid	Slid	Escorregar
Smell	Smelt, smelled	Smelt, smelled	Cheirar
Smite	Smote	Smitten	Golpear
Speak	Spoke	Spoken	Falar
Speed	Sped, speeded	Sped, speeded	Acelerar
Spend	Spent	Spent	Gastar
Spill	Spilt, spilled	Spilt, spilled	Derramar
Spit	Spat, spit	Spat, spit	Cuspir
Split	Split	Split	Dividir-se
Spoil	Spoilt, spoiled	Spoilt, spoiled	Estragar, mimar

PRESENT TENSE	SIMPLE PAST	PAST PARTICIPLE	TRADUÇÃO
Spread	Spread	Spread	Espalhar, difundir
Spring	Sprang	Sprung	Brotar, saltar
Stand	Stood	Stood	Ficar em pé
Steal	Stole	Stolen	Roubar
Stick	Stuck	Stuck	Colar, afixar
Sting	Stung	Stung	Picar, ferroar
Stink	Stank	Stunk	Cheirar mal
Strike	Struck	Struck	Golpear, atingir
String	Strung	Strung	Enfileirar
Strive	Strove	Striven	Lutar, esforçar-se
Swear	Swore	Sworn	Jurar
Sweep	Swept	Swept	Varrer
Swim	Swam	Swum	Nadar
Swing	Swung	Swung	Balançar
Take	Took	Taken	Tomar, pegar
Teach	Taught	Taught	Ensinar
Tear	Tore	Torn	Rasgar
Tell	Told	Told	Dizer
Think	Thought	Thought	Pensar
Throw	Threw	Thrown	Arremessar, lançar
Thrust	Thrust	Thrust	Empurrar, furar
Tread	Trod	Trodden	Pisar, andar
Understand	Understood	Understood	Compreender
Wake	Woke	Woken	Acordar
Wear	Wore	Worn	Usar, vestir
Weep	Wept	Wept	Chorar, prantear
Wet	Wet, wetted	Wet, wetted	Molhar
Win	Won	Won	Ganhar, vencer
Wind	Wound	Wound	Enrolar, dar corda
Withdraw	Withdrew	Withdrawn	Retirar
Write	Wrote	Written	Escrever

Curiosidades sobre a língua inglesa

Apenas os nativos do Reino Unido, Estados Unidos e Nova Zelândia utilizam o inglês como língua materna.

Dentre as 26 letras do alfabeto inglês, a letra S é a que inicia o maior número de palavras.

Em inglês existe uma frase que utiliza todas as letras do alfabeto:
The quick brown fox jumps over the lazy dog.
(A rápida raposa marrom pula por cima do cachorro preguiçoso.)

O inglês como conhecemos hoje só começou a ser praticado a partir do século XIV. Antes disso, ele era o "resumo" do alemão e do nórdico antigo e da língua anglo-normanda.

Assim como os diversos sotaques do português no Brasil, o inglês tem muitos além de suas fronteiras. Ele pode ser americano, asiático, caribenho, pois mais de 30 países o consideram como idioma oficial.

Apesar do tamanho do mundo, o idioma que todo piloto de avião deve falar é o inglês.

MINIDICIONÁRIO ESCOLAR
INGLÊS

Português/Inglês

A

A, a *s.* the first letter of the Portuguese alphabet / *art. def.* the / *pron. pess.* her (ela), it (coisa) / *prep.* at, in, on (lugar).
a.ba.ca.te *s.* avocado.
a.ba.ca.xi *s.* pineapple.
a.ba.de *s.* abbot.
a.ba.fa.do *adj.* stuffy.
a.ba.far *v.* to suffocate.
a.bai.xar *v.* to lower (preço); to reduce (luz, som).
a.bai.xo *adv.* down / *prep.* below; under.
a.ba.jur *s.* lampshade.
a.ba.la.do *adj.* loose, shaky.
a.ba.lar *v.* to shake, to upset.
a.ba.li.za.do *adj.* eminent.
a.ba.lo *s.* shock.
a.ba.nar *v.* to shake.
a.ban.do.nar *v.* to leave; to reject.
a.bar.car *v.* to cover.
a.bar.ro.ta.do *adj.* crammed full.
a.bar.ro.tar *v.* to cram-full.
a.bas.ta.do *adj.* wealthy.
a.bas.tan.ça *s.* abundance.
a.bas.tar.dar *v.* to corrupt.
a.bas.te.cer *v.* to supply.
a.bas.te.ci.men.to *s.* supply.
a.ba.ter *v.* to slaughter.
a.bau.la.do *adj.* convex.
a.bau.lar-se *v.* to bulge.
ab.di.ca.ção *s.* abdication.
ab.di.car *v.* to abdicate.
ab.dô.men *s.* abdomen.
a.be.ce.dá.rio *s.* alphabet.
a.be.lha *s.* bee.
a.be.lhu.do *adj.* nosy.
a.ben.ço.a.do *adj.* blessed.

23

a.ben.ço.ar *v.* to bless.
a.ber.ra.ção *s.* aberration.
a.ber.to *adj.* open, exposed.
a.ber.tu.ra *s.* opening.
a.bes.ta.lha.do *adj.* stupid.
a.bi.lo.la.do *adj.* crazy.
a.bis.ma.do *adj.* astonished.
a.bis.mo *adj.* abysis, chasm / *s.* abyss, chasm.
ab.je.ção *s.* baseness.
ab.je.to *adj.* abject.
ab.ne.ga.ção *s.* self-denial.
ab.ne.ga.do *adj.* self-sacrificing.
ab.ne.gar *v.* to renounce.
a.bó.ba.da *s.* vault.
a.bo.ba.lha.do *adj.* foolish, silly.
a.bó.bo.ra *s.* pumpkin.
a.bo.bri.nha *s.* courgette.
a.bo.li.ção *s.* abolition.
a.bo.lir *v.* to abolish.
a.bo.mi.na.ção *s.* abomination.
a.bo.mi.nar *v.* to loathe.
a.bo.nar *v.* to guarantee.
a.bo.no *s.* guarantee, bonus, surplus.
a.bor.da.gem *s.* approach.
a.bor.dar *v.* to board.
a.bo.rí.ge.ne *s.* aborigine.
a.bor.re.cer *v.* to annoy, to bore.

a.bor.tar *v.* to have a miscarriage (acidentalmente); to have an abortion (voluntariamente).
a.bo.to.a.du.ra *s.* cufflink.
a.bo.to.ar *v.* to button up.
a.bra.çar *v.* to hug, to embrace.
a.bran.dar *v.* to reduce.
a.bran.ger *v.* to cover (assunto); to reach (alcançar).
a.bra.sar *v.* to burn.
a.bre.vi.ar *v.* to abbreviate.
a.bri.dor *s.* opener.
a.bri.gar *v.* to shelter.
a.bri.go *s.* shelter.
a.bril *s.* April.
a.brir *v.* to open.
a.bro.lho *s.* thorn.
ab.rup.to *adj.* abrupt.
abs.ces.so *s.* abscess.
ab.si.de *s.* shrine.
ab.so.lu.ta.men.te *adv.* absolutely.
ab.so.lu.to *adj.* absolute.
ab.sol.ver *v.* to absolve.
ab.sor.ção *s.* absorption.
ab.sor.ven.te *adj.* absorbent, absorbing / *s.* absorvent.
abs.ten.ção *s.* abstention.
abs.tra.to *adj.* abstract.
ab.sur.do *adj.* absurd.
a.bun.dân.cia *s.* abundance.
a.bu.sar *v.* to abuse.

a.bu.so *s.* abuse.
a.bu.tre *s.* vulture.
a.ca.ba.do *adj.* finished.
a.ca.ba.men.to *s.* finish, finishing.
a.ca.bar *v.* to finish, to complete.
a.ca.bru.nha.do *adj.* depressed, distressed, melancholic.
a.ca.bru.nhar *v.* to depress, to distress.
a.ca.de.mi.a *s.* academy.
a.ça.frão *s.* saffron.
a.ca.len.tar *v.* to rock to sleep, to cherish.
a.cal.mar *v.* to calm.
a.cam.pa.men.to *s.* camping.
a.ção *s.* action.
a.ca.ra.jé *s.* a Bahian delicacy beans paste fried in dendê palm oil.
a.ca.ri.ci.ar *v.* to caress.
a.car.re.tar *v.* to result in.
a.ca.so *s.* chance luck.
a.ca.tar *v.* to respect.
a.cei.tar *v.* to accept.
a.ce.le.ra.do *adj.* quick.
a.ce.le.ra.dor *s.* accelerator.
a.ce.le.rar *v.* to accelerate.
a.ce.nar *v.* to wave.
a.cen.de.dor *s.* lighter.
a.cen.der *v.* to light.
a.ce.no *s.* sign.

a.cen.to *s.* accent.
a.cer.ca *prep.* about.
a.certar *v.* to put right.
a.cer.vo *s.* collection.
a.ces.sar *v.* to access.
a.ces.sí.vel *adj.* accessible.
a.ces.so *s.* access.
a.ces.só.rio *adj.* accessory / *s.* accessory.
a.cha.do *s.* find, discovery.
a.cha.que *s.* ailment.
a.char *v.* to find.
a.cha.tar *v.* to squash.
a.ci.den.tal *adj.* accidental.
a.ci.den.te *s.* accident.
a.ci.dez *s.* acidity.
á.ci.do *adj.* acid.
a.ci.ma *adv.* above.
a.cin.te *s.* provocation.
a.ci.o.nar *v.* to set in motion.
a.ci.o.nis.ta *s.* shareholder.
a.cir.ra.do *adj.* tough.
a.cir.rar *v.* to incite.
a.cla.ma.ção *s.* acclamation.
a.cla.mar *v.* to acclaim.
a.ço *s.* steel.
a.coi.tar *v.* to shelter.
a.çoi.tar *v.* to whip.
a.co.lá *adv.* over there.
a.col.cho.a.do *s.* quilt.

a.col.cho.ar *v.* to quilt.
a.co.lhe.dor *adj.* welcoming, cosy.
a.co.lher *v.* to welcome.
a.co.me.ter *v.* to attack.
a.co.mo.da.ção *s.* accommodation.
a.co.mo.dar *v.* to accommodate.
a.com.pa.nha.men.to *s.* attendance, follow-up.
a.com.pa.nhan.te *s.* companion.
a.com.pa.nhar *v.* to go with; to accompany (música).
a.con.che.gan.te *adj.* cosy.
a.con.che.gar *v.* to bring near.
a.con.che.go *s.* cuddle.
a.con.di.ci.o.nar *v.* to condition.
a.con.se.lhar *v.* to advise.
a.con.te.cer *v.* to happen.
a.cor.dar *v.* to wake up.
a.cor.de *s.* chord.
a.cor.de.ão *s.* accordion.
a.cor.do *s.* agreement.
a.cor.ren.tar *v.* to chain.
a.cos.ta.men.to *s.* hard shoulder.
a.cos.tu.ma.do *adj.* used, accustmed.
a.cos.tu.mar *v.* to accustom.
a.co.to.ve.lar *v.* to jostle.
a.çou.gue *s.* butchery, butcher shop.
a.co.var.dar(-se) *v.* to lose courage, to cower.

a.cre.di.tar *v.* to believe.
a.cres.cen.tar *v.* to add.
a.cres.cer *v.* to increase.
a.crí.li.co *s.* acrylic.
a.cro.ba.ta *s.* acrobat.
a.çú.car *s.* sugar.
a.çu.de *s.* dam.
a.cu.dir *v.* to help, to assist.
a.cu.mu.lar *v.* to accumulate.
a.cu.sa.ção *s.* accusation.
a.cu.sar *v.* to accuse.
a.cús.ti.ca *s.* acoustics.
a.cús.ti.co *adj.* acoustic / *s.* acoustics.
a.da.ga *s.* dagger.
a.dap.ta.ção *s.* adaptation.
a.dap.tar *v.* to adapt.
a.de.ga *s.* cellar.
a.de.qua.do *adj.* appropriate.
a.de.quar *v.* to adapt.
a.de.ren.te *adj.* adhesive.
a.de.rir *v.* to adhere.
a.de.são *s.* adhesion; entry.
a.de.si.vo *adj.* adhesive.
a.des.tra.do *adj.* skilled.
a.des.tra.dor *s.* trainer.
a.des.trar *v.* to train.
a.deus *s.* goodbye / *interj.* goodbye.

a.di.a.men.to s. postponement.
a.di.an.ta.do adj. advanced.
a.di.an.ta.men.to s. progress, advance.
a.di.an.tar v. to advance.
a.di.an.te adv. in front.
a.di.ar v. to postpone.
a.di.ção s. addition.
a.di.vi.nha.ção s. riddle.
a.di.vi.nhar v. to guess.
ad.je.ti.vo s. adjective.
ad.jun.to adj. joined / s. adjunct.
ad.mi.nis.tra.ção s. administration.
ad.mi.nis.tra.dor s. administrator.
ad.mi.nis.trar v. to administer.
ad.mi.ra.ção s. amazement (espanto); admiration (respeito).
ad.mi.ra.do adj. astonished.
ad.mi.rar v. to admire.
ad.mis.são s. admission.
ad.mi.tir v. to admit.
ad.mo.es.ta.ção s. admonition.
a.do.ção s. adoption.
a.do.çar v. to sweeten.
a.do.e.cer v. to fall ill, to fall sick.
a.doi.da.do adj. crazy.
a.do.les.cen.te adj. adolescent / s. adolescent, teenager.
a.do.rar v. to adore.
a.dor.me.cer v. to fall asleep.
a.do.tar v. to adopt.

ad.qui.rir v. to obtain.
a.du.bar v. to manure.
a.du.lar v. to flatter.
a.dul.te.rar v. to adulterate.
a.dul.té.rio s. adultery.
a.dul.to adj. adult / s. adult.
ad.ven.to s. advent.
ad.vér.bio s. adverb.
ad.ver.sá.rio s. adversary, opponent.
ad.ver.tên.cia s. warning.
ad.ver.tir v. to warn.
ad.vo.ga.do s. lawyer.
ad.vo.gar v. to advocate.
a.é.reo adj. air, aerial.
a.e.ro.bar.co s. hovercraft.
a.e.ro.na.ve s. aircraft.
a.e.ro.por.to s. airport.
a.e.ros.sol s. aerosol.
a.fa.gar v. to caress.
a.fa.nar v. to nick, to pinch.
a.fas.ta.do adj. remote.
a.fas.ta.men.to s. removal.
a.fas.tar v. to remove.
a.fa.zer v. to accustom.
a.fei.ção s. affection.
a.fe.rir v. to check.
a.fe.tar v. to affect.
a.fe.to s. affection.
a.fi.a.do adj. sharp.
a.fi.ar v. to sharpen.

afilhado — aguado

a.fi.lha.do(a) *s.* godson, *fem.* goddaughter, godchild (sem distinção de sexo).
a.fim *adj.* similar.
a.fi.na.do *adj.* in tune.
a.fi.nal *adv.* finally.
a.fin.co *s.* tenacity.
a.fi.ni.da.de *s.* affinity.
a.fir.ma.ção *s.* affirmation.
a.fir.mar *v.* to affirm.
a.fir.ma.ti.vo *adj.* affirmative.
a.fi.xar *v.* to stick.
a.fli.ção *s.* affliction.
a.fli.gir *v.* to distress.
a.flu.ir *v.* to flow.
a.fo.ba.ção *s.* fluster, panic.
a.fo.ba.do *adj.* flustered.
a.fo.bar *v.* to fluster, to hurry.
a.fo.gar *v.* to drown.
a.foi.to *adj.* bold, daring.
a.fres.co *s.* fresco.
a.fun.dar *v.* to sink.
a.gar.rar *v.* to seize.
a.ga.sa.lhar *v.* to shelter, to protect, to cover.
a.ga.sa.lho *s.* coat, warm clothing.
a.gên.cia *s.* agency, office.
a.gen.ci.ar *v.* to negotiate, to procure.
a.gen.da *s.* agenda, diary.
a.gen.te *s.* agent.
á.gil *adj.* agile.

a.gi.o.ta *s.* moneylender.
a.gir *v.* to act.
a.gi.ta.ção *s.* agitation.
a.gi.ta.do *adj.* agitated.
a.gi.tar *v.* to agitate.
a.glo.me.ra.ção *s.* gathering.
a.glo.me.rar *v.* to heap up.
a.go.ni.a *s.* agony.
a.go.ra *adv.* now.
a.gos.to *s.* August.
a.gou.rar *v.* to predict.
a.gou.ro *s.* omen.
a.gra.dar *v.* to please.
a.gra.dá.vel *adj.* pleasant.
a.gra.de.cer *v.* to thank.
a.grá.rio *adj.* agrarian.
a.gra.van.te *adj.* aggravating.
a.gra.var *v.* to aggravate.
a.gre.dir *v.* to attack.
a.gres.são *s.* attack.
a.gres.si.vo *adj.* aggressive.
a.gres.te *adj.* rural, rustic.
a.gri.ão *s.* watercress.
a.grí.co.la *adj.* agricultural.
a.gri.cul.tor *s.* farmer.
a.gri.cul.tu.ra *s.* agriculture.
a.gro.no.mia *s.* agronomy.
a.gro.pe.cu.á.ria *s.* farming.
a.gru.par *v.* to group.
á.gua *s.* water.
a.gua.do *adj.* watery.

a.guar.dar *v.* to wait for.
a.gu.do *adj.* sharp.
a.guen.tar *v.* to hold on, to put up with.
á.guia *s.* eagle.
a.gu.lha *s.* needle.
a.in.da *adv.* still, yet.
ai.po *s.* celery.
a.jo.e.lhar *v.* to kneel down.
a.ju.da *s.* help, assistance.
a.ju.dar *v.* to help.
a.jus.tar *v.* to adjust.
a.jus.te *s.* agreement.
a.lar.me *s.* alarm.
a.las.trar *v.* to scatter.
a.la.van.ca *s.* lever.
al.ber.gue *s.* shelter, lodging house.
ál.bum *s.* album.
al.ça *s.* strap.
al.can.çar *v.* to reach.
al.can.ce *s.* reach.
al.ca.trão *s.* tar.
ál.co.ol *s.* alcohol.
al.co.rão *s.* Koran.
al.co.va *s.* bedroom, alcove.
al.cu.nha *s.* nickname.
al.dei.a *s.* village.
a.le.crim *s.* rosemary.
a.le.gre *adj.* cheerful.
a.le.gri.a *s.* happiness.
a.lém *adv.* over there.

A.le.ma.nha *s.* Germany.
a.le.mão(ã) *s.* German.
a.ler.gi.a *s.* allergy.
a.ler.ta *adj.* alert.
al.fa.be.ti.zar *v.* to teach to read and write.
al.fa.be.to *s.* alphabet.
al.fa.ce *s.* lettuce.
al.fai.a.te *s.* tailor.
al.fân.de.ga *s.* customs.
al.fa.ze.ma *s.* lavender.
al.fi.ne.te *s.* pin.
al.ga.ris.mo *s.* numeral, digit.
al.go *adv.* somewhat / *pron. indef.* something, anything.
al.go.dão *s.* cotton.
al.guém *pron.* someone, somebody.
al.gum(a) *pron.* some, any.
a.lhei.o *adj.* someone else's.
a.lho *s.* garlic.
a.li.a.do *adj.* allied.
a.li.an.ça *s.* alliance.
a.li.ar *v.* to ally.
a.li.ás *adv.* besides.
á.li.bi *s.* alibi.
a.li.ca.te *s.* pliers.
a.li.cer.ce *s.* foundation.
a.li.e.na.ção *s.* alienation.
a.li.e.na.do *adj.* alienated / *s.* alienate.
a.li.e.nar *v.* to alienate.

a.li.men.ta.ção s. food.
a.li.men.tar v. to feed.
a.li.men.to s. food.
a.lí.vio s. relief.
al.ma s. soul.
al.mo.çar v. to have lunch.
al.mo.ço s. lunch.
al.mo.fa.da s. cushion.
al.môn.de.ga s. meat ball.
al.mo.xa.ri.fa.do s. storeroom.
a.lô s. hello / *interj*. hello.
al.pi.nis.mo s. mountaineering.
al.tar s. altar.
al.te.ra.ção s. alteration.
al.te.rar v. to alter.
al.ter.na.ti.va s. alternative.
al.to(a) adj. high.
al.to-fa.lan.te s. loudspeaker.
al.tu.ra s. height.
a.lu.gar v. to rent.
a.lu.no s. student.
al.vo s. target.
al.vo.ra.da s. dawn.
al.vo.re.cer v. to dawn / s. dawn, daybreak.
a.mal.di.ço.ar v. to curse.
a.ma.nhã adv. tomorrow / s. tomorrow.
a.ma.nhe.cer v. to dawn / s. dawn.
a.man.sar v. to tame.
a.man.te s. lover.

a.mar v. to love.
a.ma.re.lo adj. yellow / s. yellow.
a.mar.gar v. to make bitter.
a.mar.go adj. bitter.
am.bi.ção s. ambition.
am.bos(as) num. both.
am.bu.lân.ci.a s. ambulance.
am.bu.la.tó.ri.o s. outpatient department.
a.me.a.ça s. threat.
a.mei.xa s. plum.
a.mên.do.a s. almond.
a.men.do.im s. peanut.
A.mé.ri.ca s. America.
a.mi.go(a) s. friend / adj. friendly.
a.mi.za.de s. friendship.
a.mo.le.cer v. to soften.
a.mor s. love.
a.mo.ra s. blackberry.
a.mos.tra s. sample.
a.nal.gé.si.co s. analgesic.
a.na.li.sar v. to analyse.
an.dar v. to walk.
an.do.ri.nha s. swallow.
a.nel s. ring.
a.ne.xar v. to annex.
an.fí.bi.o adj. amphibious / s. amphibian.
an.gús.ti.a s. anguish.
a.ni.ma.ção s. liveliness.
a.ni.mal s. animal.

animar — aprofundar

a.ni.mar *v.* to liven up.
â.ni.mo *s.* courage.
a.ni.ver.sá.ri.o *s.* anniversary, birthday.
an.jo *s.* angel.
a.no *s.* year.
a.noi.te.cer *v.* to grow dark / *s.* nightfall.
a.no.ma.li.a *s.* anomaly.
a.nô.ni.mo *adj.* anonymous.
a.no.ta.ção *s.* annotation.
a.no.tar *v.* to annotate.
ân.sia *s.* anxiety.
an.si.e.da.de *s.* anxiety.
an.si.o.so *adj.* anxious.
an.te.ce.den.te *adj.* preceding / *s.* antecedent.
an.te.ce.der *v.* to precede.
an.te.ci.pa.ção *s.* anticipation.
an.te.na *s.* antenna.
an.te.on.tem *adv.* the day before yesterday.
an.te.ri.or *adj.* previous.
an.tes *adv.* before.
an.ti.go *adj.* old.
an.ti.gui.da.de *s.* antiquity.
an.ti.qua.do *adj.* antiquated.
a.nu.lar *v.* to cancel.
a.nun.ci.an.te *s.* advertiser.
a.nun.ci.ar *v.* to announce.
a.nún.cio *s.* announcement.
a.on.de *adv.* where.

a.pa.gar *v.* to put out (fogo); to erase (com borracha); to switch off (luz).
a.pai.xo.na.do *adj.* passioned.
a.pa.re.cer *v.* to appear.
a.pa.re.lho *s.* apparatus.
a.pa.rên.ci.a *s.* appearance, aspect.
a.pe.li.do *s.* nickname.
a.pe.nas *adv.* only.
a.per.tar *v.* to press (botão, interruptor); to shake (mãos); to tighten (parafuso, tampa, nó).
a.pe.sar *prep.* in spite of, although.
a.pe.ti.te *s.* appetite.
a.pli.ca.ção *s.* application.
a.pli.car *v.* to apply.
a.po.dre.cer *v.* to rot.
a.poi.o *s.* support.
a.pós *prep.* after.
a.po.sen.ta.do *adj.* retired / *s.* pensioner.
a.po.sen.tar *v.* to retire.
a.po.sen.to *s.* room.
a.pos.ta *s.* bet.
a.pos.tar *v.* to bet.
a.pren.der *v.* to learn.
a.pre.sen.ta.ção *s.* presentation.
a.pre.sen.tar *v.* to present.
a.pres.sa.do *adj.* hurried.
a.pres.sar *v.* to hurry.
a.pro.fun.dar *v.* to deepen.

a.pro.va.ção *s.* approval.
a.pro.var *v.* to approve.
a.pro.vei.tar *v.* to take advantage.
a.pro.xi.mar *v.* to bring closer (coisas); to bring together (pessoas); to approach (aproximar-se).
a.qua.re.la *s.* watercolour.
A.quá.rio *s.* Aquarius (astrologia).
a.quá.rio *s.* aquarium.
a.quá.ti.co *adj.* aquatic.
a.que.cer *v.* to heat.
a.qui *adv.* here.
a.qui.lo *pron.* that.
á.ra.be *adj.* Arab, Arabian / *s.* Arab, Arabian.
A.rá.bia *s.* Arabia.
a.ra.me *s.* wire.
a.ra.nha *s.* spider.
ar.co-í.ris *s.* rainbow.
ar.der *v.* to burn.
ar.di.do *adj.* hot.
a.rei.a *s.* sand.
a.re.na *s.* arena.
Ar.gé.lia *s.* Algeria.
Ar.gen.ti.na *s.* Argentina.
Á.ri.es *s.* Aries (astrologia).
ar.gi.la *s.* clay.
ar.ma.di.lha *s.* trap, snare.
ar.má.ri.o *s.* wardrobe.
ar.qui.te.to *s.* architect.
ar.qui.var *v.* to file.
ar.qui.vo *s.* file.
ar.re.ben.tar *v.* to break, to burst.
ar.re.pen.der-se *v.* to repent, to regret.
ar.ris.car *v.* to risk.
ar.ro.gân.cia *s.* arrogance.
ar.ro.tar *v.* to belch, to burp.
ar.roz *s.* rice.
ar.ti.go *s.* article.
ar.tis.ta *s.* artist.
ár.vo.re *s.* tree.
as.sar *v.* to roast.
as.sas.si.nar *v.* to murder.
as.sen.tar *v.* to seat.
as.sim *adv.* like this (deste modo); so, therefore (portanto).
as.si.nar *v.* to sign, to subscribe.
as.si.na.tu.ra *s.* signature, subscription.
as.sis.ten.te *adj.* assistant, assisting / *s.* assistant, helper.
as.si.stir *v.* to attend.
as.som.brar *v.* to astonish.
as.sun.to *s.* subject.
as.sus.ta.dor *adj.* startling, frightening, alarming.
as.sus.tar *v.* to frighten.
a.ta.car *v.* to attack.
a.ta.que *s.* attack.

a.té *prep.* until.
a.ten.ção *s.* attention.
a.ten.der *v.* to attend.
a.ten.ta.do *s.* attack.
a.ten.to *adj.* attentive.
a.tes.ta.do *s.* certificate.
a.tin.gir *v.* to reach.
a.tra.ção *s.* attraction.
a.trás *adv.* behind.
a.tra.sa.do *adj.* late.
a.tra.so *s.* delay.
a.tra.vés *adv.* across, through.
a.tra.ves.sar *v.* to cross.
a.tri.bu.ir *v.* to attribute, to assign.
a.tri.bu.to *s.* attribute.
a.triz *s.* actress.
a.tu.al *adj.* current.
a.tum *s.* tuna.
au.di.ên.ci.a *s.* audience.
au.la *s.* class, lesson.
au.men.tar *v.* to extend, to increase.
au.ro.ra *s.* dawn.
au.sên.ci.a *s.* absence.
Aus.trá.lia *s.* Australia.
Áus.tria *s.* Austria.
au.tên.ti.co *adj.* authentic.
au.to.di.da.ta *adj.* self-taught.
au.to.es.co.la *s.* driving school.
au.to.es.tra.da *s.* expressway.
au.to.mó.vel *s.* car.
au.to.no.mi.a *s.* autonomy.
au.to.ri.da.de *s.* authority.
au.xi.li.ar *adj.* auxiliary / *s.* assistant.
a.va.li.a.ção *s.* evaluation, estimation.
a.ve *s.* bird.
a.ve.ni.da *s.* avenue.
a.ven.tu.ra *s.* adventure.
a.ves.truz *s.* ostrich.
a.vi.ão *s.* airplane.
a.vi.sar *v.* to warn.
a.vô(ó) *s.* grandfather, *fem.* grandmother.
a.vós *s.* grandparents.
a.vul.so *adj.* separate, detached, sundry.
a.xi.la *s.* armpit.
a.zar *s.* bad luck.
a.ze.dar *v.* to turn sour.
a.zei.te *s.* olive-oil.
a.zei.to.na *s.* olive.
a.zi.a *s.* heartburn.
a.zul *adj.* blue / *s.* blue.
a.zu.le.jo *s.* glazed tile.

B

B, **b** *s.* the second letter of the Portuguese alphabet.
ba.ba.ca *adj.* stupid / *s.* fool, stupid.
ba.ba.do *s.* frill.
B, **b** *s.* the second letter of the Portuguese alphabet.
ba.ba.ca *adj.* stupid / *s.* fool, stupid.
ba.ba.do *s.* frill.
ba.ba.dor *s.* bib.
ba.bar *v.* to dribble.
ba.ca.lhau *s.* cod, codfish, salt cod.
ba.ca.na *adj.* great, nice.
ba.cha.rel *s.* graduate, bachelor.
ba.ci.a *s.* basin.
ba.ço *adj.* dull / *s.* spleen.
bac.té.ria *s.* germ, bacterium, microbe.
ba.da.lar *v.* to ring.
ba.der.na *s.* commotion, riot.
ba.bá *s.* babysitter, nanny.
ba.du.la.que *s.* trinket.
ba.fe.jar *v.* to blow.
ba.fo *s.* breath.
ba.ga.ço *s.* pulp.
ba.ga.te.la *s.* trinket.
ba.gu.lho *s.* trash.
ba.gun.ça *s.* mess.
ba.gun.ça.do *adj.* messy.
ba.gun.çar *v.* to mess up.
ba.í.a *s.* bay.
bai.la.do *s.* dance.
bai.lar *v.* to dance.
bai.le *s.* dance, ball.
bair.ro *s.* neighborhood.
bai.xa *s.* decrease.
bai.xar *v.* to lower.
bai.xo(a) *adj.* low, short / *s.* bass (instrumento musical).

ba.la *s.* bullet, shot (arma); candy, sweet (doces).
ba.la.da *s.* ballad; party.
ba.lai.o *s.* straw basket.
ba.lan.ça *s.* scales.
ba.lan.çar *v.* to swing.
ba.lan.ço *s.* swing.
ba.lão *s.* balloon.
ba.la.ús.tre *s.* banister, baluster.
bal.bu.ci.ar *v.* to babble, to stammer.
bal.búr.di.a *s.* uproar, disorder, tumult.
bal.cão *s.* balcony, counter.
bal.de *s.* bucket.
bal.de.a.ção *s.* transfer.
ba.lé *s.* ballet.
ba.lei.a *s.* whale.
ba.li.za *s.* post, mark, landmark.
bal.ne.á.ri.o *s.* bathing resort.
ba.lo.fo(a) *adj.* plump (coloquial).
bal.sa *s.* raft.
bál.sa.mo *s.* balm.
ba.lu.ar.te *s.* rampart.
bam.ba *s.* expert.
bam.bo *adj.* loose.
bam.bo.le.ar *v.* to swing.
bam.bu *s.* bamboo.
ba.nal *adj.* banal.
ba.na.na *s.* banana.
ban.car *v.* to finance.
ban.car.ro.ta *s.* bankruptcy.

ban.co *s.* bench (assento); bank (comercial).
ban.da *s.* band, side, flank.
ban.dei.ra *s.* flag.
ban.de.ja *s.* tray.
ban.di.do *s.* bandit, gangster, outlaw.
ban.do *s.* band, gang.
ban.ga.lô *s.* bungalow.
ba.nha *s.* fat, lard.
ba.nhar *v.* to bathe, to wet.
ba.nhei.ra *s.* bathtub.
ba.nhei.ro *s.* bathroom.
ba.nho *s.* shower (de chuveiro), bath (de banheira).
ba.nir *v.* to banish.
ban.quei.ro(a) *s.* banker.
ban.que.ta *s.* stool.
ban.que.te *s.* banquet.
bar *s.* bar, pub.
ba.ra.lho *s.* pack of cards.
ba.rão *s.* baron.
ba.ra.ta *s.* cockroach.
ba.ra.to(a) *adj.* cheap.
bar.ba *s.* beard.
bar.ban.te *s.* string.
bar.be.a.dor *s.* shaver.
bar.be.ar *v.* to shave.
bar.bei.ro *s.* barber.
bar.ca *s.* barge.
bar.co *s.* boat.

35

barganha — beirar

bar.ga.nha *s.* bargain.
ba.rô.me.tro *s.* barometer.
bar.quei.ro *s.* boatman.
bar.ra *s.* bar.
bar.ra.ca *s.* tent.
bar.ra.gem *s.* dam.
bar.ran.co *s.* ravine.
bar.rar *v.* to bar.
bar.rei.ra *s.* barrier.
bar.ri.ca.da *s.* barricade.
bar.ri.ga *s.* belly.
bar.ril *s.* barrel.
bar.ro *s.* clay.
ba.ru.lhen.to *adj.* noisy.
ba.ru.lho *s.* noise.
ba.se *s.* base.
bá.si.co *adj.* basic.
bas.que.te *s.* basketball.
bas.tan.te *adj.* enough.
bas.tão *s.* stick.
bas.tar *v.* to be enough.
bas.tar.do(a) *adj.* bastard / *s.* bastard, illegitimate child.
bas.ti.dor *s.* embroidery, frame.
ba.ta.lha *s.* battle.
ba.ta.ta *s.* potato.
ba.te-bo.ca *s.* row, bawling, quarrel.
ba.te.dei.ra *s.* beater, mixer.
ba.te.dor *s.* beater.
ba.ten.te *s.* doorpost.
ba.te-pa.po *s.* chat.
ba.ter *v.* to beat.
ba.te.ri.a *s.* battery; drums (instrumento musical).
ba.ti.da *s.* beat.
ba.ti.na *s.* cassock.
ba.tis.mo *s.* baptism, christening.
ba.ti.zar *v.* to baptize, to christen.
ba.tom *s.* lipstick.
ba.tu.ca.da *s.* dance percussion group.
ba.tu.car *v.* to drum.
ba.tu.ta *s.* baton, wand.
ba.ú *s.* trunk.
bau.ni.lha *s.* vanilla.
ba.zar *s.* bazaar.
be.a.to(a) *adj.* prous person, devout.
bê.ba.do(a) *adj.* drunk.
be.bê *s.* baby.
be.be.dou.ro *s.* drinking fountain.
be.ber *v.* to drink.
be.co *s.* alley.
be.ge *adj.* beige / *s.* beige.
bei.ço *s.* lip.
bei.ja-flor *s.* hummingbird.
bei.jar *v.* to kiss.
bei.ra *s.* edge.
bei.rar *v.* to be at the edge.

be.le.za s. beauty.
bel.ga adj. Belgian / s. Belgian.
Bél.gi.ca s. Belgium.
be.lis.cão s. pinch.
be.lo adj. beautiful; handsome.
bem adv. well, good, nice / s. the good, goodness.
bem-es.tar s. well-being, comfort.
bem-vin.do adj. welcome.
bên.ção s. blessing.
ben.di.to(a) adj. blessed.
be.ne.fi.cên.cia s. beneficence, charity.
be.ne.fi.ci.ar v. to benefit.
be.ne.fí.ci.o s. benefit.
ben.ga.la s. walking stick.
be.nig.no adj. benign.
bens s. goods.
ben.to(a) adj. sacred.
ben.zer v. to bless, to consecrate.
ber.ço s. cradle.
be.rin.je.la s. aubergine.
Ber.lim s. Berlin.
ber.rar v. to bellow, to cry, to shout.
be.sou.ro s. beetle.
bes.ta adj. stupid / s. mare, mule.
be.ter.ra.ba s. beetroot.
be.to.nei.ra s. cement mixer.
be.tu.me s. asphalt.
be.xi.ga s. bladder.
be.zer.ro s. calf.

bí.blia s. Bible.
bi.bli.o.gra.fi.a s. bibliography.
bi.bli.o.te.ca s. library.
bi.ca s. tap.
bi.car v. to peck.
bi.cho s. animal.
bi.ci.cle.ta s. bicycle.
bi.co s. beak.
bi.dê s. bidet.
bi.fe s. steak.
bi.go.de s. moustache.
bi.gor.na s. anvil.
bi.ju.te.ri.a s. costume jewellery.
bi.lhar s. billards.
bi.lhe.te s. ticket (passagem); note (recado).
bi.lín.gue adj. bilingual.
bin.go s. bingo, game of chance.
bi.o.gra.fi.a s. biography.
bi.o.lo.gi.a s. biology.
bi.om.bo s. screen.
bi.ru.ta adj. crazy, lunatic / s. windsock (aeronáutica).
bi.sa.vô(ó) s. great-grandfather, fem. great-grandmother.
bis.ca.te s. odd job.
bis.coi.to s. biscuit, cookie, cracker.
bis.na.ga s. tube.

bis.ne.to(a) *s.* great-grandson, *fem.* great-granddaughter.
bis.po *s.* bishop.
bis.tu.ri *s.* scalpel.
bi.to.la *s.* gauge.
bi.zar.ro *adj.* bizarre.
blas.fe.mar *v.* to curse.
ble.cau.te *s.* power cut; black-out.
blin.da.do(a) *adj.* armoured.
blin.da.gem *s.* armour, screening.
blo.co *s.* block.
blo.que.ar *v.* to blockade.
blu.sa *s.* blouse.
bo.a.te *s.* nightclub.
bo.a.to *s.* rumour.
bo.ba.gem *s.* silliness, nonsense, trash.
bo.bi.na *s.* reel, bobbin.
bo.bo(a) *adj.* silly.
bo.ca *s.* mouth.
bo.ca.do *s.* mouthful, piece, morsel.
bo.cal *s.* mouth, mouthpiece, nozzle.
bo.çal *adj.* ignorant, rude.
bo.ce.jar *v.* to yawn.
bo.de *s.* goat.
bo.fe.ta.da *s.* slap in the face.
bo.fe.tão *s.* punch, blow with the fist.
boi *s.* ox.
boi.a *s.* buoy.
boi.a.da *s.* herd of cattle.
boi.ar *v.* to float.
boi.co.tar *v.* to boycott.
bo.la *s.* ball.
bo.la.cha *s.* biscuit, cracker, cookies.
bo.le.tim *s.* report.
bo.lha *s.* blister, bubble.
bo.li.che *s.* bowling.
Bo.lí.via *s.* Bolivia.
bo.lo *s.* cake.
bo.lor *s.* mould.
bol.sa *s.* bag.
bol.so *s.* pocket.
bom/boa *adj.* good, nice.
bom.ba *s.* bomb.
bom.bar.de.ar *v.* to bomb.
bom.be.ar *v.* to pump.
bom.bei.ro *s.* fireman.
bom.bom *s.* chocolate.
bon.da.de *s.* goodness.
bon.de *s.* tram.
bon.do.so(a) *adj.* kindhearted.
bo.né *s.* cap.
bo.ne.ca *s.* doll.
bo.ne.co *s.* dummy, puppet.
bo.ni.to(a) *adj.* pretty.
bô.nus *s.* bonus.
bo.qui.a.ber.to *adj.* dumbfounded.
bor.bo.le.ta *s.* butterfly.
bor.bu.lhar *v.* to bubble.

bor.da.do s. embroidery / adj. embroidered.
bor.dão s. staff.
bor.dar v. to embroider.
bor.ra.cha s. rubber, eraser.
bor.rar v. to blot.
bor.ri.far v. to sprinkle.
bos.que s. forest, woods.
bos.sa s. bump, hump.
bo.ta s. boot.
bo.tâ.ni.ca s. botany.
bo.tâ.ni.co s. botanist.
bo.tão s. button.
bo.te s. boat.
bo.te.quim s. bar, tavern.
bra.ça.da s. armful.
bra.ça.dei.ra s. armband.
bra.ce.le.te s. bracelet.
bra.ço s. arm.
bra.dar v. to shout.
bran.co(a) adj. white / s. white.
bran.que.ar v. to whiten.
bra.sa s. hot coal.
bra.sei.ro s. brazier.
Bra.sil s. Brazil.
bra.si.lei.ro adj. Brazilian / s. Brazilian.
bra.va.ta s. bravado.
bra.vo(a) adj. angry.
bre.car v. to stop, to brake.
bre.cha s. breach, gap.
bre.jo s. marsh.
bre.que s. brake.
bre.ve adj. short.
bri.ga s. fight.
bri.ga.da s. brigade.
bri.gar v. to fight.
bri.lhan.te adj. bright / s. diamond.
bri.lhar v. to shine.
brin.ca.dei.ra s. fun.
brin.ca.lhão(ona) adj. playful / s. joker.
brin.car v. to play, to have fun.
brin.que.do s. toy.
brio s. self-respect.
bri.sa s. breeze.
bri.tâ.ni.co adj. British / s. British.
bro.che s. brooch.
bro.chu.ra s. paper-back, brochure.
bró.co.lis s. broccoli.
bron.ca s. telling off.
bron.co(a) adj. coarse / s. idiot, dunce.
bron.qui.te s. bronchitis.
bron.ze s. bronze.
bro.tar v. to produce, to sprout, to bud.
bro.to s. youngster, bud, sprout.
bru.tal adj. brutal.

bruto | buzina

bru.to(a) *adj.* rude, rough, coarse.
bru.xa *s.* witch.
Bru.xe.las *s.* Brussels.
br.uxo *s.* wizard.
bu.ço *s.* down.
bu.dis.mo *s.* Buddhism.
bú.fa.lo *s.* buffalo.
bu.far *v.* to puff.
bu.fê *s.* sideboard.
bu.gi.gan.ga *s.* trinket.
bu.jão *s.* gas cylinder.
bul.bo *s.* bulb.
bu.le *s.* teapot.
Bul.gá.ri.a *s.* Bulgaria.
búl.ga.ro *adj.* Bulgarian
/ *s.* Bulgarian.

bun.da *s.* backside (coloquial).
bu.quê *s.* bouquet, bunch.
bu.ra.co *s.* hole.
bur.guês(esa) *adj.* bourgeois
/ *s.* bourgeois.
bur.gue.si.a *s.* bourgeoisie.
bu.ro.cra.cia *s.* bureaucracy.
bur.ro(a) *adj.* stupid, dumb
/ *s.* donkey.
bus.ca *s.* search.
bus.car *v.* to fetch, to seek.
bús.so.la *s.* compass.
bus.to *s.* bust.
bu.zi.na *s.* horn.

C, c *s.* the third letter of the Portuguese alphabet.
ca.ba.na *s.* shack, hut.
ca.be.ça *s.* head.
ca.be.cei.ra *s.* head (da mesa), headboard (da cama).
ca.be.çu.do(a) *adj.* bigheaded.
ca.be.lo *s.* hair.
ca.ber *v.* to fit.
ca.bi.de *s.* hanger.
ca.bi.ne *s.* cabin, cockpit.
ca.bis.bai.xo(a) *adj.* downcast, depressed.
ca.bo *s.* handle.
ca.bra *s.* goat.
ca.brei.ro(a) *adj.* suspicious.
ca.bres.to *s.* halter.
ca.bri.to *s.* young goat, kid.
ca.ça *s.* hunting.

ca.ça-ní.queis *s.* shot machine.
ca.ção *s.* shark.
ca.çar *v.* to hunt.
ca.ca.re.jar *v.* to cluck.
ca.ça.ro.la *s.* saucepan.
ca.cau *s.* cocoa, cacao.
ca.ce.ta.da *s.* blow with a club, whack.
ca.cha.ça *s.* white rum, sugar cane liquor.
ca.cha.cei.ro(a) *adj.* drunkard / *s.* drunkard.
ca.chê *s.* fee.
ca.che.col *s.* scarf.
ca.che.pô *s.* plant pot.
ca.chim.bo *s.* pipe.
ca.cho *s.* bunch; curl (cabelos).
ca.cho.ei.ra *s.* waterfall.
ca.chor.ra *s.* bitch, a female dog.

41

ca.chor.ri.nho(a) *s.* puppy.
ca.chor.ro *s.* dog.
ca.ci.que *s.* chief, Indian tribal chief.
ca.co *s.* fragment.
ca.ço.ar *v.* to mock.
ca.co.e.te *s.* twitch.
cac.to *s.* cactus.
ca.da *adj.* each.
ca.das.tro *s.* register, records.
ca.dá.ver *s.* corpse.
ca.dê *adv.* where (coloquial).
ca.de.a.do *s.* padlock.
ca.dei.a *s.* chain, prison.
ca.dei.ra *s.* chair.
ca.de.la *s.* bitch.
ca.dên.ci.a *s.* cadence.
ca.der.ne.ta *s.* notebook.
ca.der.no *s.* notebook.
ca.de.te *s.* cadet.
ca.du.car *v.* to lapse, to expire.
ca.fa.jes.te *adj.* roguish
/ *s.* rogue.
ca.fé *s.* coffee.
ca.fe.í.na *s.* caffeine.
ca.fe.tei.ra *s.* coffee pot.
cá.ga.do *s.* turtle.
ca.gar *v.* to shit (coloquial).
cãi.bra *s.* cramp.
ca.í.do(a) *adj.* dejected, fallen.
cai.pi.ra *s.* peasant, yokel.
cair *v.* to fall.
cais *s.* quay.
cai.xa *s.* box.
cai.xão *s.* coffin.
cai.xo.te *s.* packing case.
ca.ju *s.* cashew nut.
cal *s.* lime.
ca.la.bou.ço *s.* dungeon.
ca.la.do(a) *adj.* quiet.
ca.la.frio *s.* shiver.
ca.lar *v.* to keep silent, to get to be quiet.
cal.ça.da *s.* pavement, sidewalk.
cal.ça.do *adj.* paved
/ *s.* footwear.
cal.ca.nhar *s.* heel.
cal.çar *v.* to put on.
cal.ças *s.* pants.
cal.ci.nha *s.* panties.
cal.cu.lar *v.* to calculate.
cál.cu.lo *s.* calculation.
cal.do *s.* broth.
ca.len.dá.rio *s.* calendar.
ca.lha *s.* gutter.
ca.lha.ma.ço *s.* tome.
cá.li.ce *s.* wine glass.
cal.ma *s.* calm.
cal.man.te *adj.* soothing
/ *s.* tranquilizer, sedative.
cal.mo(a) *adj.* calm.
ca.lor *s.* heat, warmth.
ca.lo.ria *s.* calorie.
ca.lo.ta *s.* hubcap.
ca.lou.ro(a) *s.* fresher.
ca.lú.nia *s.* slander.

ca.ma s. bed.
ca.ma.da s. layer.
ca.ma.ra.da adj. friendly / s. comrade, pal, buddy.
ca.ma.rão s. shrimp.
ca.ma.rei.ro(a) s. cleaner, room servant.
ca.ma.rim s. dressing room.
ca.ma.ro.te s. cabin, box.
cam.ba.le.ar v. to stagger.
cam.ba.lho.ta s. somersault.
ca.mi.nha.da s. walk, stroll, hike.
ca.mi.nhão s. truck.
ca.mi.nhar v. to walk.
ca.mi.nho s. way.
ca.mi.nho.nei.ro(a) s. truck driver.
ca.mi.sa s. shirt.
ca.mi.se.ta s. T-shirt.
ca.mi.si.nha s. condom.
ca.mi.so.la s. night-dress.
cam.pa.i.nha s. bell.
cam.pe.ão(ã) s. champion.
cam.pes.tre adj. rural.
cam.po s. countryside; field.
cam.po.nês(esa) s. peasant.
ca.mu.fla.gem s. camouflage, disguise.
ca.mu.flar v. to camouflage, to disguise.
ca.mun.don.go s. mouse.
ca.mur.ça s. suede.
ca.na s. cane.
Ca.na.dá s. Canada.
ca.nal s. channel.
ca.na.lha s. rabble / adj. infamous, vile.
ca.na.li.za.ção s. plumbing.
ca.na.li.zar v. to canalize, to pipe.
ca.na.pé s. sofa.
ca.ná.rio s. canary.
ca.na.vi.al s. sugar cane plantation, reed plot.
can.ção s. song.
can.ce.la.men.to s. cancellation.
can.ce.lar v. to cross out.
cân.cer s. cancer.
Cân.cer s. Cancer (astrologia).
can.de.la.bro s. candlestick.
can.di.da.to(a) s. candidate.
ca.ne.ca s. mug.
ca.ne.co s. tankard.
ca.ne.la s. cinnamon (especiaria); shin (perna).
ca.ne.ta s. pen.
can.gu.ru s. kangaroo.
ca.nhão s. cannon.
ca.nho.to(a) adj. left-handed (pessoa).
ca.ni.bal s. canibal / adj. canibal.
ca.nil s. kennel.
ca.ni.ve.te s. penknife.
can.ja s. chicken broth.
can.ji.ca s. maize porridge.
ca.no s. pipe.

ca.no.a *s.* canoe.
can.sa.do(a) *adj.* tired.
can.sar *v.* to tire.
can.tar *v.* to sing.
can.tei.ro *s.* stone-mason (obras); flower bed (flores).
can.ti.ga *s.* ballad.
can.ti.na *s.* canteen.
can.to *s.* corner; song.
cant.or(a) *s.* singer.
ca.nu.di.nho *s.* straw.
ca.nu.do *s.* tube.
cão *s.* dog.
ca.o.lho(a) *adj.* cross-eyed.
caos *s.* chaos.
ca.pa *s.* cape, cloak; cover.
ca.pa.ce.te *s.* helmet.
ca.pa.ci.da.de *s.* capacity.
ca.paz *adj.* able, capable.
cap.ci.o.so *adj.* tricky.
ca.pe.la *s.* chapel.
ca.pim *s.* grass.
ca.pi.nar *v.* to weed.
ca.pi.tal *adj.* capital, essential / *s.* capital, funds.
ca.pi.ta.lis.mo *s.* capitalism.
ca.pi.tão *s.* captain.
ca.pí.tu.lo *s.* chapter.
ca.pô *s.* bonnet.
ca.po.ta *s.* hood.
ca.po.tar *v.* to overturn.
ca.po.te *s.* overcoat.
ca.pri.cho *s.* whim.

Ca.pri.cór.nio *s.* Capricorn (astrologia).
cap.tar *v.* to win, to pick up.
cap.tu.ra *s.* capture.
ca.puz *s.* hood.
cá.qui *adj.* khaki.
ca.ra *s.* face.
ca.ra.col *s.* snail (animal) / *adj.* curl (cabelo).
ca.rac.te.rís.ti.co *adj.* characteristic.
ca.ra de pau *adj.* brazen.
ca.ran.gue.jo *s.* crab.
ca.rá.ter *s.* character.
car.dá.pi.o *s.* menu.
car.du.me *s.* shoal.
ca.re.ca *adj.* bald / *s.* baldness.
ca.rên.cia *s.* lack.
ca.re.ta *adj.* straight / *s.* grimace.
car.ga *s.* load.
ca.rí.cia *s.* caress.
ca.ri.da.de *s.* charity.
cá.rie *s.* tooth decay.
ca.rim.bar *v.* to stamp.
ca.rim.bo *s.* stamp.
ca.ri.nho *s.* affection.
ca.ris.ma *s.* charism.
car.na.val *s.* carnival.
car.ne *s.* meat; flesh.
car.nei.ro *s.* sheep.
ca.ro *adj.* expensive.
ca.ro.na *s.* lift.
car.pe.te *s.* carpet.

carpintaria | ceder

car.pin.ta.ri.a s. carpentry.
car.pin.tei.ro(a) s. carpenter.
car.ran.ca s. frown.
car.ra.pa.to s. tick.
car.ras.co s. executioner.
car.re.ga.do(a) adj. loaded.
car.re.ga.dor s. porter, cartier, loader.
car.re.ga.men.to s. loading.
car.re.gar v. to load.
car.rei.ra s. career.
car.re.ta s. cart.
car.ro s. car.
car.ro.ça s. wagon, cart.
car.ro-che.fe s. main float.
car.ro.ci.nha s. tilt-car.
car.ros.sel s. merry-go-round.
car.ru.a.gem s. carriage.
car.ta s. card, playing card; letter.
car.taz s. poster.
car.tei.ra s. wallet.
car.tei.ro s. postman.
car.tu.cho s. cartridge.
car.va.lho s. oak.
car.vão s. coal.
ca.sa s. house.
ca.sa.co s. coat.
ca.sal s. couple.
ca.sa.men.to s. marriage, wedding.
ca.sar v. to marry.
ca.sa.rão s. mansion.
cas.ca s. skin.
cas.ca.ta s. waterfall.
ca.sei.ro(a) adj. homemade / s. housekeeper.
ca.so s. case.
cas.pa s. dandruff.
cas.sar v. to cancel.
cas.se.te s. cassette.
cas.si.no s. casino.
cas.te.lo s. castle.
ca.tá.lo.go s. catalogue.
ca.tar v. to pick up, to seek; to gather.
ca.ta.ra.ta s. waterfall.
ca.te.dral s. cathedral.
ca.te.go.ri.a s. category.
ca.ti.var v. to enslave.
ca.ti.vo s. slave.
ca.tó.li.co adj. Catholic / s. Catholic.
ca.tor.ze num. fourteen.
cau.le s. stalk.
cau.sa s. cause.
cau.te.la s. caution.
ca.va.lei.ro adj. horseman.
ca.va.lhei.ro adj. gentleman / s. gentleman.
ca.va.lo s. horse.
ca.var v. to dig.
ca.vei.ra s. skull.
ca.ver.na s. cavern.
ce.bo.la s. onion.
ce.der v. to give up.

cedo — chapa

ce.do *adv.* early.
ce.dro *s.* cedar.
cé.du.la *s.* banknote.
ce.gar *v.* to blind.
ce.go(a) *adj.* blind.
ce.go.nha *s.* stork.
cei.a *s.* supper.
cei.fa *s.* harvest.
ce.la *s.* cell.
ce.le.bra.ção *s.* celebration.
ce.le.brar *v.* to celebrate.
cé.le.bre *adj.* famous.
ce.le.bri.da.de *s.* celebrity.
ce.lei.ro *s.* granary, barn.
ce.les.te *adj.* celestial, heavenly.
ce.lu.lar *adj.* cellular.
cem *num.* hundred.
ce.mi.té.ri.o *s.* cemetery.
ce.na *s.* scene.
ce.nou.ra *s.* carrot.
cen.so *s.* census.
cen.su.ra *s.* censorship.
cen.ta.vo *s.* cent.
cen.tei.o *s.* rye.
cen.te.lha *s.* spark.
cen.te.na *num.* hundred.
cen.te.ná.ri.o *s.* centenary.
cen.tí.me.tro *s.* centimetre.
cen.tral *adj.* central.
cen.tro *s.* centre, center.
cer.car *v.* to enclose.
cer.co *s.* siege.
ce.re.al *s.* cereal.
cé.re.bro *s.* brain.
ce.re.ja *s.* cherry.
ce.ri.mô.ni.a *s.* ceremony.
cer.ne *s.* kernel, core.
cer.te.za *s.* certainty.
cer.ti.dão *s.* certificate.
cer.ti.fi.car *v.* to certify.
cer.to(a) *adj.* certain, right.
cer.ve.ja *s.* beer.
cer.vi.cal *adj.* cervical.
cer.vo *s.* deer.
ces.sa.ção *s.* halting.
ces.são *s.* surrender.
ces.sar *v.* to cease.
ces.ta *s.* basket.
ce.tro *s.* sceptre.
céu *s.* sky.
chá *s.* tea.
chá.ca.ra *s.* small farm.
cha.ci.na *s.* slaughter.
cha.co.ta *s.* mockery.
cha.fa.riz *s.* fountain.
cha.lé *s.* chalet.
cha.ma.da *s.* call.
cha.mar *v.* to call.
cha.ma.riz *s.* decoy.
chan.ce *s.* chance.
chan.ta.ge.ar *v.* to blackmail.
chan.ta.gem *s.* blackmail.
chão *s.* ground.
cha.pa *s.* plate.

cha.péu s. hat.
cha.ru.to s. cigar.
cha.te.ar v. to bother.
cha.ti.ce s. nuisance.
cha.to(a) adj. flat (plano); boring (entediante).
cha.ve s. key.
cha.vei.ro s. keyring.
che.car v. to check.
che.fe s. chief; boss.
che.ga.da s. arrival.
che.gar v. to arrive.
chei.o(a) adj. full.
chei.rar v. to smell.
che.que s. check.
chi.a.do s. squeak.
chi.cle.te s. chewing gum.
chi.có.ri.a s. chicory.
chi.co.te s. whip.
chi.fra.da s. butt.
chi.fre s. horn.
Chi.le s. Chile.
chim.pan.zé s. chimpanzee.
Chi.na s. China.
chi.ne.lo s. slipper.
chi.nês(esa) adj. Chinese / s. Chinese.
chi.que adj. chic.
chi.quei.ro s. pigsty.
cho.can.te adj. shocking.
cho.car v. to hatch (ovo); to crash (colidir).
cho.co.la.te s. chocolate.
cho.fer s. driver.
cho.pe s. draught beer.
cho.que s. shock; collision.
cho.rar v. to cry, to weep.
cho.ro s. crying.
cho.ver v. to rain.
chu.chu s. chayote.
chu.lé s. foot odour (coloquial).
chu.ma.ço s. wad.
chum.bo s. lead.
chu.par v. to suck.
chu.pe.ta s. dummy.
chur.ras.co s. barbecue.
chu.tar v. to kick.
chu.te s. kick.
chu.tei.ra s. football boot.
chu.va s. rain.
chu.vo.so adj. rainy.
ci.ca.triz s. scar.
ci.clis.mo s. cycling.
ci.clis.ta s. cyclist.
ciclo s. cycle.
ci.clo.ne s. cyclone.
ci.da.da.ni.a s. citizenship.
ci.da.dão(ã) s. citizen.
ci.da.de s. town, city.
ci.ên.cia v. science.
ci.en.te adj. aware.
ci.en.tí.fi.co adj. scientific.
ci.en.tis.ta s. scientist.
ci.ga.no(a) s. gypsy.

ci.gar.ra s. cicada.
ci.gar.ri.lha s. cheroot, cigarrilo.
ci.gar.ro s. cigarette.
ci.mei.ra s. summit.
ci.men.tar v. to cement.
ci.men.to s. cement.
cin.co num. five.
ci.ne.as.ta s. film maker.
ci.ne.ma s. movies.
cí.ni.co(a) adj. cynical.
cin.quen.ta num. fifty.
cin.to s. belt.
cin.tu.ra s. waist.
cin.za s. ash / adj. gray.
cin.zei.ro s. ashtray.
cir.co s. circus.
cir.cui.to s. circuit.
cir.cu.la.ção s. circulation.
cír.cu.lo s. circle.
ci.rur.gi.a s. surgery.
ci.rur.gi.ão(ã) s. surgeon.
cis.ne s. swan.
ci.tar v. to quote.
ci.ú.me s. jealousy.
ci.vil adj. civil / s. civilian.
ci.vi.li.za.ção s. civilization.
cla.ro adj. clear; light.
clas.se s. class.
clás.si.co(a) adj. classical.
clas.si.fi.ca.ção s. classification.
clas.si.fi.ca.do(a) adj. classified, ranked.
clas.si.fi.car v. to classify.

cláu.su.la s. clause.
cla.ví.cu.la s. collar bone.
cle.mên.cia s. mercy.
cli.en.te s. customer.
cli.ma s. climate.
clí.ni.ca s. clinic.
clu.be s. club.
co.bai.a s. guinea pig.
co.ber.ta s. cover; bedspread (cama).
co.ber.to(a) adj. covered.
co.ber.tor s. blanket.
co.ber.tu.ra s. covering.
co.bi.ça s. greed.
co.bi.çar v. to covet.
co.bra s. snake.
co.brir v. to cover.
co.ca.da s. coconut sweet.
co.çar v. to scratch.
co.cei.ra s. itch.
co.chi.char v. to whisper.
co.co s. coconut.
có.co.ras s. squatting.
có.di.go s. code.
co.dor.na s. quail.
co.e.lho s. rabbit.
co.e.ren.te adj. coherent.
co.fre s. safe.
co.gi.tar v. to contemplate.
co.gu.me.lo s. mushroom.
co.i.bi.ção s. restraint.

coice / condição

coi.ce s. kick.
co.in.ci.dir v. to coincide.
coi.sa s. thing.
coi.ta.do(a) adj. poor / s. wretch.
co.la s. glue.
co.la.bo.ra.dor(a) s. collaborator.
co.la.bo.rar v. to collaborate.
co.lan.te adj. skintight.
co.lap.so s. collapse.
co.lar v. to stick / s. necklace.
col.cha s. bedspread.
col.chão s. mattress.
co.le.ção s. collection.
co.lé.gio s. school.
co.lei.ra s. collar.
co.lhei.ta s. harvest.
co.lher v. to gather / s. spoon.
co.li.na s. hill.
co.li.são s. collision.
col.mei.a s. beehive.
co.lo.ca.ção s. act of placing, placement.
co.lo.car v. to put, to place.
co.lô.ni.a s. colony, community.
co.lo.ri.do adj. colourful / s. color, colour.
co.lo.rir v. to colour.
co.lu.na s. column.
com prep. with.
co.man.dar v. to command, to order.
co.man.do s. command, order.
com.ba.te s. combat, fight.

com.bi.na.ção s. combination.
com.bi.nar v. to combine, to match.
com.bus.tí.vel s. fuel.
co.me.çar v. to begin, to start.
co.me.ço s. beginning, start.
co.mé.di.a s. comedy.
co.me.mo.rar v. to commemorate, to celebrate.
co.men.tar v. to comment.
co.men.tá.rio s. comment, remark.
co.mer v. to eat.
co.mer.cial adj. commercial.
co.mér.cio s. commerce.
co.mi.da s. food.
co.mi.go pron. with me.
com.pa.nhi.a s. company.
com.pe.tên.cia s. competence, ability.
com.pe.ti.ção s. competition.
com.por.ta.men.to s. behaviour.
com.prar v. to buy.
co.mum adj. common.
co.mu.ni.ca.ção s. communication.
co.mu.ni.car v. to report.
con.cer.to s. concert.
con.de.na.ção s. condemnation, conviction.
con.di.ção s. condition.

conexão   cutucar

co.ne.xão *s.* connection.
con.fe.rên.cia *s.* conference, lecture.
con.fe.rir *v.* to check.
con.fi.an.ça *s.* confidence.
con.fi.ar *v.* to trust.
con.fu.são *s.* confusion, tumult, disorder.
co.nhe.cer *v.* to know, to meet.
co.nos.co *pron.* with us.
con.quis.ta *s.* conquest.
cons.ci.ên.cia *s.* conscience.
con.se.lho *s.* advice, opinion, council, board.
con.se.quên.cia *s.* consequence.
con.ser.tar *v.* to repair, to fix.
con.si.de.rar *v.* to consider.
cons.tru.ção *s.* building.
con.sul.tar *v.* to consult, to look up.
con.ta *s.* account, count, bill.
con.ta.to *s.* contact.
con.ti.go *pron.* with you.
con.ti.nu.ar *v.* to continue.
con.trá.rio(a) *adj.* contrary.
con.tra.to *s.* contract, agreement.
con.vi.te *s.* invitation.
có.pia *s.* copy.
cor *s.* colour, color.
co.ra.ção *s.* heart.
co.ra.do *adj.* ruddy, rosy.

co.ra.gem *s.* courage.
cor.da *s.* rope.
cor.po *s.* body.
cor.rer *v.* to run.
cor.ri.gir *v.* to correct.
co.ru.ja *s.* owl.
cor.vo *s.* crow, raven.
cos.te.la *s.* rib.
cos.tu.me *s.* custom, habit.
co.xa *s.* thigh.
cren.ça *s.* belief, faith.
cres.cen.te *adj.* growing.
cri.an.ça *s.* child, kid.
cruz *s.* cross.
cu.e.ca *s.* underpants.
cui.da.do *s.* care, precaution / *interj.* take care, look out.
cui.dar *v.* to take care.
cu.jo *pron.* whose, which.
cu.nha.do(a) *s.* brother-in-la.w, *fem.* sister-in-law.
cur.rí.cu.lo *s.* curriculum vitae, resumé.
cur.so *s.* course.
cus.pe *s.* spit.
cus.pir *v.* to spit.
cus.tar *v.* to cost.
cu.tu.car *v.* to prod.

D, d *s.* the fourth letter of the Portuguese alphabet.
dá.di.va *s.* donation, gift, present.
da.ma *s.* lady.
da.mas.co *s.* apricot.
da.na.do(a) *adj.* damned, naughty.
dan.ça *s.* dance.
dan.çar *v.* to dance.
da.ni.fi.car *v.* to damage.
da.no *s.* damage, injury.
da.qui *adv.* from here.
dar *v.* to give.
dar.do *s.* dart, javelin (esporte).
da.ta *s.* date.
da.ti.lo.gra.far *v.* to type.
de *prep.* of; from.
de.bai.xo *adv.* below, under.
de.ba.te *s.* discussion, debate.
de.be.lar *v.* to subdue, to overcome.
dé.bil *adj.* weak.
de.bi.tar *v.* to debit, to bill, to charge.
de.bo.cha.do(a) *adj.* sardonic, mocking.
de.bo.char *v.* to mock.
de.bru.çar *v.* to bend over.
de.bu.tar *v.* to appear for the first time in public.
de.bu.tan.te *s.* debut.
dé.ca.da *s.* decade.
de.ca.dên.ci.a *s.* decadence, decline.
de.ca.ir *v.* to decline.
de.ca.pi.tar *v.* to behead.
de.cên.cia *s.* decency.
de.cen.te *adj.* decent.
de.ce.par *v.* to cut off.
de.cep.ção *s.* disappointment.
de.ci.di.do(a) *adj.* determined.

51

decidir — delegado

de.ci.dir *v.* to decide.
de.ci.frar *v.* to decipher, to decode.
de.ci.são *s.* decision.
de.cla.mar *v.* to recite, to declaim.
de.cla.ra.ção *s.* declaration.
de.cla.rar *v.* to declare.
de.cli.nar *v.* to decline, to reject, to refuse.
de.cli.ve *s.* slope, declivity.
de.co.la.gem *s.* take-off.
de.co.lar *v.* to take-off.
de.com.por *v.* to analyse, to decompose.
de.com.po.si.ção *s.* analysis, decomposition.
de.co.ra.ção *s.* decoration, adornment.
de.co.rar *v.* to decorate, to adorn; to remember, to retain.
de.cor.rên.cia *s.* consequence.
de.cor.ren.te *adj.* resulting from.
de.cor.rer *v.* to pass.
de.cre.tar *v.* to decree, to proclaim.
de.dão *s.* thumb (da mão), big toe (do pé).
de.di.ca.ção *s.* dedication.
de.di.ca.do(a) *adj.* dedicated.
de.di.car *v.* to dedicate.
de.do *s.* finger (da mão), toe (do pé).
de.du.ção *s.* deduction.
de.du.zir *v.* to deduct, to deduce, to reduce.
de.fa.sa.do(a) *adj.* out of step.
de.fa.sa.gem *s.* discrepancy.
de.fei.to *s.* defect, fault.
de.fen.der *v.* to defend, to protect.
de.fen.si.va *s.* to be on the defensive.
de.fen.sor(a) *s.* defender, protector.
de.fe.sa *s.* defence.
de.fi.ci.en.te *adj.* defective.
de.fi.ni.ção *s.* definition.
de.fi.nir *v.* to define.
de.fi.ni.ti.va.men.te *adv.* definitively.
de.fi.ni.ti.vo(a) *adj.* definitive.
de.for.ma.ção *s.* deformation.
de.for.mar *v.* to deform.
de.fron.te *adv.* opposite to, in front of.
de.fun.to(a) *s.* dead person / *adj.* dead, extinct.
de.grau *s.* step.
de.gus.ta.ção *s.* tasting.
de.gus.tar *v.* to taste.
dei.tar *v.* to lay down.
dei.xar *v.* to leave, to quit.
de.le.ga.ção *s.* delegation.
de.le.ga.ci.a *s.* police station.
de.le.ga.do(a) *s.* delegate, police chief.

52

de.le.gar *v.* to delegate.
de.lei.tar *v.* to delight.
de.lei.te *s.* delight.
de.li.be.rar *v.* to deliberate.
de.li.ca.de.za *s.* delicacy, courtesy.
de.li.ca.do(a) *adj.* delicate.
de.lí.cia *s.* pleasure, delight, delicacy.
de.li.ci.o.so(a) *adj.* delicious.
de.li.ne.ar *v.* to outline.
de.li.ran.te *adj.* delirious, insane.
de.li.rar *v.* to be delirious.
de.lí.rio *s.* delirium, insanity.
de.lon.ga *s.* delay.
de.mais *adj.* too much / *adv.* besides, moreover / *pron.* the rest.
de.man.da *s.* lawsuit.
de.mão *s.* layer, coat.
de.ma.si.a *s.* excess.
de.men.te *adj.* insane, mad / *s.* lunatic.
de.mis.são *s.* dismissal.
de.mi.ti.do(a) *adj.* dismissed, fired.
de.mi.tir *v.* to dismiss.
de.mo.cra.ci.a *s.* democracy.
de.mo.cra.ta *s.* democrat.
de.mo.li.ção *s.* demolition.
de.mo.lir *v.* to demolish.
de.mô.nio *s.* devil, demon.
de.mons.tra.ção *s.* proof; demonstration.
de.mons.trar *v.* to demonstrate, to show, to prove.
de.mo.rar *v.* to delay, to detain, to retard.
de.ne.grir *v.* to blacken, to defame.
de.no.mi.na.ção *s.* denomination.
de.no.tar *v.* to show, to indicate.
den.si.da.de *s.* density.
den.so(a) *adj.* dense.
den.ta.da *s.* bite.
den.ta.du.ra *s.* denture, false teeth.
den.te *s.* tooth.
den.tis.ta *s.* dentist.
den.tre *prep.* among.
den.tro *adv.* in, inside.
den.tu.ço(a) *adj.* buck teeth.
de.nún.ci.a *s.* denunciation.
de.pa.rar *v.* to come across.
de.par.ta.men.to *s.* department.
de.pen.dên.cia *s.* dependence, dependency.
de.pen.den.te *s.* dependent / *adj.* dependent.
de.pen.der *v.* to depend on.
de.pi.lar *v.* to wax (com cera), to pluck (sobrancelhas).
de.po.i.men.to *s.* testimony.
de.pois *adv.* after, afterwards, later on, then.

depor — descascar

de.por *v.* to testify.
de.por.tar *v.* to deport, to exile.
de.po.si.tar *v.* to deposit.
de.pó.si.to *s.* deposit.
de.pre.ci.a.ção *s.* depreciation.
de.pre.ci.ar *v.* to depreciate, to devalue.
de.pres.sa *adv.* fast, quickly / *interj.* hurry up.
de.pres.são *s.* depression.
de.pri.men.te *adj.* depressing.
de.pri.mi.do(a) *adj.* depressed.
de.pri.mir *v.* to depress.
der.ra.mar *v.* to spill.
der.ra.par *v.* to skid.
der.re.ter *v.* to melt.
der.ro.ta *s.* defeat.
der.ru.bar *v.* to knock down.
de.sa.ba.far *v.* to confide, to give vent to, to uncover.
de.sa.ba.men.to *s.* collapse.
de.sa.bar *v.* to collapse.
de.sa.bri.ga.do(a) *adj.* homeless / *s.* homeless.
de.sa.ca.tar *v.* to disrespect, to affront, to insult.
de.sa.fi.ar *v.* to challenge, to defy.
de.sa.fi.o *s.* challenge, defiance, competition.
de.sa.fo.ro *s.* insolence.
de.sa.gra.dar *v.* to displease.

de.sa.gra.vo *s.* amends, reparation, revenge, retaliation.
de.sa.ni.mar *v.* to dishearten, to discourage.
de.sa.pa.re.cer *v.* to disappear.
de.sa.pe.go *s.* indifference.
de.sa.pon.tar *v.* to disappoint.
de.sa.pro.var *v.* to disapprove.
de.sar.ru.ma.do(a) *adj.* untidy.
de.sar.ru.mar *v.* to mess up.
de.sas.tra.do(a) *adj.* clumsy.
de.sas.tre *s.* disaster.
de.sa.tar *v.* to undo, to untie.
de.sa.ten.to *adj.* distracted, inadvertent.
de.sa.ti.var *v.* to shut down.
de.sa.tu.a.li.za.do(a) *adj.* outdated.
de.sa.ven.ça *s.* quarrel.
des.bo.ca.do(a) *adj.* foulmouthed.
des.bo.tar *v.* to discolour; to fade.
des.cal.çar *v.* to take off.
des.cal.ço *adj.* barefoot.
des.can.sar *v.* to rest.
des.car.ga *s.* unloading.
des.car.re.gar *v.* to unload.
des.car.tar *v.* to discard, to get rid of.
des.cas.car *v.* to peel.

54

descer | desiludir

des.cer v. to go down, to come down, to descend.
des.co.brir v. to discover, to find, to reveal.
des.co.lar v. to unglue, to unpaste.
des.co.lo.rir v. to discolour.
des.con.fi.an.ça s. suspicion.
des.con.fi.ar v. to be suspicious, to suspect.
des.con.for.to s. discomfort.
des.con.ge.lar v. to thaw, to defrost.
des.con.tar v. to deduct, to discount.
des.con.to s. discount.
des.cren.ça s. disbelief, incredulity.
des.cren.te adj. sceptical / s. sceptic.
des.cre.ver v. to describe.
des.cri.ção s. description.
des.cui.dar v. to neglect.
des.cul.pa s. excuse, apology.
des.de prep. from, since.
des.dém s. scorn, disdain.
des.do.brar v. to unfold.
de.se.jar v. to want, to wish.
de.se.jo s. wish, desire.
de.sem.bar.car v. to land.
de.sem.pe.nhar v. to carry out, to perform.
de.sem.pre.ga.do(a) adj. unemployed / s. unemployed.
de.sem.pre.go s. unemployment.
de.sen.can.tar v. to disenchant.
de.se.nhar v. to draw.
de.se.nho s. drawing.
de.sen.vol.ver v. to develop.
de.se.qui.li.bra.do(a) adj. unbalanced.
de.se.qui.li.brar v. to throw out of balance, to unbalance.
de.ser.tar v. to desert.
de.ses.pe.ra.do(a) adj. desperate.
de.ses.pe.rar v. to despair.
des.fal.car v. to embezzle.
des.fal.que s. peculation, embezzlement.
des.fa.vo.rá.vel adj. unfavourable.
des.fa.zer v. to undo, to unmake.
des.fi.ar v. to unravel, to unknit.
des.fi.gu.rar v. to disfigure, to deform.
des.fi.lar v. to parade.
des.for.ra s. revenge, retaliation.
des.gas.tar v. to wear down.
des.gra.ça s. misfortune.
de.sig.nar v. to designate, to appoint.
de.si.gual adj. unequal.
de.si.lu.dir v. to disillusion.

55

de.sin.fe.tan.te *s.* disinfectant.
de.sin.fe.tar *v.* to disinfect.
de.sis.tir *v.* to give up, to quit.
des.li.ga.do(a) *adj.* off.
des.li.gar *v.* to disconnect.
des.li.zar *v.* to slide, to slip.
des.lum.bran.te *adj.* dazzling.
des.lum.brar *v.* to dazzle.
des.mai.ar *v.* to faint.
des.mon.tar *v.* to dismount, to disassemble.
des.mo.ro.nar *v.* to collapse.
des.na.ta.do(a) *adj.* skimmed.
des.ne.ces.sá.rio *adj.* unnecessary.
des.nu.tri.ção *s.* malnutrition.
de.so.be.de.cer *v.* to disobey.
de.so.cu.pa.do(a) *adj.* vacant, unoccupied.
de.so.cu.par *v.* to vacate.
de.so.do.ran.te *s.* deodorant.
de.so.nes.to *adj.* dishonest.
de.sor.dem *s.* disorder.
de.sor.ga.ni.zar *v.* to disorganize.
des.pa.char *v.* to dispatch, to send.
des.pe.di.da *s.* farewell.
des.pe.dir *v.* to dismiss.
des.pe.jar *v.* to pour.
des.pen.sa *s.* larder, store-room.
des.per.di.çar *v.* to waste (dinheiro); to squander.
des.pe.sa *s.* expense.
des.pi.do(a) *adj.* naked.

des.pir *v.* to take off, to undress.
des.po.jar *v.* to loot.
des.res.pei.to *s.* disrespect.
des.ta.car *v.* to point, to detach.
des.ti.nar *v.* to destine.
des.ti.na.tá.ri.o(a) *s.* addressee.
des.ti.no *s.* destiny.
des.tru.i.ção *s.* destruction.
des.tru.ir *v.* to destroy.
des.vi.ar *v.* to divert.
des.vi.o *s.* diversion, detour.
de.ta.lhar *v.* to detail, to specify.
de.ta.lhe *s.* detail.
de.ter *v.* to stop, to arrest.
de.ter.gen.te *s.* detergent.
de.ter.mi.na.ção *s.* determination.
de.te.ti.ve *s.* detective.
de.to.nar *v.* to detonate.
de.trás *adv.* behind.
de.tri.men.to *s.* detriment.
de.tri.to *s.* debris.
de.tur.par *v.* to corrupt, to distort.
Deus *s.* God.
deu.sa *s.* goddess, divinity
de.va.gar *adv.* slowly.
de.va.nei.o *s.* daydream.
de.vas.sa *s.* inquiry.
de.vas.tar *v.* to devastate.
de.ver *v.* to owe / *s.* duty, task.
de.vi.do(a) *adj.* proper / *s.* due, debt.

devoção   discreto

de.vo.ção *s.* devotion.
de.vo.lu.ção *s.* devolution.
de.vol.ver *v.* to give back.
de.vo.rar *v.* to devour.
dez *num.* ten.
de.zem.bro *s.* December.
de.ze.no.ve *num.* nineteen.
de.zes.seis *num.* sixteen.
de.zes.se.te *num.* seventeen.
de.zoi.to *num.* eighteen.
dia *s.* day.
di.a.be.te(s) *s.* diabetes.
di.a.bo *s.* devil.
di.a.frag.ma *s.* diaphragm.
di.a.go.nal *adj.* diagonal.
di.a.gra.ma *s.* diagram.
di.a.lo.gar *v.* to talk, to dialogue.
di.á.lo.go *s.* dialogue.
di.a.man.te *s.* diamond.
di.â.me.tro *s.* diameter.
di.an.te *adv.* in front.
di.á.ria *s.* daily rate.
di.á.rio *s.* diary.
di.ar.rei.a *s.* diarrhoea.
di.ca *s.* hint, clue.
di.ci.o.ná.rio *s.* dictionary.
di.dá.ti.co(a) *adj.* didactic, educational.
di.e.ta *s.* diet.
di.fa.mar *v.* to slander.
di.fe.ren.ça *s.* difference.
di.fe.ren.te *adj.* different.

di.fí.cil *adj.* difficult.
di.fi.cul.da.de *s.* difficulty.
di.fi.cul.tar *v.* to make difficult.
di.ge.rir *v.* to digest.
di.ges.tão *s.* digestion.
dig.no(a) *adj.* worthy.
di.lú.vi.o *s.* flood.
di.men.são *s.* dimension.
di.mi.nu.i.ção *s.* reduction.
di.mi.nu.ir *v.* to reduce.
Di.na.mar.ca *s.* Denmark.
di.nâ.mi.co(a) *adj.* dynamic.
di.na.mis.mo *s.* dynamism.
di.na.mi.te *s.* dynamite.
di.nhei.ro *s.* money.
di.nos.sau.ro *s.* dinosaur.
di.plo.ma *s.* diploma.
di.plo.ma.cia *s.* diplomacy.
di.plo.ma.ta *s.* diplomat.
di.re.ção *s.* direction.
di.rei.to(a) *s.* right / *adj.* honest, just.
di.re.tor(a) *s.* director.
di.ri.gir *v.* to direct (filme, peça de teatro, trânsito); to drive (carro).
dis.car *v.* to dial.
dis.ci.pli.na *s.* discipline; subject (matéria).
dis.co *s.* disc.
dis.cor.dar *v.* to disagree.
dis.cór.dia *s.* discord.
dis.cre.to(a) *adj.* discreet.

discriminação | domingo

dis.cri.mi.na.ção *s.* discrimination.
dis.cri.mi.nar *v.* to discriminate, to segregate.
dis.cur.so *s.* speech.
dis.cus.são *s.* discussion, debate.
dis.cu.tir *v.* to discuss, to argue.
dis.far.çar *v.* to disguise.
dis.pen.sar *v.* to excuse.
dis.pli.cên.cia *s.* negligence.
dis.po.ní.vel *adj.* available.
dis.por *v.* to arrange.
dis.po.si.ção *s.* arrangement.
dis.pu.ta *s.* dispute.
dis.tân.ci.a *s.* distance.
dis.tan.te *adj.* distant.
dis.tin.ção *s.* distinction.
dis.tin.guir *v.* to distinguish.
dis.tor.cer *v.* to distort.
dis.tra.í.do(a) *adj.* forgetful, absent-minded.
dis.tra.ir *v.* to distract, to amuse.
dis.tri.bu.i.ção *s.* distribution.
dis.tri.bu.i.dor(a) *s.* distributor.
dis.tri.bu.ir *v.* to distribute.
di.ver.são *s.* amusement.
di.ver.ti.do(a) *adj.* amusing.
di.ver.ti.men.to *s.* amusement.
di.ver.tir *v.* to amuse.
dí.vi.da *s.* debt.
di.vi.dir *v.* to divide, to share.
di.vi.no(a) *adj.* divine.
di.vor.ci.ar *v.* to divorce.

di.vul.gar *v.* to spread.
di.zer *v.* to say, to tell.
dó *s.* pity; do (nota musical).
do.a.ção *s.* donation, gift.
do.a.dor(a) *s.* donor.
do.ar *v.* to donate.
do.brar *v.* to double; to fold up.
do.bro *s.* double.
do.ce *adj.* sweet / *s.* sweets.
do.cu.men.ta.ção *s.* documentation.
do.cu.men.to *s.* document.
do.çu.ra *s.* sweetness.
do.en.ça *s.* illness, sickness.
do.en.te *adj.* sick, ill.
do.er *v.* to hurt, to ache.
doi.do(a) *adj.* mad, crazy / *s.* fool.
do.í.do(a) *adj.* painful.
dois *num.* two.
do.lo *s.* fraud.
do.lo.ri.do(a) *adj.* sore.
dom *s.* gift, talent.
do.mar *v.* to tame.
do.més.ti.ca *s.* maid.
do.mes.ti.car *v.* to domesticate.
do.mi.cí.lio *s.* home, residence.
do.mi.nan.te *adj.* dominant.
do.mi.nar *v.* to dominate.
do.min.go *s.* Sunday.

do.no(a) *s.* owner.
don.ze.la *s.* maiden.
dor *s.* ache, pain.
dor.mir *v.* to sleep.
dou.ra.do *adj.* golden.
dou.tor(a) *s.* doctor.
do.ze *num.* twelve.
dra.gão *s.* dragon.
dra.ma *s.* drama.
dri.blar *v.* to dribble.
drin.que *s.* drink.

dro.ga *s.* drug.
dro.ga.ri.a *s.* drugstore.
du.bla.gem *s.* dubbing.
du.blar *v.* to dub.
du.cha *s.* shower.
du.ra.ção *s.* duration, length.
du.ran.te *prep.* during, while.
du.re.za *s.* hardness.
dú.vi.da *s.* doubt.
du.zen.tos *num.* two hundred.
dú.zia *s.* dozen.

E, e *s.* the fifth letter of the Portuguese alphabet / *conj.* and.
é.ba.no *s.* ebony.
e.bu.li.ção *s.* ebulition.
e.clip.se *s.* eclipse.
e.co.lo.gi.a *s.* ecology.
e.co.no.mi.a *s.* economy.
e.co.nô.mi.co *adj.* economical.
e.co.no.mis.ta *s.* economist.
e.co.no.mi.zar *v.* to economize, to save.
e.di.ção *s.* publication, edition.
e.di.fí.cio *s.* building.
e.di.tar *v.* to publish, to edit.
e.di.tor *s.* publisher, editor.
e.dre.dom *s.* eiderdown, quilt.
e.du.ca.ção *s.* education.
e.du.car *v.* to educate, to bring up.
e.fei.to *s.* effect.
e.fer.ves.cen.te *adj.* fizzy.
e.fe.ti.var *v.* to carry out, to execute.
e.fe.ti.vo *adj.* effective.
e.fe.tu.ar *v.* to carry out, to accomplish.
e.fi.caz *adj.* efficient.
e.fi.ci.ên.cia *s.* efficiency.
e.gíp.cio *adj.* Egyptian / *s.* Egyptian.
E.gi.to *s.* Egypt.
e.go.ís.mo *s.* selfishness, egoism.
é.gua *s.* mare.
ei.xo *s.* axle.
ela *pron.* she.
e.la.bo.ra.ção *s.* working out, elaboration.
e.la.bo.rar *v.* to prepare, to elaborate.

elástico — empecilho

e.lás.ti.co *adj.* elastic.
ele *pron.* he.
e.le.fan.te *s.* elephant.
e.le.gân.ci.a *s.* elegance.
e.le.gan.te *adj.* elegant.
e.le.ger *v.* to elect.
e.le.gí.vel *adj.* eligible.
e.lei.ção *s.* election.
e.lei.to *adj.* elected / *s.* elect.
e.lei.tor *s.* voter, elector.
e.le.men.tar *adj.* elementary.
e.le.men.to *s.* element.
e.len.co *s.* list, cast.
e.le.tri.ci.da.de *s.* electricity.
e.le.tri.cis.ta *s.* electrician.
e.lé.tri.co *adj.* electric(al) / *s.* electric.
e.le.va.ção *s.* elevation, raising.
e.le.va.dor *s.* elevator, lift.
e.le.var *v.* to lift up, to raise.
e.li.mi.nar *v.* to remove, to banish.
e.li.te *s.* elite.
e.lo.gi.ar *v.* to praise.
e.ma.gre.cer *v.* to get thin, to loose weight.
e.man.ci.par *v.* to emancipate.
em.bai.xa.da *s.* embassy.
em.bai.xo *adv.* below, under.
em.ba.la.gem *s.* packing up, packaging.
em.ba.lar *v.* to pack (up), to rock (criança).
em.ba.ra.çar *v.* to hinder, to embarrass.
em.bar.ca.ção *s.* vessel, ship.
em.bar.car *v.* to embark, to board.
em.bar.que *s.* boarding.
em.bo.ra *conj.* though, although.
em.bre.a.gem *s.* clutch.
em.bri.a.gar *v.* to make drunk.
em.bri.ão *s.* embryo.
em.bru.lhar *v.* to wrap up, to pack up.
em.bru.lho *s.* package, parcel.
e.men.da *s.* correction, amendment.
e.men.dar *v.* to correct, to amend.
e.mer.gên.ci.a *s.* emergency.
e.mi.gra.ção *s.* emigration.
e.mi.grar *v.* to emigrate.
e.mi.nên.ci.a *s.* eminence.
e.mis.são *s.* emission.
e.mi.tir *v.* to emit, to issue.
e.mo.ção *s.* emotion.
e.mo.ti.vo *adj.* emotional, emotive.
em.pa.co.tar *v.* to pack (up).
em.pa.da *s.* pie, patty.
em.pa.tar *v.* to hinder, to tie up.
em.pe.ci.lho *s.* obstacle.

| empenhar | engenharia |

em.pe.nhar *v.* to pawn.
em.pi.lhar *v.* to pile up.
em.pi.nar *v.* to raise.
em.pol.gar *v.* to stimulate, to thrill.
em.pre.en.der *v.* to undertake.
em.pre.ga.do *s.* employee / *adj.* employed.
em.pre.ga.dor *s.* employer.
em.pre.gar *v.* to employ.
em.pre.go *s.* job, employment.
em.pre.sa *s.* firm, company.
em.pres.tar *v.* to lend.
em.pur.rar *v.* to push.
e.mu.de.cer *v.* to silence, to still.
en.ca.der.na.ção *s.* binding.
en.cai.xar *v.* to fit in, to box.
en.ca.lhar *v.* to run aground.
en.ca.mi.nhar *v.* to direct, to conduct.
en.ca.na.dor *s.* plumber.
en.can.ta.do *adj.* delighted.
en.can.tar *v.* to bewitch, to charm.
en.can.to *s.* delight, charm.
en.ca.par *v.* to cover.
en.ca.rar *v.* to face, to stare at.
en.chen.te *s.* flood.
en.cher *v.* to fill up.
en.co.lher *v.* to draw up, to shrink.
en.con.trar *v.* to find.
en.con.tro *s.* meeting.
en.co.ra.jar *v.* to encourage.
en.cos.tar *v.* to lean.
en.de.re.çar *v.* to address.
en.de.re.ço *s.* address.
en.di.rei.tar *v.* to straighten.
en.du.re.cer *v.* to harden.
e.ner.gi.a *s.* energy.
en.far.te *s.* heart attack.
ên.fa.se *s.* emphasis.
en.fei.tar *v.* to decorate, to adorn.
en.fei.ti.çar *v.* to bewitch, to charm.
en.fer.ma.gem *s.* nursing.
en.fer.mi.da.de *s.* illness, sickness.
en.fer.ru.jar *v.* to rust.
en.fiar *v.* to put on, to thread.
en.fim *adv.* finally, at last.
en.fo.que *s.* approach, focus.
en.for.car *v.* to hang.
en.fra.que.cer *v.* to weaken.
en.fren.tar *v.* to face, to confront.
en.fu.re.cer *v.* to infuriate, to enrage.
en.ga.jar *v.* to engage, to take on.
en.ga.na.do *adj.* mistaken, wrong.
en.ga.nar *v.* to deceive, to cheat.
en.ga.no *s.* mistake, error.
en.ge.nha.ri.a *s.* engineering.

engenho   enxofre

en.ge.nho *s.* inventive power; talent.
en.go.lir *v.* to swallow.
en.gor.dar *v.* to fatten.
en.gra.ça.do *adj.* funny.
en.jo.a.do *adj.* sick, bored.
en.jo.ar *v.* to sicken, to nauseate.
en.jo.o *s.* sickness, nausea.
en.la.tar *v.* to can, to tin.
en.lou.que.cer *v.* to drive mad, to madden.
e.no.ja.do *adj.* annoyed, nauseated.
e.no.jar *v.* to disgust, to nauseate.
en.quan.to *conj.* while.
en.re.do *s.* plot.
en.ro.lar *v.* to roll up.
en.ros.car *v.* to twist, to twine.
en.ru.gar *v.* to wrinkle, to crease.
en.sai.ar *v.* to test, to rehearse.
en.sai.o *s.* test, rehearsal, essay.
en.si.na.men.to *s.* teaching.
en.si.nar *v.* to teach.
en.si.no *s.* teaching.
en.tão *adv.* then.
en.tar.de.cer *v.* to get late / *s.* sunset.
en.ten.der *v.* to understand.
en.ten.di.men.to *s.* understanding.
en.ter.rar *v.* to bury.
en.ter.ro *s.* burial, funeral.
en.tor.tar *v.* to bend, to bow.

en.tra.da *s.* entrance, entry.
en.trar *v.* to go in, to enter.
en.tre *prep.* between.
en.tre.ga *s.* delivery.
en.tre.gar *v.* to hand over, to deliver.
en.tre.tan.to *conj.* however / *adv.* meantime.
en.tre.te.ni.men.to *s.* entertainment.
en.tre.ter *v.* to entertain.
en.tre.vis.ta *s.* interview.
en.tu.lho *s.* rubble, rubbish.
en.tu.pi.do *adj.* blocked.
en.tu.pir *v.* to block.
en.tu.si.as.mar *v.* to excite, to animate.
en.tu.si.as.mo *s.* enthusiasm.
en.ve.ne.nar *v.* to poison.
en.ver.go.nha.do *adj.* ashamed.
en.ver.go.nhar *v.* to shame.
en.vi.ar *v.* to send.
en.vi.o *s.* sending, dispatch.
en.vol.ver *v.* to involve, to wrap.
en.xa.da *s.* hoe.
en.xa.guar *v.* to rinse.
en.xa.me *s.* swarm.
en.xa.que.ca *s.* migraine.
en.xer.gar *v.* to see.
en.xo.fre *s.* sulphur.

63

enxotar esganar

en.xo.tar *v.* to throw out.
en.xo.val *s.* trousseau (de noiva), layette (de bebê).
en.xur.ra.da *s.* torrent.
en.xu.to *adj.* dry.
e.pi.de.mi.a *s.* epidemic.
é.po.ca *s.* period, time.
e.qua.ção *s.* equation.
E.qua.dor *s.* Ecuador.
e.qua.dor *s.* equator (linha).
e.qui.li.brar *v.* to balance.
e.qui.pa.men.to *s.* equipment.
e.qui.par *v.* to equip.
e.qui.pe *s.* team.
e.qui.va.len.te *adj.* equivalent.
e.ró.ti.co *adj.* erotic.
er.ra.do *adj.* wrong, mistaken.
er.ro *s.* mistake, error.
er.va *s.* herb.
er.vi.lha *s.* pea.
es.ban.jar *v.* to squander.
es.bo.çar *v.* to sketch, to outline.
es.bo.fe.te.ar *v.* to slap.
es.ca.da *s.* staircase, stairs.
es.ca.la *s.* scale.
es.ca.lar *v.* to climb.
es.cân.da.lo *s.* scandal, outrage.
es.ca.par *v.* to escape, to run away.
es.cla.re.cer *v.* to explain, to brighten.
es.co.la *s.* school.
es.co.lar *adj.* school.
es.co.lha *s.* choice.
es.co.lher *v.* to choose.
es.col.ta *s.* escort.
es.con.der *v.* to hide.
Es.cor.pi.ão *s.* Scorpio (astrologia).
es.cor.pi.ão *s.* scorpion.
es.cor.rer *v.* to drain.
es.co.tei.ro *s.* scout.
es.co.va *s.* brush.
es.cra.vi.dão *s.* slavery.
es.cra.vi.za.do *adj.* captive / enslaved.
es.cre.ver *v.* to write.
es.cri.ta *s.* writing.
es.cri.tó.ri.o *s.* office.
es.cri.tu.ra *s.* deed.
es.cu.do *s.* shield.
es.cul.pir *v.* to carve, to engrave.
es.cu.re.cer *v.* to darken.
es.cu.ri.dão *s.* darkness.
es.cu.ro *adj.* dark / *s.* darkness.
es.cu.tar *v.* to listen to.
es.for.çar *v.* to try hard.
es.for.ço *s.* effort.
es.fre.gar *v.* to rub, to scrub.
es.fri.ar *v.* to cool, chill.
es.ga.na.do *adj.* greedy.
es.ga.nar *v.* to strangle

es.ta.ci.o.nar v. to park.
es.ta.da s. stay.
es.tá.di.o s. stadium.
Es.ta.do s. state.
es.ta.gi.á.rio s. trainee.
es.tá.gi.o s. apprenticeship.
es.tam.par v. to print.
es.tan.car v. to stanch.
es.tân.ci.a s. ranch, farm.
es.tan.te s. bookcase.
es.tar v. to be.
es.ta.tís.ti.ca s. statistics.
es.ta.tís.ti.co s. statistician / adj. statistic(al).
es.tá.tua s. statue.
es.ta.tu.ra s. stature.
es.ta.tu.to s. statute.
es.tá.vel adj. stable, firm, steady.
es.ten.der v. to extend.
es.ti.lo s. style.
es.ti.ma s. esteem.
es.ti.mu.lar v. to stimulate.
es.tô.ma.go s. stomach.
es.tou.ro s. explosion, burst.
es.tra.da s. road, railroad, railway.
es.tra.ga.do adj. spoiled, rotten.
es.tra.gar v. to spoil, to ruin.
es.tran.gei.ro adj. foreign / s. foreigner.
es.tra.nhar v. to be surprised at.
es.tra.nho adj. strange / s. stranger.

es.tra.té.gi.a s. strategy.
es.tre.la s. star.
es.tri.den.te adj. shrill.
es.tron.do s. rumble, thundering.
es.tru.tu.ra s. structure.
es.tu.dar v. to study.
es.tú.di.o s. studio.
es.tu.di.o.so adj. studious.
es.tu.do s. study.
es.tu.pi.dez s. stupidity, foolishness.
es.tú.pi.do adj. stupid, obtuse / s. brute, dunce.
es.tu.prar v. to rape.
es.tu.pro s. rape.
es.va.zi.ar v. to empty.
e.ta.pa s. stage.
e.ter.ni.da.de s. eternity.
e.ter.no adj. eternal.
é.ti.ca s. ethics.
e.ti.que.ta s. etiquette, label, tag.
eu pron. pess. I.
Eu.ro.pa s. Europe.
e.van.ge.lho s. Gospel.
e.va.po.rar v. to evaporate.
e.va.são s. escape.
e.ven.to s. event.
e.ven.tu.al adj. fortuitous, occasional.
e.vi.dên.cia s. evidence.

es.go.ta.do *adj.* exhausted, drained.
es.go.tar *v.* to drain, to exhaust.
es.go.to *s.* drain, sewer.
es.gri.ma *s.* fencing.
es.ma.gar *v.* to crush, to squeeze.
es.mal.te *s.* enamel, nail polish.
es.me.ral.da *s.* emerald.
es.pa.ci.al *adj.* spatial.
es.pa.ço *s.* space.
es.pa.da *s.* sword.
Es.pa.nha *s.* Spain.
es.pan.tar *v.* to frighten.
es.pan.to *s.* fright.
es.pe.ci.al *adj.* special.
es.pé.cie *s.* species, sort, kind.
es.pe.lho *s.* mirror.
es.pe.ran.ça *s.* hope.
es.pe.rar *v.* to wait for; to hope for.
es.per.ma *s.* sperm, semen.
es.per.te.za *s.* cleverness.
es.per.to *adj.* clever.
es.pes.so *adj.* thick.
es.pe.tá.cu.lo *s.* show.
es.pe.to *s.* spit.
es.pi.ar *v.* to spy.
es.pi.na.fre *s.* spinach.
es.pi.nho *s.* thorn.
es.pi.o.na.gem *s.* spying.
es.pi.o.nar *v.* to spy.
es.pí.ri.to *s.* spirit, soul.
es.pi.ri.tu.al *adj.* spiritual.
es.pir.rar *v.* to sneeze.
es.plên.di.do *adj.* splendid.
es.plen.dor *s.* splendour.
es.pó.li.o *s.* estate, assets.
es.pon.ja *s.* sponge.
es.pon.tâ.ne.o *adj.* spontaneous.
es.por.te *s.* sport.
es.po.sa *s.* wife.
es.po.so *s.* husband.
es.pre.mer *v.* to squeeze.
es.pu.ma *s.* foam, froth (de cerveja); lather (de sabão).
es.que.cer *v.* to forget.
es.que.le.to *s.* skeleton.
es.que.ma *s.* outline, scheme.
es.quen.tar *v.* to heat, to warm.
es.quer.do *adj.* left.
es.qui *s.* ski.
es.qui.lo *s.* squirrel.
es.qui.na *s.* corner.
es.qui.si.to *adj.* strange, weird.
esse *pron.* that (*pl. these*).
es.sên.cia *s.* essence.
es.ta *pron.* this (*pl. these*).
es.ta.be.le.cer *v.* to establish.
es.ta.be.le.ci.men.to *s.* establishment.
es.ta.ção *s.* station.
es.ta.ci.o.na.men.to *s.* parking, place.

e.vi.tar *v.* to avoid, to prevent.
e.vo.lu.ção *s.* development, evolution.
e.vo.lu.ir *v.* to develop, to evolve.
e.xa.ge.rar *v.* to exaggerate.
e.xa.me *s.* exam, examination.
e.xa.mi.nar *v.* to examine.
e.xa.to *adj.* right, correct, accurate, precise.
ex.ce.ção *s.* exception.
ex.ce.lên.cia *pron.* Excellence / *s.* excellence.
ex.cên.tri.co *adj.* eccentric.
ex.ces.so *s.* excess.
ex.ci.ta.ção *s.* excitement.
ex.ci.ta.do *adj.* excited.
ex.cla.ma.ção *s.* exclamation.
ex.cla.mar *v.* to exclaim.
ex.clu.ir *v.* to exclude.
ex.cur.são *s.* outing, excursion.
e.xe.cu.tar *v.* to execute, to perform.
e.xe.cu.ti.vo *s.* executive / *adj.* executive.
e.xem.plar *adj.* exemplary / *s.* example.
e.xem.plo *s.* example, model.
e.xer.cer *v.* to exercise.
e.xer.cí.cio *s.* exercise.
e.xér.ci.to *s.* army.
e.xi.bir *v.* to show.
e.xi.gên.cia *s.* demand.
e.xi.gir *v.* to demand, to urge.
e.xis.tên.cia *s.* existence.
e.xis.tir *v.* to exist.
e.xó.ti.co *adj.* exotic.
ex.pan.dir *v.* to expand.
ex.pan.são *s.* expansion.
ex.pec.ta.ti.va *s.* expectation.
ex.pe.ri.ên.cia *s.* experience.
ex.pe.ri.men.tar *v.* to taste, to try.
ex.pli.ca.ção *s.* explanation.
ex.pli.car *v.* to explain.
ex.plo.dir *v.* to explode, to burst.
ex.plo.ra.ção *s.* exploration.
ex.por.ta.ção *s.* export.
ex.por.tar *v.* to export.
ex.pres.são *s.* expression.
ex.pul.sar *v.* to expel.
ex.te.ri.or *adj.* outside / *s.* exterior, outside.
ex.ter.no *adj.* external.
ex.tra.to *s.* extract.
ex.tra.va.gân.cia *s.* extravagance.
ex.tra.vi.ar *v.* to mislay, to go astray.
e.xul.tar *v.* to rejoice.

F, f s. the sixth letter of the Portuguese alphabet.
fã s. fan.
fá.bri.ca s. factory.
fa.bri.ca.ção s. manufacture.
fa.bri.car v. to manufacture; to make.
fá.bu.la s. fable.
fa.bu.lo.so adj. fabulous.
fa.ca s. knife.
fa.ça.nha s. exploit.
fa.cão s. carving knife.
fac.ção s. faction.
fa.ce s. face.
fa.ce.ta s. facet.
fa.cha.da s. façade, front.
fá.cil adj. easy.
fa.ci.li.tar v. to facilitate.
fa.cul.da.de s. faculty.
fa.cul.ta.ti.vo adj. optional.

fa.da s. fairy.
fa.da.do adj. predestined.
fa.di.ga s. fatigue, tiredness.
fa.do s. fate, destiny; Portuguese folk song, dance and music.
fa.gu.lha s. spark.
fai.são s. pheasant.
fa.ís.ca s. spark, flash.
fa.is.car v. to spark.
fai.xa s. belt, band, strip.
fa.lá.cia s. fallacy, fraud.
fa.lan.te adj. talkative.
fa.lar v. to speak, to talk.
fa.la.tó.rio s. talking, chit-chat.
fal.cão s. falcon, hawk.
fa.le.cer v. to die, to pass away.
fa.lên.cia s. bankruptcy.
fa.lé.sia s. sea cliff.

falha — fecundar

fa.lha s. fault, error, mistake.
fa.lhar v. to fail.
fa.li.do(a) adj. bankrupt, ruined.
fa.lir v. to fail, to go bankrupt.
fal.sá.rio(a) s. forger.
fal.si.da.de s. falsehood.
fal.si.fi.car v. to forge.
fal.so(a) adj. false, untrue.
fal.ta s. lack; absence.
fal.tar v. to be lacking, be absent, to miss.
fa.ma s. fame.
fa.mí.lia s. family.
fa.mi.li.ar adj. family, familiar.
fa.min.to(a) adj. hungry, starving.
fa.mo.so(a) adj. famous, renowned.
fa.ná.ti.co(a) adj. fanatical / s. fanatic.
fan.ta.si.a s. fantasy.
fan.ta.si.ar v. to imagine.
fan.tas.ma s. ghost.
fan.tás.ti.co(a) adj. fantastic.
fan.to.che s. puppet.
far.da s. uniform.
fa.ri.nha s. flour.
far.ma.cêu.ti.co(a) adj. pharmaceutical / s. pharmacist.
far.má.cia s. pharmacy, drugstore.
fa.ro s. sense of smell.
fa.rol s. lighthouse.
far.ra s. binge.

far.ra.po s. rag.
far.sa s. farce.
far.tar v. to satiate.
far.to(a) adj. full.
far.tu.ra s. abundance, wealth.
fas.ci.nan.te adj. fascinating.
fas.ci.nar v. to fascinate.
fas.cis.mo s. fascismo.
fa.se s. phase, stage.
fa.tal adj. fatal.
fa.ti.a s. slice, piece.
fa.ti.gan.te adj. tiresome.
fa.ti.gar v. to tire.
fa.to s. fact.
fa.tor s. factor, agent.
fa.tu.ra s. invoice.
fa.va s. broad bean.
fa.ve.la s. slum.
fa.vor s. favour.
fa.xi.na s. brushwood.
fa.zen.da s. farm.
fa.zer v. to make, to do.
fé s. faith, creed.
fe.bre s. fever, temperature.
fe.cha.do(a) adj. shut, closed.
fe.cha.du.ra s. lock.
fe.char v. to close, to shut.
fe.cho s. fastening, zipper.
fé.cu.la s. starch, fecula.
fe.cun.dar v. to fertilize.

fe.der *v.* to stink.
fe.de.ra.ção *s.* federation.
fe.de.ral *adj.* federal.
fei.ção *s.* form.
fei.jão *s.* bean.
fei.o(a) *adj.* ugly.
fei.ra *s.* fair.
fei.ti.cei.ra(o) *s.* witch.
fei.ti.ço *s.* charm, spell.
fei.ti.o *s.* shape; make, fabric.
fei.u.ra *s.* ugliness.
fei.xe *s.* bundle.
fel *s.* bile, gall.
fe.li.ci.da.de *s.* happiness.
fe.liz *adj.* happy.
fel.pu.do(a) *adj.* fuzzy, fluffy.
fel.tro *s.* felt.
fê.mea *s.* female.
fe.mi.ni.no(a) *adj.* feminine.
fe.mi.nis.ta *adj.* feminist / *s.* feminist.
fen.da *s.* slit; crack.
fen.der *v.* to split.
fe.no *s.* hay.
fe.no.me.nal *adj.* phenomenal.
fe.ra *s.* wild animal.
fé.re.tro *s.* coffin.
fe.ri.a.do *s.* holiday.
fé.rias *s.* holiday, vacation.
fe.ri.da *s.* wound.
fe.ri.do(a) *adj.* injured, wounded, hurt.
fe.ri.men.to *s.* injury, wound.
fe.rir *v.* to injure, to wound.
fer.men.tar *v.* to ferment.
fer.men.to *s.* yeast.
fe.roz *adj.* fierce.
fer.ra.du.ra *s.* horseshoe.
fer.ra.gem *s.* hardware, metalwork.
fer.ra.men.ta *s.* tool.
fer.rei.ro *s.* blacksmith, forger.
fer.ro *s.* iron.
fer.ro.vi.a *s.* railroad, railway.
fer.ru.gem *s.* rust.
fér.til *adj.* fertile.
fer.ven.te *adj.* boiling.
fer.ver *v.* to boil.
fer.vi.lhar *v.* to simmer.
fer.vor *s.* fervour.
fer.vo.ro.so *adj.* fervent.
fes.ta *s.* party.
fes.te.jar *v.* to celebrate.
fes.tim *s.* feast.
fes.ti.val *s.* festival.
fes.ti.vi.da.de *s.* festivity.
fes.ti.vo(a) *adj.* festive.
fe.ti.che *s.* fetish.
fé.ti.do(a) *adj.* stinking, rank.
fe.to *s.* foetus.
fe.ve.rei.ro *s.* February.

fezes — fita

fe.zes s. faeces, excrements.
fi.a.da s. row, line.
fi.a.dor(a) s. backer, warrantor.
fi.am.bre s. cured cold meat.
fi.an.ça s. guarantee.
fi.ar v. to spin; to rely, to trust.
fi.as.co s. fiasco, failure.
fi.bra s. fibre.
fi.car v. to stay, to remain.
fic.ção s. fiction.
fi.cha s. ticket.
fi.chá.rio s. card index, file.
fic.tí.cio(a) adj. fictitious.
fi.dal.go s. nobleman.
fi.de.li.da.de s. fidelity, loyalty.
fi.el adj. faithful.
fi.ga s. talisman.
fí.ga.do s. liver.
fi.go s. fig.
fi.gu.ra s. figure.
fi.gu.ran.te s. extra.
fi.gu.rar v. to appear.
fi.gu.ri.no s. model.
fi.la s. row, line, queue.
fi.la.men.to s. filament.
fi.la.te.li.a s. philately.
fi.lé s. steak.
fi.lei.ra s. file, row, wing.
fi.lho(a) s. son, *fem.* daughter.
fi.lho.te s. puppy (de cachorro), cub (de leão).
fi.li.al s. branch.
Fi.li.pi.nas s. The Philippine Islands.
fil.ma.do.ra s. camcorder.
fil.mar v. to film, to shoot.
fil.me s. film.
fi.lo.so.fi.a s. philosophy.
fil.trar v. to filter.
fil.tro s. filter.
fim s. end, termination.
fi.nal adj. final / s. end.
fi.nan.ças s. finance.
fin.car v. to thrust in, to drive in.
fi.ne.za s. finesse.
fin.gi.men.to s. pretense, dissimulation.
fin.gir v. to pretend.
fi.ni.to(a) adj. finite / s. finite.
Fin.lân.dia s. Finland.
fi.no(a) adj. fine; thin, slim.
fio s. thread, twine.
fir.ma s. company.
fir.mar v. to secure, to firm.
fir.me adj. firm.
fis.cal s. custom officer, fiscal.
fí.si.ca s. physics.
fí.si.co(a) adj. physical.
fi.sio.no.mia s. expression, look.
fi.sio.te.ra.pi.a s. physiotherapy.
fis.su.ra s. crack, split.
fi.ta s. strip, band, ribbon.

71

fi.tar v. to stare.
fi.ve.la s. buckle.
fi.xar v. to fix.
fi.xo(a) adj. fixed, stable.
fla.gran.te s. flagrant.
fla.grar v. to catch.
flâ.mu.la s. pennant.
fla.ne.la s. flannel.
flau.ta s. flute.
fle.cha s. arrow.
fle.xí.vel adj. flexible.
fli.pe.ra.ma s. pinball machine.
flo.co s. flake.
flor s. flower.
flo.res.cen.te adj. flourishing.
flo.res.cer v. to flower, to bloom, to blossom.
flo.res.ta s. forest.
flo.ri.do(a) adj. flowery.
flu.ên.cia s. fluency.
flu.i.do adj. fluid / s. fluid, liquid.
flu.ir v. to flow.
flu.tu.ar v. to float.
flu.vi.al adj. river, fluvial.
flu.xo s. flow.
fo.bi.a s. phobia.
fo.ca s. seal.
fo.ca.li.zar v. to focus.
fo.ci.nho s. snout.
fo.co s. focus.
fo.fo(a) adj. soft, cutie (pessoa).
fo.fo.ca s. gossip.

fo.gão s. stove.
fo.go s. fire.
fo.go.so(a) adj. fiery.
fo.gue.te s. rocket.
fol.clo.re s. folklore.
fô.le.go s. breath.
fol.ga s. rest, break.
fo.lha s. leaf; page (livro), sheet (papel).
fo.lha.gem s. foliage.
fo.li.a s. revelry.
fo.me s. hunger.
fo.ra adv. out, outside.
fo.ra.gi.do(a) adj. fugitive / s. fugitive, outlaw.
fo.ras.tei.ro(a) s. outsider, foreigner, outlander.
for.ca s. gallows.
for.ça s. power, force, strength.
for.çar v. to force.
for.jar v. to forge.
for.ma s. form, shape, mold, cake pan.
for.ma.ção s. formation.
for.mal adj. formal.
for.mar v. to form.
for.ma.tar v. to format.
for.mi.dá.vel adj. formidable, splendid.
for.mi.ga s. ant.
for.mo.so(a) adj. beautiful, charming.

fór.mu.la s. formula.
for.mu.lar v. to formulate.
for.mu.lá.rio s. form.
for.ne.ce.dor(a) s. supplier.
for.ne.cer v. to supply, to provide.
for.no s. oven.
for.rar v. to cover.
for.ta.le.cer v. to strengthen.
for.ta.le.za s. fortress, fort.
for.te adj. strong.
for.tui.to(a) adj. accidental, casual.
for.tu.na s. fortune.
fos.co(a) adj. dull, dim, opaque.
fós.fo.ro s. match.
fós.sil s. fossil.
fo.to s. photo.
fo.to.gra.far v. to photograph.
fo.to.gra.fia s. photography.
fo.tó.gra.fo(a) s. photographer.
foz s. mouth of a river.
fra.ção s. fraction.
fra.cas.sar v. to fail.
fra.co(a) adj. weak.
fra.ga.ta s. frigate.
frá.gil adj. fragile.
frag.men.to s. fragment.
fra.grân.cia s. fragrance.
fral.da s. diaper, nappy.
fram.bo.e.sa s. raspberry.
Fran.ça s. France.
fran.ca.men.te adv. frankly.

fran.go s. chicken.
fran.ja s. fringe (enfeite), bangs (cabelo).
fran.que.za s. frankness.
fran.qui.a s. postage; franchise.
fran.zir v. to pleat.
fra.que.za s. weakness.
fras.co s. bottle, flask.
fra.se s. sentence, phrase.
fra.tu.ra s. fracture.
frau.de s. fraud.
fre.ar v. to curb, to brake.
frei.ra s. nun, sister.
fren.te s. front.
fre.quên.cia s. frequency.
fre.quen.tar v. to frequent, to attend.
fre.quen.te adj. frequent, often.
fres.co(a) adj. fresh, new.
fres.cu.ra s. freshness; fussy.
fre.tar v. to charter.
fre.te s. freight.
fri.e.za s. coldness.
fri.gi.dei.ra s. frying pan.
frí.gi.do(a) adj. frigid.
fri.gir v. to fry.
fri.go.rí.fi.co s. refrigerator.
frio(a) adj. cold / s. coldness.
fri.sar v. to curl, to frizzle, emphasize.
fri.tar v. to fry.
fri.tas s. chips, French fries.

fri.to(a) *adj.* fried.
fro.nha *s.* pillowcase.
fron.te *s.* forehead.
fron.tei.ra *s.* border, frontier.
fro.ta *s.* fleet.
frou.xo(a) *adj.* loose.
frus.trar *v.* to frustrate.
fru.ta *s.* fruit.
fu.bá *s.* corn meal.
fu.ga *s.* flight, escape.
fu.gaz *adj.* fleeting.
fu.gir *v.* to flee, to run away, to escape.
fu.gi.ti.vo(a) *adj.* fugitive / *s.* fugitive, evader.
ful.mi.nan.te *adj.* devastating, withering.
fu.ma.ça *s.* smoke.
fu.man.te *s.* smoker.
fu.mar *v.* to smoke.
fu.mo *s.* smoke.
fun.ção *s.* function.
fun.ci.o.nar *v.* to work, to function.
fun.ci.o.ná.rio(a) *s.* employee, clerk; official.
fun.da.ção *s.* foundation.
fun.da.men.tal *adj.* fundamental.
fun.da.men.to *s.* foundation.
fun.dar *v.* to found; to establish.
fun.di.ção *s.* fusion, melting.
fun.dir *v.* to fuse, to melt.
fun.do(a) *adj.* deep / *s.* bottom.
fú.ne.bre *adj.* funeral.
fu.ne.ral *s.* funeral.
fu.nes.to(a) *adj.* fatal, funest.
fun.go *s.* fungus.
fu.nil *s.* funnel.
fu.ra.cão *s.* hurricane.
fu.ra.do(a) *adj.* perforated, pierced.
fu.rar *v.* to bore, to perforate, to pierce, to drill.
fur.gão *s.* van.
fú.ria *s.* fury.
fu.ro *s.* hole.
fur.tar *v.* to steal.
fu.são *s.* fusion, merger.
fu.sí.vel *s.* fuse.
fu.so *s.* spindle, spool.
fu.te.bol *s.* football; soccer.
fú.til *adj.* futile.
fu.ti.li.da.de *s.* shallowness, futility.
fu.tu.ro *s.* future / *adj.* future.
fu.zil *s.* rifle, gun.

G, g *s.* the seventh letter of the Portuguese alphabet.
ga.bar *v.* to praise / ~*se de v.* to boast.
ga.bi.ne.te *s.* office, cabinet.
ga.do *s.* livestock, cattle.
ga.fa.nho.to *s.* grasshopper.
ga.fe *s.* gaffe.
ga.guei.ra *s.* stutter, stammer.
ga.gue.jar *v.* to stutter, to stammer.
gai.a.to(a) *adj.* funny.
gai.o.la *s.* cage.
gai.vo.ta *s.* seagull.
ga.jo *s.* guy, chap.
ga.la *s.* gala, pomp.
ga.lan.te *adj.* graceful / *s.* gallant, gentleman.
ga.lão *s.* stripe (uniforme); gallon (medida).
gá.la.ta *s.* Galatian / *adj.* galatian.
ga.lá.xia *s.* galaxy.
ga.le.go(a) *s.* Galician / *adj.* Galician.
ga.le.ra *s.* galley.
ga.le.ri.a *s.* gallery.
gal.go *s.* greyhound.
ga.lho *s.* branch.
ga.li.nha *s.* hen, chicken.
ga.lo *s.* cock, rooster.
ga.lo.cha *s.* wellington (bota), galosh.
ga.lo.par *v.* to gallop.
gal.pão *s.* shed.
ga.ma *s.* scale.
gam.bá *s.* opossum.
ga.na *s.* craving, wish, hunger, hate.

75

ga.nân.cia s. greed.
gan.cho s. hook.
gan.gor.ra s. seesaw.
gan.gue s. gang.
ga.nha.dor(a) s. winner / adj. winning.
ga.nha-pão s. livelihood, bread-winner.
ga.nhar v. to win; to earn.
ga.nir v. to yelp.
gan.so(a) s. gander, goose.
ga.ra.gem s. garage.
ga.ra.nhão s. stallion.
ga.ran.ti.a s. warranty, guarantee.
ga.ran.tir v. to guarantee.
gar.bo s. elegance, garb.
gar.ça s. heron.
gar.çom s. waiter.
gar.ço.ne.te s. waitress.
gar.fo s. fork.
gar.ga.lha.da s. laughter.
gar.ga.lo s. bottleneck.
gar.gan.ta s. throat.
ga.ri s. roadsweeper.
ga.ro.a s. drizzle.
ga.ro.ta.da s. the kids.
ga.ro.to(a) s. boy, *fem.* girl.
ga.rou.pa s. grouper.
gar.ra s. claw.
gar.ra.fa s. bottle.
ga.ru.pa s. hindquarters.

gás s. gas.
ga.so.li.na s. petrol, gas.
ga.so.so(a) adj. sparkling.
gas.tar v. to spend.
gás.tri.co(a) adj. gastric.
ga.ti.lho s. trigger.
ga.to s. cat.
ga.ve.ta s. drawer.
ga.vi.ão s. hawk.
ga.ze s. gauze, bandage.
ga.ze.la s. gazelle.
ga.ze.ta s. newspaper.
ge.a.da s. frost.
ge.la.dei.ra s. refrigerator, fridge.
ge.la.do(a) adj. frozen.
ge.lar v. to freeze.
ge.la.ti.na s. gelatine, jelly.
ge.lei.a s. jelly, jam.
ge.lei.ra s. glacier.
ge.lo s. ice.
ge.ma s. yolk.
Gê.meos s. Gemeni (astrologia).
gê.meo(a) adj. twin / s. twin.
ge.mer v. to groan, moan.
ge.ne s. gene.
Ge.ne.bra s. Geneva.
ge.ne.ral s. general.
ge.ne.ra.li.zar v. to generalize.
gê.ne.ro s. genre; type, kind.
ge.ne.ro.si.da.de s. generosity.

ge.ne.ro.so(a) *adj.* generous.
ge.né.ti.ca *s.* genetics.
gen.gi.bre *s.* ginger.
gen.gi.va *s.* gum.
ge.ni.al *adj.* brilliant.
gê.nio *s.* genius.
ge.ni.tal *adj.* genital.
gen.ro *s.* son-in-law.
gen.te *s.* people.
gen.til *adj.* kind.
geo.gra.fi.a *s.* geography.
ge.ra.ção *s.* generation.
ge.ral *adj.* general.
ge.râ.nio *s.* geranium.
ge.rar *v.* to produce, to generate.
ge.rên.cia *s.* management.
ge.ren.te *s.* manager.
ger.ge.lim *s.* sesame.
ge.ri.á.tri.co(a) *adj.* geriatric.
ge.rir *v.* to manage.
ger.me *s.* germ.
ges.so *s.* plaster.
ges.ta.ção *s.* pregnancy.
ges.tan.te *s.* pregnant woman / *adj.* pregnant.
ges.ti.cu.lar *v.* to make gestures, to gesticulate.
ges.to *s.* gesture.
gi.gan.te *adj.* gigantic, giant / *s.* giant.
gim *s.* gin.
gi.ná.sio *s.* gymnasium.
gi.nás.ti.ca *s.* gymnastics.
gi.ne.co.lo.gi.a *s.* gynecology.
gi.ne.co.lo.gis.ta *s.* gynecologist.
gi.ra.fa *s.* giraffe.
gi.rar *v.* to turn.
gi.ras.sol *s.* sunflower.
gi.ra.tó.rio(a) *adj.* revolving.
gí.ria *s.* slang.
giz *s.* chalk.
gla.ci.al *adj.* icy.
gla.mou.ro.so(a) *adj.* glamorous.
glân.du.la *s.* gland.
gli.ce.ri.na *s.* glycerine.
gli.co.se *s.* glucose.
glo.bal *adj.* global.
glo.bo *s.* globe.
gló.ria *s.* glory.
glos.sá.rio *s.* glossary.
goi.a.ba *s.* guava.
gol *s.* goal.
go.la *s.* collar.
go.le *s.* gulp.
go.lei.ro *s.* goalkeeper.
gol.fe *s.* golf.
gol.fi.nho *s.* dolphin.
gol.fo *s.* gulf.
gol.pe *s.* blow.
go.ma *s.* gum.
gon.go *s.* gong.
go.rar *v.* to frustrate.

gor.do(a) *adj.* fat.
gor.du.ra *s.* fat; grease.
go.ri.la *s.* gorilla.
gor.je.ta *s.* tip.
gor.ro *s.* cap.
gos.ma *s.* spittle.
gos.tar *v.* to like.
gos.to *s.* taste.
go.ta *s.* drop.
go.tei.ra *s.* gutter; leak.
go.te.jar *v.* to drip.
go.ver.na.dor(a) *s.* governor.
go.ver.na.men.tal *adj.* government.
go.ver.nan.ta *s.* governess.
go.ver.nar *v.* to govern.
go.ver.no *s.* government.
go.za.ção *s.* mockery.
go.za.do(a) *adj.* funny.
go.zar *v.* to enjoy.
Grã-Bre.ta.nha *s.* Great Britain.
gra.ça *s.* grace.
gra.ce.jar *v.* to joke.
gra.ci.o.so(a) *adj.* charming.
gra.da.ti.vo(a) *adj.* gradual.
gra.de *s.* grating.
gra.du.a.ção *s.* graduation.
gra.du.al *adj.* gradual.
gra.du.ar *v.* to graduate.
gra.fi.a *s.* writing.

gra.ma *s.* gramme, gram (medida); grass (planta).
gra.ma.do *s.* lawn.
gra.mar *v.* to plant grass.
gra.má.ti.ca *s.* grammar.
gra.mo.fo.ne *s.* gramophone.
gram.pe.a.dor *s.* stapler.
gram.pe.ar *v.* to staple.
gram.po *s.* hairpin.
gra.na.da *s.* shell.
gran.de *adj.* big, large.
gran.di.o.so(a) *adj.* magnificent.
gra.nel *s.* in bulk.
gra.ni.to *s.* granite.
gra.ni.zo *s.* hailstone.
gran.ja *s.* farm, ranch.
gra.nu.la.do(a) *adj.* grainy.
grâ.nu.lo *s.* granule.
grão *s.* grain.
gra.ti.dão *s.* gratitude.
gra.ti.fi.can.te *adj.* rewarding.
gra.ti.fi.car *v.* to tip, to reward.
grá.tis *adj.* free.
gra.to(a) *adj.* grateful.
gra.tui.to(a) *adj.* free.
grau *s.* degree.
gra.va.ção *s.* recording.
gra.va.dor *s.* tape recorder.
gra.var *v.* to record; to engrave.
gra.va.ta *s.* tie.
gra.ve *adj.* serious.

grá.vi.da *adj.* pregnant.
gra.vi.da.de *s.* gravity.
gra.vi.dez *s.* pregnancy.
gra.vu.ra *s.* engraving.
gra.xa *s.* polish.
Gré.cia *s.* Greece.
gre.lha *s.* grill.
grê.mio *s.* guild.
gre.ve *s.* strike.
gri.far *v.* to underline (palavras).
gri.lo *s.* cricket.
gri.nal.da *s.* garland.
grin.go(a) *s.* gringo.
gri.pa.do(a) *adj.* get a cold.
gri.pe *s.* flu (influenza).
gri.sa.lho(a) *adj.* grey.
gri.tan.te *adj.* glaring, gross.
gri.tar *v.* to shout.
gros.sei.ro(a) *adj.* rude.
gros.so(a) *adj.* thick.
gro.tes.co(a) *adj.* grotesque.
gru.dar *v.* to glue.
gru.de *s.* glue, paste.
gru.den.to *adj.* sticky.
gru.nhi.do *s.* grunt.
gru.nhir *v.* to grunt.
gru.po *s.* group.

gru.ta *s.* grotto, cave.
guar.da *s.* guard.
guar.da-chu.va *s.* umbrella.
guar.da-ci.vil *s.* policeman, *fem.* policewoman.
guar.da-cos.tas *s.* bodyguard.
guar.da.na.po *s.* napkin.
guar.dar *v.* to guard; to keep.
guar.da-rou.pa *s.* wardrobe.
guar.da-sol *s.* sunshade.
guar.di.ão(ã) *s.* guardian.
guar.ni.ção *s.* garrison (militar); garnish (culinária).
guer.ra *s.* war.
guer.ri.lha *s.* guerrilla.
gue.to *s.* ghetto.
gui.a *s.* guide, leader.
gui.ar *v.* to guide, to lead.
gui.chê *s.* ticket window.
guin.cho *s.* squeal (grito) / tow truck (veículo).
guin.das.te *s.* hoist, crane.
gui.tar.ra *s.* guitar.
gu.la *s.* gluttony, greed.
gu.lo.di.ce *s.* delicacy, tidbit.
gu.lo.sei.ma *s.* delicacy, dainties.
gu.lo.so(a) *adj.* greedy / *s.* glutton.

H

H, h *s* the eighth letter of the Portuguese alphabet.
há.bil *adj.* skilful, clever.
ha.bi.li.ta.ção *s.* competence, qualification.
ha.bi.li.ta.do(a) *adj.* qualified.
ha.bi.li.tar *v.* to enable, to qualify.
ha.bi.ta.ção *s.* habitation, residence.
ha.bi.tan.te *s.* inhabitant.
ha.bi.tar *v.* to live.
há.bi.to *s.* habit, use.
ha.bi.tu.al *adj.* usual.
ha.bi.tu.ar *v.* to get used to, to familiarize.
ha.do.que *s.* haddock.
há.li.to *s.* breath.
han.gar *s.* hangar.
har.mo.ni.a *s.* harmony.
har.mo.ni.o.so(a) *adj.* harmonious.
har.mo.ni.zar *v.* to harmonize.
har.pa *s.* harp.
has.te *s.* flagpode.
ha.va.na *s.* light brown.
ha.ver *v. aux.* (*tempos compostos*) to have; there is, there are (existir).
he.brai.co(a) *s.* Hebrew; the Hebrew language / *adj.* Hebraic.
he.di.on.do(a) *adj.* hideous, dreadful.
hé.li.ce *s.* propeller.
he.li.cóp.te.ro *s.* helicopter.
hé.lio *s.* helium.
he.ma.to.ma *s.* bruise.

hemorragia — honrado

he.mor.ra.gi.a *s.* hemorrhage.
he.mor.roi.das *s.* hemorrhoids.
he.pa.ti.te *s.* hepatitis.
he.ran.ça *s.* inheritance.
her.dar *v.* to inherit.
her.dei.ro(a) *s.* heir.
he.rói *s.* hero.
he.ro.í.na *s.* heroine.
he.si.ta.ção *s.* hesitation.
he.si.tan.te *adj.* hesitant.
he.si.tar *v.* to hesitate.
he.te.ros.se.xu.al *s.* heterosexual.
hi.ber.nar *v.* to hibernate.
hí.bri.do(a) *adj.* hybrid / *s.* hybrid.
hi.dra.tan.te *s.* moisturizer.
hi.dráu.li.co(a) *adj.* hydraulic.
hi.dre.lé.tri.co(a) *adj.* hydroelectric.
hi.dro.fo.bi.a *s.* hidrophobia rabies.
hi.dro.gê.nio *s.* hydrogen.
hi.e.rar.qui.a *s.* hierarchy.
hí.fen *s.* hyphen.
hi.gi.e.ne *s.* hygiene.
hi.la.ri.an.te *adj.* hilarious.
hi.no *s.* hymn; anthem.
hi.per.mer.ca.do *s.* hypermarket.
hi.per.ten.são *s.* high blood pressure.
hí.pi.co(a) *adj.* riding club.
hi.pis.mo *s.* horseback racing.
hip.no.tis.mo *s.* hypnotism.
hi.po.con.drí.a.co(a) *s.* hypochondriac / *adj.* hyponchondriac(al).
hi.po.cri.si.a *s.* hypocrisy.
hi.pó.dro.mo *s.* race-course.
hi.po.pó.ta.mo *s.* hippopotamus.
hi.po.te.ca *s.* mortgage.
hi.pó.te.se *s.* hypothesis.
his.pâ.ni.co(a) *adj.* Hispanic.
his.te.ria *s.* hysteria.
his.tó.ria *s.* history; story, tale.
ho.je *adv.* today.
Ho.lan.da *s.* Holland, Netherlands.
ho.lo.caus.to *s.* holocaust.
ho.lo.fo.te *s.* searchlight.
ho.mem *s.* man.
ho.me.na.ge.ar *v.* to pay tribute.
ho.me.na.gem *s.* tribute.
ho.mi.ci.da *adj.* homicidal / *s.* murderer.
ho.mo.lo.gar *v.* to ratify.
ho.mos.se.xu.al *adj.* homosexual / *s.* homosexual.
Hon.du.ras *s.* Honduras.
ho.nes.ti.da.de *s.* honesty.
ho.ne.sto(a) *adj.* honest.
ho.no.rá.rio(a) *adj.* honorary.
ho.no.rá.rios *s.* fee, pay.
hon.ra *s.* honour, honor.
hon.ra.dez *s.* honour, probity.
hon.ra.do(a) *adj.* honest.

81

hon.rar *v.* to honour.
hon.ro.so(a) *adj.* honourable.
ho.ra *s.* time, hour.
ho.ri.zon.tal *s.* horizontal / *adj.* horizontal.
ho.ri.zon.te *s.* horizon.
hor.mô.nio *s.* hormone.
ho.rós.co.po *s.* horoscope.
hor.ren.do(a) *adj.* horrendous.
hor.ri.pi.lan.te *adj.* horrifying.
hor.rí.vel *adj.* awful, horrible.
hor.ror *s.* horror.
hor.ta *s.* vegetable garden.
hor.ta.li.ça *s.* vegetables.
hor.te.lã *s.* mint.
hor.tên.sia *s.* hydrangea.
hor.ti.cul.tor(a) *s* horticultor, horticulturist.
hor.to *s.* plant nursery.
hos.pe.da.gem *s.* accomodation, lodging.
hos.pe.dar *v.* to put up, to lodge.
hós.pe.de *s.* guest.
hos.pí.cio *s.* madhouse, asylum.
hos.pi.tal *s.* hospital.
hos.pi.ta.li.da.de *s.* hospitality.
hu.ma.ni.tá.rio(a) *adj.* humane / *s.* humanitarian.
hu.ma.no(a) *adj.* human, humane.
hu.mil.da.de *s.* humility.
hu.mil.de *adj.* humble.
hu.mi.lhar *v.* humiliate.
hu.mor *s.* mood, humour.
hún.ga.ro(a) *s.* Hungarian / *adj.* hungarian.
Hun.gri.a *s.* Hungary.

I, i *s.* the ninth letter of the Portuguese alphabet.
i.a.te *s.* yacht.
i.a.tis.mo *s.* yachting.
i.bé.ri.co *s.* Iberian / *adj.* iberian.
í.co.ne *s.* icon.
i.da *s.* departure.
i.da.de *s.* age.
i.de.al *s.* ideal / *adj.* ideal(istic).
i.de.a.lis.ta *adj.* idealist / *s.* idealist.
i.de.a.li.zar *v.* to idealize.
i.dei.a *s.* idea, thought.
i.dem *adj.* same.
i.dên.ti.co *adj.* identical.
i.den.ti.da.de *s.* identity.
i.den.ti.fi.car *v.* to identify.
i.de.o.lo.gi.a *s.* ideology.
i.de.o.ló.gi.co *adj.* ideologic(al).
i.di.o.ma *s.* language.

i.di.o.ta *adj.* idiotic(al), silly / *s.* idiot.
i.di.o.ti.ce *s.* stupidity.
í.do.lo *s.* idol.
i.dô.neo *adj.* competent, idoneous.
i.do.so *adj.* old, aged.
i.glu *s.* igloo.
ig.no.rân.cia *s.* ignorance.
ig.no.ran.te *adj.* ignorant.
ig.no.rar *v.* to ignore.
i.gre.ja *s.* church.
i.gual *s.* the same, equal / *adj.* equal.
i.gua.lar *v.* to equal, to level.
i.gual.da.de *s.* equality.
i.gual.men.te *adv.* equally.
i.le.gal *adj.* illegal.
i.le.ga.li.da.de *s.* illegality.
i.lha *s.* island.
i.lu.são *s.* illusion.
i.lus.tra.ção *s.* illustration.

í.mã *s.* magnet.
i.ma.gem *s.* image.
im.ba.tí.vel *adj.* unbeatable.
im.be.cil *adj.* stupid, dumb / *s.* idiot, imbecile.
i.mo.ral *adj.* immoral.
im.pa.ci.ên.cia *s.* impatience.
im.pac.to *s.* impact.
ím.par *adj.* odd, uneven.
im.pé.rio *s.* empire.
im.plo.rar *v.* to beg, to implore.
im.por *v.* to impose.
im.por.tân.cia *s.* importance.
im.pren.sa *s.* press.
im.pres.são *s.* impression; print.
im.pri.mir *v.* to print.
i.na.to *adj.* innate.
i.nau.gu.ra.ção *s.* inauguration.
in.ca.pa.ci.da.de *s.* incapacity.
in.cen.di.ar *v.* to set fire to.
in.cer.te.za *s.* uncertainty, doubt.
in.cha.do *adj.* swollen.
in.clu.ir *v.* to include.
in.co.mo.dar *v.* to bother, to annoy.
in.com.pe.tên.cia *s.* incompetence.
in.con.di.ci.o.nal *adj.* unconditional.
in.crí.vel *adj.* incredible.
in.di.ca.ção *s.* indication.
ín.di.ce *s.* index.
in.dús.tria *s.* industry.
i.né.di.to *adj.* unpublished; original.

in.fân.cia *s.* childhood, infancy.
in.flar *v.* to inflate, to blow up.
in.flu.ên.cia *s.* influence.
in.for.ma.ção *s.* information.
i.ni.mi.go(a) *s.* enemy / *adj.* enemy.
in.se.rir *v.* to insert, to put in.
ins.pe.ção *s.* inspection.
ins.ta.la.ção *s.* installation.
ins.ti.tu.i.ção *s.* institution.
ins.tru.men.to *s.* instrument.
in.te.li.gên.cia *s.* intelligence.
in.te.res.san.te *adj.* interesting.
in.te.ri.or *adj.* inner / *s.* inland, interior.
in.ter.nar *v.* to intern.
in.ter.va.lo *s.* interval, break.
in.ti.mi.da.de *s.* intimacy.
in.tri.ga *s.* intrigue.
in.tui.ção *s.* intuition.
i.nú.til *adj.* useless / *s.* worthless person.
in.va.dir *v.* to invade.
in.ve.ja *s.* envy.
in.ven.ção *s.* invention.
in.ver.no *s.* winter.
ir *v.* to go.
i.ra *s.* anger, rage.
ir.mã *s.* sister.
ir.mão *s.* brother.
i.ro.ni.a *s.* irony.
ir.ri.tar *v.* to irritate.
i.ti.ne.rá.rio *s.* itinerary.

J, j *s.* the tenth letter of the Portuguese alphabet.
já *adv.* already / *conj.* now.
ja.ca *s.* jack fruit.
ja.ca.ré *s.* alligator.
ja.mais *adv.* never.
ja.nei.ro *s.* January.
ja.ne.la *s.* window.
jan.ga.da *s.* raft, float.
jan.tar *s.* dinner.
Ja.pão *s.* Japan.
ja.que.ta *s.* jacket.
jardim *s.* garden.
jar.dim de in.fân.cia *s.* kindergarten.
jar.di.na.gem *s.* gardening.
jar.di.nei.ro *s.* gardener.
jar.ro *s.* jug.
ja.to *s.* jet.
jau.la *s.* cage.
ja.zi.go *s.* grave.
jei.to *s.* way; kind.
ji.pe *s.* jeep.
jo.a.ni.nha *s.* ladybug.
jo.e.lho *s.* knee.
jo.ga.dor(a) *s.* player.
joi.a *s.* jewel.
jor.nal *s.* newspaper.
jor.na.lis.ta *s.* journalist.
jo.vem *adj.* young / *s.* young person.
ju.di.ar *v.* to torment, to mistreat.
ju.iz(íza) *s.* judge; referee, umpire.
ju.i.za.do *s.* court.
jul.ga.men.to *s.* judgement, trial.

julho — juventude

ju.lho s. July.
ju.men.to s. donkey.
ju.nho s. June.
jun.ta s. joint; committee.
jun.tar v. to join, connect.
Jú.pi.ter s. Jupiter.
ju.ra s. oath, vow.
jus.ti.ça s. justice.
jus.ti.fi.car v. to justify.
jus.to s. fair person / *adj*. just, right.
ju.ven.tu.de s. youth, young people.

K, k *s.* the eleventh letter of the Portuguese alphabet.
kai.ser *s.* kaiser, emperor.
ka.ra.o.ke *s.* karaoke.

kg *abrev.* de kilogram.
ki.wi *s.* kiwi.
Km *abrev.* de kilometer.

L, l *s.* the twelfth letter of the Portuguese alphabet.
lá *adv.* there, over there.
lã *s.* wool.
lá.bio *s.* lip.
la.bo.ra.tó.rio *s.* laboratory, lab.
la.çar *v.* to bind, to lace.
la.do *s.* side.
la.drão(dra) *s.* thief, robber.
la.gar.ta *s.* caterpillar.
la.gar.to *s.* lizard.
la.gos.ta *s.* lobster.
lá.gri.ma *s.* tear.
la.ma *s.* mud.
lam.ber *v.* to lick.
la.men.tar *v.* to lament, to regret.
lâ.mi.na *s.* sheet; blade.
lâm.pa.da *s.* lamp.
lan.ça *s.* spear.
lan.ça.men.to *s.* throwing, launching.
lan.cha *s.* launch, motor-boat.
lan.che *s.* snack.
lan.ter.na *s.* lantern, flashlight.
lá.pis *s.* pencil.
lar *s.* home.
la.ran.ja *s.* orange.
la.tir *v.* to bark.
la.va.bo *s.* washbasin.
Le.ão *s.* Leo (astrologia).
leão *s.* lion.
le.bre *s.* hare.
le.gi.ão *s.* legion.
le.gí.vel *adj.* legible, readable.
le.gu.me *s.* vegetable.
lem.bran.ça *s.* souvenir, gift.
len.te *s.* lens.
len.to *adj.* slow.

le.que s. fan.
ler v. to read.
le.tra s. letter.
le.var v. to take.
le.ve adj. light.
Li.bra s. Libra (astrologia).
li.ção s. lesson, homework.
li.cen.ça s. license.
li.ga.ção s. connection, relation.
li.gar v. to bind, to join, to connect.
li.mão s. lemon.
lín.gua s. tongue; language.
lin.gua.gem s. language.
lin.gui.ça s. sausage.
li.nha s. line; thread.
li.qui.da.ção s. sale; liquidation.
li.so(a) adj. smooth.
lis.ta s. list, roll.
lis.tra s. stripe.
li.to.ral s. coastline / adj. coastal.
li.vra.ri.a s. bookshop, bookstore.
li.vre adj. free.
li.xo s. garbage, trash.

lo.cal s. place, site / adj. local.
ló.gi.co adj. logical, rational.
lo.go adv. at once, soon / conj. therefore.
lo.ja s. shop, store.
lon.ge adv. far / adj. distant.
lou.co(a) adj. crazy, mad / s. mad person.
lou.ro(a) adj. blond(e), fair.
lou.ro s. bay leaf (cozinha); parrot (papagaio).
lou.sa s. blackboard.
lou.var v. to praise.
lu.a s. moon.
lu.ci.dez s. lucidity.
lu.gar s. place.
lu.ne.ta s. eye-glass.
lu.ta s. fight.
lu.va s. glove.
lu.xo s. luxury.
lu.xu.o.so(a) adj. luxurious.
luz s. light.

M

M, m *s.* the thirteenth letter of the Portuguese alphabet.
ma.çã *s.* apple.
ma.ca.co *s.* monkey.
ma.car.rão *s.* pasta, macaroni.
ma.cha.do *s.* axe.
ma.cho *adj.* male / *s.* male.
ma.chu.car *v.* to crush; to smash; to wound, to hurt.
ma.ci.o(a) *adj.* soft, smooth, tender.
ma.dei.ra *s.* wood; timber.
ma.dri.nha *s.* godmother.
mãe *s.* mother.
ma.ga.zi.ne *s.* store; periodical.
ma.gi.a *s.* magic.
ma.go *s.* magician, wizard.
má.goa *s.* sorrow, grief.
mai.o *s.* May.
mai.ô *s.* swimming suit.
mai.or *adj.* bigger, larger.
mais *adj.* more, further / *adv.* more, also.
ma.jes.ta.de *s.* majesty.
mal *adv.* bad / *s.* evil, ill.
mal.da.de *s.* badness, wickedness.
mal.di.ção *s.* curse.
ma.le.ta *s.* suitcase.
mal-hu.mo.ra.do(a) *adj.* bad tempered.
ma.lí.cia *s.* slyness, malice.
ma.lu.co(a) *adj.* crazy, nutty / *s.* nut, fool.
ma.mãe *s.* mom, mum, mummy.
ma.mão *s.* papaya.
ma.mar *v.* to suck, take the breast.

mancha — mensageiro

man.cha *s.* stain, spot.
man.dar *v.* to order; to boss.
man.dí.bu.la *s.* jaw.
man.di.o.ca *s.* cassava, manioc.
ma.nei.ra *s.* way, manner.
ma.nhã *s.* morning.
ma.ni.fes.ta.ção *s.* demonstration, expression.
ma.ni.ve.la *s.* crank, handle.
ma.no.bra *s.* shunting, maneuver.
man.tei.ga *s.* butter.
mão *s.* hand.
mão de o.bra *s.* labor, labour, workmanship.
ma.pa *s.* map, chart, graph.
má.qui.na *s.* machine.
ma.ra.cu.já *s.* passion fruit.
ma.ra.to.na *s.* marathon.
ma.ra.vi.lha *s.* wonder, marvel.
mar.ca *s.* mark; brand.
mar.ço *s.* March.
mar.ga.ri.da *s.* daisy.
ma.ri.do *s.* husband.
ma.ri.nhei.ro *s.* seaman, sailor.
mar.rom *adj.* brown.
Mar.te *s.* Mars.
mas *conj.* but.
más.ca.ra *s.* mask.
mas.cu.li.no *adj.* masculine.
mas.sa.gem *s.* massage.
mas.ti.gar *v.* to chew.
ma.ta *s.* forest, wood.

ma.té.ria *s.* matter, substance; subject, topic.
ma.trí.cu.la *s.* registration, enrollment.
ma.tri.mô.nio *s.* marriage, matrimony.
má.xi.mo *adj.* greatest / *s.* maximum.
me.da.lha *s.* medal.
me.di.ci.na *s.* medicine.
mé.di.co(a) *s.* doctor / *adj.* medic(al).
me.di.da *s.* measurement.
me.dir *v.* to measure.
me.do *s.* fear; afraid (com medo).
mei.a *s.* sock, stocking (de náilon).
mei.a-noi.te *s.* midnight.
mei.o-di.a *s.* midday, noon.
mel *s.* honey.
me.lan.ci.a *s.* watermelon.
me.lão *s.* melon.
me.lhor *adj.* better.
me.lo.di.a *s.* melody.
mem.bro *s.* member.
me.mó.ria *s.* memory.
me.ni.no(a) *s.* boy, *fem.* girl.
me.nor *adj.* smaller.
me.nos *adv.* less.
men.sa.gei.ro *s.* messenger.

men.sa.gem *s.* message.
men.tir *v.* to lie.
mer.ca.do *s.* market.
Mer.cú.rio *s.* Mercury.
mer.cú.rio *s.* mercury (química).
mer.gu.lhar *v.* to dive.
mês *s.* month.
me.sa *s.* table.
mes.mo *adj.* same.
me.ta.de *s.* half.
me.␣tró.po.le *s.* metropolis.
meu(inha) *pron.* my, mine.
me.xer *v.* to move.
mi.cros.có.pio *s.* microscope.
mi.ga.lha *s.* crumb.
mil *num.* thousand.
mi.la.gre *s.* miracle.
mi.lha *s.* mile.
mi.lhão *num.* million.
mim *pron. pess.* me.
mi.ma.do(a) *adj.* spoilt.
mi.na *s.* mine, quarry.

mi.se.rá.vel *adj.* miserable.
mis.são *s.* mission.
mis.té.rio *s.* mystery.
mo.da *s.* fashion.
mo.do *s.* way, manner.
mo.e.da *s.* coin.
mon.ta.nha *s.* mountain.
mo.ran.go *s.* strawberry.
mor.rer *v.* to die.
mor.ta.de.la *s.* bologna.
mos.tar.da *s.* mustard.
mo.ver *v.* to move.
mu.dan.ça *s.* change.
mui.to(a) *adj.* a lot of.
mu.la *s.* mule.
mu.le.ta *s.* crutch; support.
mu.lher *s.* woman.
mul.ti.dão *s.* crowd.
mun.do *s.* world.
mu.ni.cí.pio *s.* municipality, town.
mu.seu *s.* museum.

N, n *s.* the fourteenth letter of the Portuguese alphabet.
na.ci.o.nal *adj.* national.
na.da *pron. indef.* nothing.
na.da.dor(a) *s.* swimmer.
ná.de.ga *s.* bottock.
na.do *s.* swim, swimming.
na.mo.ra.do(a) *s.* boyfriend, *fem.* girlfriend.
não *adv.* no, not.
nar.ra.ção *s.* narration.
nas.cer *v.* to be born.
na.ta.ção *s.* swimming.
na.tal *adj.* native (lugar).
Na.tal *s.* Christmas / *adj.* Christmas.
na.ti.vo(a) *adj.* native / *s.* native.
na.tu.ral *adj.* natural.
na.tu.re.za *s.* nature.
na.vi.o *s.* ship.

ne.bli.na *s.* mist.
ne.ces.sá.rio *adj.* necessary.
ne.gó.cio *s.* business.
ne.gro(a) *adj.* black.
nem *conj.* neither.
ne.nê *s.* baby.
neto(a) *s.* grandson, *fem.* granddaughter.
Ne.tu.no *s.* Neptune.
nin.guém *pron. indef.* nobody.
ni.nho *s.* nest.
ni.ti.dez *s.* clearness, distinctness.
ní.vel *s.* level.
no.ção *s.* notion, idea.
noi.va.do *s.* engagement.
noi.vo(a) *s.* grom, *fem.* bride.
no.jen.to(a) *adj.* disgusting; filthy.
no.me *s.* name.

93

| nora | nuvem |

no.ra *s.* daughter-in-law.
nor.ma *s.* norm, rule; standard.
nor.te *adj.* northern / *s.* north, northern.
nos *pron. pess.* us (complemento).
nós *pron. pess.* we (sujeito).
nos.so *pron. poss.* our.
no.ta *s.* note, reminder.
no.tá.vel *adj.* remarkable.
no.tí.cia *s.* information; news.
no.va.men.te *adv.* again.
no.ve *num.* nine.
no.ve.cen.tos *num.* nine hundred.
no.ve.la *s.* soap-opera.
no.vem.bro *s.* November.
no.ven.ta *num.* ninety.
no.vo(a) *adj.* new; young.
noz *s.* walnut.
nu(a) *adj.* naked / *s.* nude.
nu.bla.do *adj.* cloudy.
nun.ca *adv.* never.
nu.tri.ção *s.* nutrition.
nu.vem *s.* cloud.

O, o *s.* the fifteenth letter of the Portuguese alphabet.
o.be.de.cer *v.* to obey.
ob.je.to *s.* object.
o.bri.ga.ção *s.* obligation, duty.
ob.ser.va.ção *s.* observation.
ob.ses.são *s.* obsession.
obs.tá.cu.lo *s.* obstacle.
o.ca.si.ão *s.* opportunity, occasion.
o.ce.a.no *s.* ocean.
o.cor.rên.cia *s.* event, happening, incident.
o.cu.pa.ção *s.* occupation.
o.di.ar *v.* to hate.
o.dor *s.* smell.
o.es.te *s.* west.
o.fen.der *v.* to offend.
o.fe.re.cer *v.* to offer.
o.fi.ci.al *adj.* official / *s.* officer.
o.fi.ci.na *s.* workshop.
oi.ten.ta *num.* eighty.
oi.to *num.* eight.
oi.to.cen.tos *num.* eight hundred.
o.lá *interj.* hi!, hello!
ó.leo *s.* oil.
o.lho *s.* eye.
om.bro *s.* shoulder.
on.ça *s.* jaguar; ounce.
on.da *s.* wave.
on.de *adv.* where.
ô.ni.bus *s.* bus.
on.tem *adj.* yesterday.
on.ze *num.* eleven.
op.ção *s.* option, choice.
o.por.tu.ni.da.de *s.* opportunity.
o.po.si.ção *s.* opposition.
op.tar *v.* to choose, to decide for.

o.ra.ção s. prayer.
or.dem s. order.
o.re.lha s. ear.
or.gâ.ni.co adj. organic(al).
or.ga.ni.za.ção s. organization.
ór.gão s. organ.
or.ques.tra s. orchestra.
or.quí.dea s. orchid.
os.so s. bone.

ó.ti.mo adj. excellent.
ou conj. or, either.
ou.sa.di.a s. daring.
ou.to.no s. autumn, fall.
ou.tro(a) adj. another, other.
ou.tu.bro s. October.
ou.vi.do s. ear.
o.ve.lha s. sheep.
o.vo s. egg.

P, p *s.* the sixteenth letter of the Portuguese alphabet.
pa.ci.ên.cia *s.* patience.
pa.co.te *s.* packet; package.
pac.to *s.* pact, agreement.
pa.da.ri.a *s.* bakery.
pa.drão *s.* standard, pattern.
pa.dri.nho *s.* godfather; best man (de casamento).
pa.gar *v.* to pay.
pá.gi.na *s.* page.
pai *s.* father.
pa.ís *s.* country.
pai.xão *s.* passion.
pa.lá.cio *s.* palace.
pa.la.dar *s.* taste, palate.
pa.la.vra *s.* word.
pal.co *s.* stage.
pa.lha *s.* straw.

pa.lha.ço *s.* clown.
pan.ca.da *s.* blow, knock.
pa.ne.la *s.* pot, pan.
pâ.ni.co *s.* panic.
pan.te.ra *s.* panther.
pão *s.* bread.
pa.pa.gai.o *s.* parrot.
pa.pai *s.* daddy, dad.
pa.pel *s.* paper, role.
par *s.* pair, couple / *adj.* even.
pa.ra *prep.* for, to.
pa.ra.béns *s.* congratulations.
pa.rá.gra.fo *s.* paragraph.
pa.rar *v.* to stop.
pa.re.de *s.* wall.
par.que *s.* park.
par.te *s.* part.
Pás.co.a *s.* Easter.
pas.sa.do *s.* past / *adj.* last, past.

pas.sa.por.te s. passport.
pas.sar v. to pass.
pas.sa.tem.po s. pastime, hobby.
pas.ta s. paste; briefcase.
pa.trão s. boss.
pau.sa s. pause.
paz s. peace.
pé s. foot.
pe.ca.do s. sin.
pe.da.ço s. piece.
pe.di.do s. order; request.
pe.dir v. to ask for, to beg.
pe.dra s. stone.
pei.xe s. fish.
Pei.xes s. Pisces (astrologia).
pe.le s. skin; fur.
pe.lú.cia s. plush.
pe.lu.do adj. hairy; furry.
pen.sar v. to think.
pen.te s. comb.
pe.núl.ti.mo adj. last but one.
pe.pi.no s. cucumber.
pe.ra s. pear.
per.dão s. pardon, forgiveness; sorry.
per.der v. to lose.
per.do.ar v. to forgive.
per.fil s. profile.
per.gun.ta s. question.
pe.ri.go s. danger.
pe.ri.go.so adj. dangerous.
per.na s. leg.

per.to adv. near, close / adj. near, close.
pe.sa.de.lo s. nightmare.
pe.sa.do adj. heavy.
pes.ca s. fishing.
pes.co.ço s. neck.
pe.so s. weight.
pes.qui.sa s. research; investigation.
pês.se.go s. peach.
pes.soa s. person (pl. people).
pé.ta.la s. petal.
pia s. sink.
pi.a.da s. joke.
pi.e.da.de s. piety, mercy.
pí.lu.la s. pill.
pi.men.ta s. pepper.
pin.cel s. brush.
pin.guim s. penguin.
pin.tar v. to paint.
pi.or adj. worse / adv. worse.
pi.ra.ta s. pirate.
pis.ci.na s. swimming pool.
pi.so s. floor.
pla.ne.ta s. planet.
plan.ta s. plant.
pla.tei.a s. stalls; audience.
po.bre adj. poor.
po.der s. power / v. to can.
po.dre adj. rotten, putrid.

po.lí.cia s. police.
pol.pa s. pulp.
po.lu.i.ção s. pollution.
pol.vo s. octopus.
po.ma.da s. pomade, ointment.
pom.ba s. dove, pigeon.
pon.te s. bridge.
pon.to s. point, dot.
pôr v. to put, to place.
por.co s. pig (animal) / adj. filthy (sujo).
po.rém conj. however.
por.que conj. because.
por.ta s. door.
por.tan.to conj. so, therefore.
po.si.ção s. position.
po.si.ti.vo adj. positive.
pos.si.bi.li.da.de s. possibility.
po.tên.cia s. power.
pou.co adj. few, not many; not much, little.
po.vo s. people.
pra.ça s. square.
prai.a s. beach.
pra.ta s. silver.
pre.ce s. prayer.
pre.ço s. price.
pre.en.cher v. to fill, to complete.
pre.fei.to s. mayor.
pre.fe.rên.cia s. preference.
pre.gui.ça s. laziness.
pre.o.cu.pa.ção s. preoccupation, worry.
pre.pa.ra.ção s. preparation.
pre.sen.ça s. presence.
pre.si.dên.cia s. presidency.
pres.são s. pressure.
pre.sun.to s. ham.
pre.za.do(a) adj. dear.
pri.ma.ve.ra s. spring.
pri.mei.ro(a) adj. first.
pri.mi.ti.vo adj. primitive.
pri.mo(a) s. cousin.
prin.ce.sa s. princess.
prín.ci.pe s. prince.
pri.vi.lé.gi.o s. privilege.
pro.ble.ma s. problem.
pro.mes.sa s. promise.ma
pro.mo.ção s. promotion.
pro.nún.cia s. pronunciation.
pró.prio(a) adj. own, proper.
pro.te.í.na s. protein.
pro.va s. test; proof; evidence.
pró.xi.mo(a) adj. near, next.
pu.lô.ver s. pullover.
pul.sei.ra s. bracelet.
pul.so s. wrist; pulse.
pu.nho s. fist.
pu.re.za s. purity, pureness.
púr.pu.ra s. purple.

Q, q *s.* the seventeenth letter of the Portuguese alphabet.
qua.dra *s.* block; court.
qua.dra.do *adj.* square / *s.* square.
qua.dril *s.* hip.
qua.dro *s.* painting (pintura); table, schedule.
qual *pron.* which.
qua.li.da.de *s.* quality.
qua.li.fi.ca.ção *s.* qualification.
qual.quer *pron.* any.
quan.do *adv.* when / *conj.* when.
qua.ren.ta *num.* forty.
quar.ta-fei.ra *s.* Wednesday.
quar.tei.rão *s.* block.
quar.tel *s.* barracks, quarters.
quar.to(a) *s.* bedroom (de dormir) / *num.* quarter (quarta parte).
quar.tzo *s.* quartz.
qua.se *adv.* almost.
qua.tro *num.* four.
qua.tro.cen.tos *num.* four hundred.
que *pron.* who, that.
que.bra-ca.be.ça *s.* puzzle.
que.bra.di.ço *adj.* fragile, frail.
que.bra-ga.lho *s.* stopgap.
que.bra-mar *s.* breakwater.
que.bra-no.zes *s.* nutcracker.
que.brar *v.* to break.
que.da *s.* fall, drop.
quei.jo *s.* cheese.

quei.ma *s.* burning.
quei.ma.du.ra *s.* burn.
quei.xa *s.* complaint.
quei.xo *s.* chin, lower jaw.
quem *pron.* who.
quen.te *adj.* hot, warm.
que.rer *v.* to want.
que.ri.do *adj.* dear, darling.
que.ro.se.ne *s.* kerosene.
ques.tão *s.* question.
ques.ti.o.nar *v.* to question.

qui.a.bo *s.* okra.
qui.e.to *adj.* quiet, still.
quí.mi.co(a) *adj.* chemical / *s.* chemist.
qui.nhen.tos *num.* five hundred.
quin.ta-fei.ra *s.* Thursday.
quin.tal *s.* back yard, back garden.
quin.ze *num.* fifteen.
quo.ta *s.* share.
quo.ti.di.a.no *s.* everyday, daily.

R, r *s.* the eighteenth letter of the Portuguese alphabet.
rã *s.* frog.
ra.ba.ne.te *s.* radish.
ra.be.ca *s.* fiddle, violin.
ra.bi.no *s.* rabbi.
ra.bis.car *v.* to scribble.
ra.bo *s.* tail.
ra.bo de ca.va.lo *s.* ponytail.
ra.bu.do *adj.* long-tailed, tailed; lucky.
ra.bu.gen.to *adj.* sullen, cross, grumpy.
ra.ça *s.* race (humana); breed (animal).
ra.ção *s.* animal food, fodder.
ra.char *v.* to crack, to split, to chop.
ra.ci.o.ci.nar *v.* to reason, to think.
ra.ci.o.nal *adj.* logical, reasonable.
ra.ci.o.na.li.zar *v.* to rationalize.
ra.ci.o.na.men.to *s.* rationing.
ra.cis.mo *s.* racism.
ra.cis.ta *adj.* racist / *s.* racist.
ra.dar *s.* radar.
ra.di.a.ção *s.* radiation.
ra.di.a.dor *s.* radiator.
ra.di.a.lis.ta *s.* broadcaster.
rá.dio *s.* radio (aparelho); radium (química); radius (osso).
ra.i.nha *s.* queen.
rai.o *s.* ray (de sol); spoke (de roda); lightning (relâmpago).
rai.va *s.* rage, fury; rabies (animal).
ra.iz *s.* root.
ra.paz *s.* boy, lad.
ra.pi.dez *s.* speed, quickness.

| rascunhar | repetição |

ras.cu.nhar *v.* to sketch, to outline.
ra.ti.fi.car *v.* to confirm.
ra.to *s.* mouse.
ra.zão *s.* reason.
re.a.ção *s.* reaction.
re.a.li.da.de *s.* reality.
re.a.li.za.ção *s.* fulfilment, achievement.
re.al.men.te *adv.* really, indeed.
re.bo.lar *v.* to swing, to sway.
re.ca.do *s.* message.
re.cei.o *s.* fear, apprehension.
re.cei.tar *v.* to prescribe.
re.cém *adv.* recently.
re.cen.te *adj.* recent.
re.cep.ção *s.* reception.
re.ci.fe *s.* reef.
re.ci.pi.en.te *s.* container.
re.co.lher *v.* to collect.
re.com.pen.sa *s.* reward.
re.con.ci.li.ar *v.* to reconcile, to appease.
re.co.nhe.cer *v.* to recognize, to admit.
re.cor.da.ção *s.* souvenir; memory.
re.cor.tar *v.* to cut out.
re.cre.a.ção *s.* fun, recreation, amusement.
re.cu.pe.ra.ção *s.* recovery; retrieval.
re.de *s.* net; network.
re.du.to *s.* redoubt, stronghold.
re.fei.ção *s.* meal.
re.fém *s.* hostage.
re.fle.xão *s.* reflection.
re.for.ma *s.* reform.
re.fres.can.te *adj.* refreshing.
re.fri.ge.ra.dor *s.* refrigerator, fridge.
re.gi.ão *s.* region.
ré.gua *s.* ruler.
re.gu.lar *adj.* regular, constant / *v.* to control, to regulate, to rule.
rei *s.* king.
rei.no *s.* kingdom.
re.la.ção *s.* relationship; connection.
re.lâm.pa.go *s.* lightning.
re.la.ti.vo *adj.* relative, concerning.
re.le.van.te *adj.* outstanding, relevant.
re.li.gi.ão *s.* religion.
re.ló.gio *s.* clock (de parede); watch (de pulso).
re.mar *v.* to row.
re.men.dar *v.* to mend.
re.mor.so *s.* remorse.
re.mo.to *adj.* remote, distant.
re.mo.ver *v.* to move, to remove.
re.pe.ti.ção *s.* repetition.

reple.to *adj.* replete, filled up.
re.po.lho *s.* cabbage.
re.por.ta.gem *s.* article, newspaper report.
re.pre.sa *s.* dam, dike.
rép.til *s.* reptile.
re.quei.jão *s.* cottage cheese; cream cheese.
re.qui.si.ção *s.* request, requisition.
re.ser.va *s.* reserve (natural); booking (hotel).
re.si.dên.cia *s.* residence, dwelling.
re.so.lver *v.* to resolve, solve.
res.pei.tar *v.* to respect.
res.pi.ra.ção *s.* breathing.
res.pon.sa.bi.li.da.de *s.* responsibility.
res.pos.ta *s.* answer, response.
re.sul.ta.do *s.* result.
re.tor.no *s.* return.
reu.ni.ão *s.* meeting.
re.ve.la.ção *s.* revelation.
re.vis.ta *s.* magazine (publicação); review (inspeção).
re.vól.ver *s.* gun, revolver.
re.zar *v.* to pray.
ri.a.cho *s.* stream; brook.
ri.co(a) *adj.* rich, wealthy.
ri.gi.dez *s.* rigidity, strictness.
rim *s.* kidney.
ri.o *s.* river.
rir *v.* to laugh.
ro.cha *s.* rock.
ro.lar *v.* to roll.
ro.lha *s.* cork.
ro.mã *s.* pomegranate.
ro.mân.ti.co(a) *adj.* romantic.
ron.car *v.* to snore.
ro.sa *s.* rose (flor); pink (cor).
ros.to *s.* face.
ro.ta *s.* route, direction, course.
ró.tu.lo *s.* tag, label.
rou.bar *v.* to rob; to steal.
rou.pa *s.* clothes.
ro.xo *adj.* purple, violet / *s.* purple, violet.
ru.a *s.* street.
ru.í.do *s.* noise.
ru.im *adj.* awful, bad.

S, s *s.* the nineteenth letter of the Portuguese alphabet.
sá.ba.do *s.* Saturday.
sa.bão *s.* soap.
sa.ber *v.* to know.
sa.bo.ne.te *s.* toilet soap.
sa.bor *s.* taste, flavour.
sa.ca-ro.lhas *s.* corkscrew.
sa.co *s.* bag, sack.
sa.gra.do *adj.* sacred, holy.
sai.a *s.* skirt.
sa.í.da *s.* exit, way out.
sal *s.* salt.
sa.la *s.* room; living-room.
sa.la.da *s.* salad.
sal.sa *s.* parsley.
sal.si.cha *s.* sausage.
sal.va.ção *s.* salvation.
sal.var *v.* to save.
san.dá.lia *s.* sandal.
san.du.í.che *s.* sandwich.
san.gue *s.* blood.
san.to(a) *s.* saint / *adj.* holy, sacred.
sa.pa.to *s.* shoe.
sa.po *s.* toad.
sa.ram.po *s.* measles.
Sa.gi.tá.rio *s.* Sagittarius (astrologia).
sa.tis.fa.ção *s.* satisfaction.
Sa.tur.no *s.* Saturn.
sau.da.ção *s.* greeting, salutation.
sau.dá.vel *adj.* healthy.
se *conj.* if, whether.
se.ca.dor *s.* drier, dryer.
se.cre.to(a) *adj.* secret, private.
se.da *s.* silk.

se.de *s.* thirst; headquarters.
se.du.ção *s.* seduction.
se.gun.da-fei.ra *s.* Monday.
se.gun.do(a) *adj.* second / *num.* second / *prep.* according to.
se.gu.ran.ça *s.* safety; security.
sei.o *s.* breast.
seis *num.* six.
seis.cen.tos *num.* six hundred.
se.le.ção *s.* selection.
sel.va *s.* forest, jungle.
sel.va.gem *adj.* wild; uncivilized.
sem *prep.* without.
se.ma.na *s.* week.
se.me.lhan.ça *s.* similarity.
se.men.te *s.* seed.
sem.pre *adv.* always.
se.não *conj.* otherwise.
se.nha *s.* password.
sen.sa.ção *s.* sensation, feeling.
sen.si.bi.li.da.de *s.* sensibility; sensitivity.
sen.tar *v.* to seat, place.
sen.ten.ça *s.* sentence.
sen.ti.do *adj.* grieved, touchy / *s.* sense, feeling, meaning.
sen.tir *v.* to feel.
se.quên.cia *s.* sequence.
ser *v.* to be / *s.* being, creature.
sé.rio(a) *adj.* serious.
ses.são *s.* session.
ses.sen.ta *num.* sixty.

se.te *num.* seven.
se.te.cen.tos *num.* seven hundred.
se.tem.bro *s.* September.
se.ten.ta *num.* seventy.
se.tor *s.* sector; section.
seu(ua) *pron. adj.* his, *fem.* her.
se.xo *s.* sex.
sex.ta-fei.ra *s.* Friday.
si.gi.lo *s.* secret.
sim.pa.ti.a *s.* affection, affinity.
sim.ples *adj.* simple.
si.nal *s.* sign; signal.
si.no *s.* bell.
sin.to.ma *s.* symptom.
si.ri *s.* crab.
sis.te.ma *s.* system.
si.tu.a.ção *s.* situation, position.
só *adj.* alone / *adv.* only, just.
so.bre *prep.* on; about.
so.bre.no.me *s.* last name, family name, surname.
so.bri.nho(a) *s.* nephew, *fem.* niece.
so.car *v.* to hit, to punch.
so.ci.e.da.de *s.* society.
so.cor.rer *v.* to help.
so.fá *s.* sofa, couch.
so.frer *v.* to bear; to suffer.
so.gro(a) *s.* father-in-law, *fem.* mother-in-law.
sol *s.* sun.

solução — susto

so.lu.ção *s.* solution.
som *s.* sound.
som.bra *s.* shadow, shade.
so.men.te *adv.* only.
so.ne.ca *s.* snooze, nap, doze.
so.no *s.* sleep.
so.pa *s.* soup.
sor.te *s.* luck, destiny.
só.tão *s.* loft, attic.
so.zi.nho(a) *adj.* alone.
su.a.ve *adj.* soft, smooth, gentle.
subs.tân.cia *s.* substance, matter.
subs.ti.tu.ir *v.* to substitute, to replace.
su.ca.ta *s.* scrap.
su.í.no *s.* swine, pig, hog / *adj.* swinish.
su.jar *v.* to soil.
sul *adj.* south / *s.* south.
su.mir *v.* to disappear, to vanish.
su.or *s.* sweat.
su.pér.fluo *adj.* superfluous.
su.per.mer.ca.do *s.* supermarket.
su.pers.ti.ção *s.* superstition.
sur.do(a) *adj.* deaf.
sur.pre.en.den.te *adj.* surprising, amazing, remarkable.
sus.pei.tar *v.* to suspect.
sus.pen.der *v.* to suspend, to hang.
sus.to *s.* fright, scare.

T, t *s.* the twentieth letter of the Portuguese alphabet.
ta.be.la *s.* chart, list, table.
ta.bla.do *s.* platform, stage.
ta.bu *s.* taboo.
tá.bua *s.* board, plank.
tal.co *s.* talc, talcum.
ta.len.to *s.* talent, ability.
tal.vez *adv.* perhaps, maybe.
ta.ma.nho *s.* size / *adj.* such.
tam.bém *adv.* also, too, as well.
tam.bor *s.* drum.
tam.pa *s.* lid, cover (ing).
tan.ge.ri.na *s.* tangerine.
tan.que *s.* tank.
tan.to(a) *adj.* so much.
tão *adv.* so, such.
ta.pe.te *s.* carpet.
ta.re.fa *s.* job, task.
ta.tu *s.* armadillo.
ta.tu.a.gem *s.* tattoo.
ta.xa *s.* tax; rate.
téc.ni.co(a) *adj.* technical / *s.* technician.
tei.a *s.* web.
tei.mar *v.* to insist.
te.lha *s.* tile.
te.ma *s.* subject, theme, topic.
te.mer *v.* to fear, to dread.
tem.pe.ra.tu.ra *s.* temperature.
tem.pe.ro *s.* seasoning, condiment.
tem.pes.ta.de *s.* storm.
tem.po *s.* time; duration.
ten.dên.cia *s.* tendency.
tê.nis *s.* tennis.
ten.ta.ção *s.* temptation.
ter *v.* to have, to own.

ter.ça-fei.ra *s.* Tuesday.
ter.cei.ro *num.* third.
Ter.ra *s.* Earth.
ter.ra *s.* ground, land (terreno); earth, world (mundo).
ter.re.no *s.* ground, land.
ter.ri.tó.rio *s.* territory, region.
ter.rí.vel *adj.* terrible, awful.
te.sou.ra *s.* scissors.
tes.ta *s.* brow, forehead.
tes.te *s.* test, examination, trial.
tes.te.mu.nha *s.* witness.
teu(ua) *pron. adj.* your, yours.
tex.to *s.* text.
ti.ge.la *s.* bowl.
ti.gre *s.* tiger.
ti.jo.lo *s.* brick.
ti.mi.dez *s.* shyness, timidity.
tin.ta *s.* ink; paint.
tio(a) *s.* uncle, *fem.* aunt.
tí.pi.co *adj.* typical.
ti.ro *s.* shot.
to.a.lha *s.* towel.
to.ca-dis.cos *s.* record-player, CD player.
to.da.vi.a *conj.* yet, however.
to.do(a) *adj.* all / *s.* whole.
to.le.rân.cia *s.* tolerance.
to.li.ce *s.* stupidity, silliness.
tom *s.* tone.
to.ma.da *s.* socket, plug.
to.ma.te *s.* tomato.
tom.bar *v.* to fall down.
tor.ção *s.* twisting.
tor.ci.da *s.* wick.
tor.nar *v.* to return, to turn; to become.
tor.ra.da *s.* toast.
tor.re *s.* tower.
tor.to(a) *adj.* twisted, bent.
tor.tu.ra *s.* torture.
tos.se *s.* cough.
to.tal *adj.* complete, full / *s.* total, sum.
tou.ca *s.* bonnet.
Tou.ro *s.* Taurus (astrologia).
tou.ro *s.* bull (animal).
tra.çar *v.* to draw, to delineate.
tra.di.ção *s.* tradition.
tra.du.ção *s.* translation.
trá.fe.go *s.* traffic.
tra.gé.dia *s.* tragedy.
trans.for.ma.ção *s.* transformation.
trans.mis.são *s.* transmission.
trans.pi.rar *v.* to perspire, sweat.
trans.por.tar *v.* to transport.
tra.tar *v.* to treat; to deal with.
tra.ves.sei.ro *s.* pillow.
tra.zer *v.* to bring.
trem *s.* train.
três *num.* three.

tre.vo *s.* clover.
tre.ze *num.* thirteen.
tre.zen.tos *num.* three hundred.
tri.go *s.* wheat.
trin.ta *num.* thirty.
tris.te *adj.* sad, unhappy.
tro.car *v.* to exchange.
tro.co *s.* change.
tro.féu *s.* trophy.

trom.ba *s.* trunk.
tu.ba.rão *s.* shark.
tu.ca.no *s.* toucan.
tu.do *pron.* all, everything.
tu.li.pa *s.* tulip.
tu.mul.to *s.* tumult, disturbance.
tú.nel *s.* tunnel.
tu.ris.mo *s.* tourism.

U, u *s.* the twenty-first letter of the Portuguese alphabet.
úl.ce.ra *s.* ulcer.
ul.ti.ma.men.te *adv.* recently, lately.
úl.ti.mas *s.* last moments.
úl.ti.mo(a) *adj.* last, preceding.
ul.tra.je *s.* offense, outrage.
ul.tra.pas.sa.do *adj.* outdated.
ul.tra.pas.sar *v.* to exceed.
um(a) *art.indef.* a / *num.* one.
um.bi.go *s.* navel.
u.me.de.cer *v.* to moisten, to humidify.
u.mi.da.de *s.* humidity, moisture.
u.nâ.ni.me *adj.* unanimous.
u.na.ni.mi.da.de *s.* unanimity.
u.nha *s.* nail.
u.ni.ão *s.* union, alliance.
ú.n.ico *s.* only.
u.ni.da.de *s.* unit; unity.
u.ni.for.me *adj.* uniform / *s.* uniform.
u.nir *v.* to join, to unite, to connect.
u.ni.ver.si.da.de *s.* university.
u.ni.ver.si.tá.rio *adj.* university, universitarian.
u.ni.ver.so *s.* universe.
U.ra.no *s.* Uranus.
ur.ba.nis.mo *s.* city planning.
ur.ba.nis.ta *s.* city planner / *adj.* urbanistic.
ur.gên.cia *s.* urgency, haste.
u.ri.nar *v.* to urinate.
ur.rar *v.* to roar.
ur.so *s.* bear.

u.ru.bu *s.* vulture.
u.sa.do(a) *adj.* used, usual; secondhand.
u.si.na *s.* plant, factory.

u.so *s.* use; application.
u.su.al *adj.* usual.
u.su.fru.ir *v.* to enjoy, to usufruct.
u.va *s.* grape.

V, v *s.* the twenty-second letter of the Portuguese alphabet.
va.ca *s.* cow (animal); beef (carne).
va.ci.lar *v.* to vacillate, to hesitate.
va.ci.na *s.* vaccine, inoculation.
va.ci.nar *v.* to vaccinate, to inoculate with vaccine.
va.di.ar *v.* to idle.
va.di.o(a) *s.* loafer, idler.
va.ga *s.* vacancy.
va.ga.bun.do(a) *s.* roamer, idler / *adj.* vagabond, erratic.
va.gão *s.* wagon.
va.gar *v.* to wander, to roam.
va.gem *s.* green bean.
va.gi.na *s.* vagina.
va.go *adj.* empty; vague.
vai.da.de *s.* vanity.
va.i.do.so *adj.* vain.
va.la *s.* ditch.
va.le *s.* valley.
va.le-pos.tal *s.* money order.
va.len.te *adj.* brave.
vá.li.do(a) *adj.* valid.
va.li.se *s.* small suitcase, valise.
va.lor *s.* value.
val.sa *s.* waltz.
vál.vu.la *s.* valve.
vam.pi.ro *s.* vampire.
vân.da.lo *s.* vandal.
van.ta.gem *s.* advantage.
va.por *s.* vapour, steam.
va.quei.ro *s.* cowboy.
va.ra *s.* stick, rod.
va.ral *s.* clothesline.
va.rar *v.* to pierce, to trespass.
va.re.jo *s.* retail.
va.re.ta *s.* rod.

va.ri.e.da.de *s.* variety, diversity.
va.río.la *s.* smallpox.
vá.rios *adj.* several, various, many.
var.rer *v.* to sweep.
va.so *s.* vase, flowerpot.
vas.sou.ra *s.* brush, broom.
va.zar *v.* to leak.
ve.a.do *s.* deer (animal).
ve.dar *v.* to seal.
ve.ge.ta.ção *s.* vegetation.
vei.a *s.* vein.
ve.la *s.* candle.
ve.la.do *adj.* veiled.
ve.lei.ro *s.* sailing ship.
ve.le.jar *v.* to sail.
ve.lho *adj.* old.
ve.lo.ci.da.de *s.* speed.
ven.ce.dor *s.* winner / *adj.* winning.
ven.da *s.* sale, selling.
ven.der *v.* to sell.
ve.ne.no *s.* poison.
ven.to *s.* wind.
Vê.nus *s.* Venus.
ver *v.* to see.
ve.rão *s.* summer.
ver.bo *s.* verb.
ver.de *adj.* green / *s.* green.
ver.du.ra *s.* greens, vegetables.
ver.go.nha *s.* shame.
ver.me *s.* worm.
ver.me.lho *adj.* red / *s.* red.

ver.niz *s.* varnish.
ver.são *s.* version.
ves.ti.do *s.* dress / *adj.* dressed.
ves.tí.gio *s.* sign, trace.
ves.tir *v.* to dress, to put on.
vi.na.gre *s.* vinegar.
vin.te *num.* twenty.
vi.o.la.ção *s.* violation.
vi.o.lão *s.* guitar.
vi.o.lên.cia *s.* violence.
vir *v.* to come.
Vir.gem *s.* Virgo (astrologia).
vir.gem *s.* virgin.
vír.gu.la *s.* comma.
vi.são *s.* vision; eyesight.
vi.si.ta *s.* visit.
vi.ta.mi.na *s.* vitamin.
vi.tó.ria *s.* victory, win.
vi.va *s.* cheer / *interj.* hooray!
vi.ver *v.* to live.
vi.vo(a) *adj.* alive; lively.
vi.zi.nhan.ça *s.* neighborhood.
vo.ca.bu.lá.rio *s.* vocabulary.
vo.lan.te *adj.* movable, portable / *s.* steering wheel.
vol.ta *s.* turn; return.
vol.tar *v.* to turn; to return.
von.ta.de *s.* will, wish.
vo.o *s.* flight.
voz *s.* voice.
vul.cão *s.* volcano.
vul.to *s.* figure; form.

W, w *s.* the twenty-third letter of the Portuguese alphabet.
wal.kie-tal.kie *s.* walkie-talkie.
walk.man *s.* walkman.
w.c. *s.* water closet.

X, x *s.* the twenty-fourth letter of the Portuguese alphabet.
xa.drez *s.* chess (jogo); chessboard (tabuleiro); *s.* check (tecido).
xa.le *s.* shawl.
xam.pu *s.* shampoo.
xa.rá *s.* namesake.
xa.ro.pe *s.* syrup.
xe.re.ta *adj.* nosy / *s.* gossip, disturber.
xe.re.tar *v.* to snoop.
xí.ca.ra *s.* cup.
xin.gar *v.* to abuse; to chide, to scold.
xo.dó *s.* flirtation; sweetheart.

Y, y *s.* the twenty-fifth letter of the Portuguese alphabet.

yd *abrev.* yard (jarda).

Z, z *s.* the twenty-sixth letter of the Portuguese alphabet.
za.guei.ro *s.* fullback.
zan.ga.do *adj.* angry.
zan.gão *s.* drone.
zan.gar *v.* to annoy.

ze.ro *num.* zero.
zin.co *s.* zinc.
zí.per *s.* zip, zipper.
zo.ar *v.* to buzz.
zon.zo *adj.* dizzy.
zor.ra *s.* huge mess.

MINIDICIONÁRIO ESCOLAR
INGLÊS

Inglês/Português

A, a *s.* primeira letra do alfabeto inglês; lá (nota musical) / *art. indef.* um(a).

a.back *adv.* ♦ *taken* ~ ficar surpreso, perplexo.

a.ban.don *v.* abandonar, desamparar.

a.bash *v.* embaraçar, envergonhar.

a.bashed *adj.* envergonhado.

a.bate *v.* diminuir, abater.

ab.at.toir *s.* matadouro.

ab.bey *s.* abadia, mosteiro.

ab.bot *s.* abade.

ab.bre.vi.ate *v.* abreviar; resumir.

ab.bre.vi.a.tion *s.* abreviação; resumo.

ab.di.cate *v.* abdicar, renunciar.

ab.do.men *s.* abdome.

ab.duct *v.* raptar, abduzir.

a.bet *v.* instigar, incitar.

a.bey.ance *s.* suspensão, inatividade temporária.

a.bey.ant *adj.* pendente, jacente.

ab.hor *v.* detestar, odiar.

ab.hor.rence *s.* aversão, repugnância.

ab.hor.rent *adj.* detestável, repugnante.

a.bide *v.* suportar; morar, residir.

a.bil.i.ty *s.* capacidade, habilidade, competência.

ab.ject *adj.* abjeto, miserável, vil, desprezível.

a.blaze *adj.* em chamas; inflamado.

a.ble *adj.* capaz, hábil, apto.

a.bly *adv.* habilmente.

ab.nor.mal *adj.* anormal; irregular.

ab.nor.mal.i.ty *s.* anormalidade; irregularidade.

a.board *adv.* a bordo.
a.bode *s.* domicílio; permanência, estada.
a.bol.ish *v.* abolir, cancelar, revogar.
a.bom.i.na.ble *adj.* abominável, detestável.
a.bom.i.na.bleness *s.* contrariedade, adversidade.
ab.o.rig.i.ne *s.* aborígene.
a.bort *v.* abortar; malograr.
a.bound *v.* abundar, existir em abundância.
a.bout *adv.* aproximadamente / *prep.* por volta de, sobre.
a.bout-face *s.* meia-volta (militar); reviravolta.
a.bove *adv.* acima / *prep.* acima de, mais de.
ab.ra.sive *adj.* abrasivo / *s.* abrasivo.
a.breast *adv.* lado a lado, estar a par de.
a.bridge *v.* resumir, abreviar, encurtar.
a.broad *adv.* estar no estrangeiro, fora do país, no exterior.
a.brupt *adj.* brusco.
ab.scess *s.* abscesso.
ab.scond *v.* evadir-se, fugir.
ab.sence *s.* ausência.
ab.sent *adj.* ausente.
ab.sent-mind.ed *adj.* distraído.
ab.so.lute *adj.* absoluto, inteiro, total / *s.* absoluto.
ab.so.lute.ly *adv.* absolutamente.
ab.solve *v.* absolver, isentar, perdoar.
ab.sorb *v.* absorver, assimilar.
ab.sorb.ent *adj.* absorvente.
ab.stain *v.* abster-se de, privar-se.
ab.stainer *s.* abstinente, abstêmio.
ab.ste.mi.ous *adj.* abstêmio.
ab.sti.nence *s.* abstinência.
ab.stract *adj.* abstrato / *s.* abstrato, resumo, sumário.
ab.surd *adj.* absurdo, ridículo.
a.buse *v.* abusar, maltratar / *s.* abuso; injúria.
a.bu.sive *adj.* ofensivo, insultante.
a.bys.mal *adj.* péssimo.
a.byss *s.* abismo.
ac.a.dem.ic *adj.* acadêmico; teórico; universitário / *s.* acadêmico.
a.cad.e.my *s.* academia; escola superior; conservatório.
ac.cel.er.ate *v.* acelerar, apressar; antecipar.
ac.cel.er.a.tor *s.* acelerador.
ac.cent *s.* acento; sotaque.
ac.cept *v.* aceitar; assumir.

ac.cess s. acesso / v. acessar, entrar.
ac.ces.si.ble adj. acessível.
ac.ces.so.ry s. acessório, suplemento / adj. acessório, suplementar.
ac.ci.dent s. acidente, desastre.
ac.ci.den.tal adj. acidental, inesperado.
ac.claim s. aclamação / v. aplaudir, aclamar.
ac.co.lade s. louvor; honra; cerimonial.
ac.com.mo.date v. alojar, acomodar.
ac.com.mo.dat.ing adj. obsequioso, complacente.
ac.com.mo.da.tion s. alojamento, acomodação.
ac.com.pa.ny v. acompanhar, escoltar.
ac.com.plice s. cúmplice.
ac.com.plish v. concluir; realizar.
ac.com.plish.ment s. realização; cumprimento.
ac.cord s. acordo / v. conceder; concordar.
ac.cor.di.on s. acordeão, sanfona.
ac.cost v. abordar.
ac.count s. conta / v. calcular, acertar contas.
ac.count.an.cy s. contabilidade.
ac.count.ant s. contador.

ac.cred.it.ed adj. autorizado, aprovado.
ac.crue v. acumular; advir, resultar.
ac.crued in.terest s. juros acumulados.
ac.cu.mu.late v. acumular.
ac.cu.ra.cy s. exatidão, precisão.
ac.cu.rate adj. correto, preciso.
ac.cu.sa.tion s. acusação; incriminação.
ac.cuse v. acusar, denunciar.
ac.cused s. acusado(a) / adj. acusado(a).
ac.cus.tom v. acostumar, habituar-se.
ace s. ás (carta do baralho).
ache s. dor / v. doer.
a.chieve v. alcançar, atingir, realizar.
ac.id s. ácido / adj. azedo, acre.
ac.knowl.edge v. reconhecer; admitir; confirmar o recebimento de.
ac.me s. auge, ápice.
ac.ne s. acne.
a.corn s. bolota.
a.cous.tic adj. acústico.
a.cous.tics s. acústica.
ac.quaint v. informar; familiarizar.
ac.quaint.ance s. conhecido.

acquiesce   adjective

ac.qui.esce *v.* condescender, consentir.

ac.quire *v.* adquirir, obter.

ac.qui.si.tion *s.* aquisição, obtenção.

ac.quit *v.* absolver, inocentar.

ac.quit.tal *s.* absolvição, soltura.

a.cre *s.* acre (medida agrária equivalente a 4.046,84 m^2).

ac.rid *adj.* azedo.

ac.ri.mo.ni.ous *adj.* mordaz, cáustico, amargo.

ac.ro.bat *s.* acrobata.

a.cross *adj.* cruzado / *adv.* transversalmente / *prep.* através de.

act *s.* ação, ato / *v.* atuar.

act.ing *s.* atuação, encenação, representação / *adj.* ativo, em exercício.

ac.tion *s.* ação, ato.

ac.ti.vate *v.* acionar, ativar.

ac.tive *adj.* ativo, em atividade.

ac.tive.ly *adv.* ativamente.

ac.tiv.ist *s.* ativista, militante.

ac.tiv.i.ty *s.* atividade.

ac.tor *s.* ator.

ac.tress *s.* atriz.

ac.tu.al *adj.* real, verdadeiro.

ac.tu.al.i.ty *s.* realidade.

ac.tu.al.ly *adv.* na verdade, de fato, realmente.

ac.tu.ation *s.* acionamento; estímulo.

a.cu.men *s.* perspicácia.

ad *abrev.* de *advertisement.*

A.D. *abrev.* de *anno domini* (depois de Cristo)

ad.a.mant *adj.* inflexível, duro / *s.* pedra, magnetita.

a.dapt *v.* adaptar, ajustar.

a.dapt.a.ble *adj.* adaptável, ajustável.

ad.ap.ta.tion *s.* adaptação, acomodação.

add *v.* somar, adicionar, acrescentar.

ad.der *s.* víbora; máquina de somar.

ad.dict *s.* viciado(a).

ad.dict.ed *adj.* viciado(a) em; fanático(a) por.

ad.di.tion *s.* adição, acréscimo.

ad.di.tive *s.* aditivo.

ad.dress *s.* endereço / *v.* endereçar.

a.dept *adj.* hábil / *s.* perito.

ad.e.quate *adj.* adequado; suficiente, satisfatório.

ad.here *v.* aderir, grudar.

ad.he.sive *s.* adesivo, cola / *adj.* adesivo, aderente.

ad.he.sive tape *s.* fita isolante; esparadrapo.

ad.jec.tive *s.* adjetivo.

123

ad.join v. juntar, adicionar, unir.
ad.join.ing adj. adjacente, contíguo.
ad.journ v. suspender; adiar; transferir.
ad.just v. ajustar, adaptar, arrumar.
ad.judge v. julgar; condenar.
ad.just.ment s. ajuste, regulagem.
ad-lib v. improvisar.
ad.meas.ure v. repartir, partilhar.
ad.min.is.ter v. administrar, ministrar, dirigir.
ad.min.is.tra.tion s. administração, direção.
ad.mi.ra.ble adj. admirável.
ad.mi.ral s. almirante.
ad.mire v. admirar, apreciar.
ad.mis.sion s. entrada; ingresso; confissão.
ad.mit v. admitir, deixar entrar.
ad.mit.tance s. admissão, aceitação.
ad nau.se.am adv. sem parar.
a.do s. pressa; alvoroço.
a.do.be s. barro seco; tijolo cru.
ad.o.les.cence s. adolescência, juventude.
ad.o.les.cent s. adolescente / adj. adolescente, juvenil.
a.dopt v. adotar, admitir.
a.dop.tion s. adoção.
a.dop.tive adj. adotivo(a).

a.dor.a.ble adj. adorável, admirável.
a.dore v. adorar.
a.dorn v. adornar, ornar.
a.dorn.ment s. adorno, enfeite.
a.drift adv. à deriva / adj. desgovernado(a).
a.droit adj. hábil, ágil.
a.droit.ness s. habilidade, destreza; talento.
a.dult s. adulto(a) / adj. adulto(a).
a.dul.ter.er s. adúltero.
a.dul.ter.ess s. mulher infiel, adúltera.
a.dul.ter.ous adj. adúltero(a).
a.dul.ter.y s. adultério.
ad.vance s. avanço / adj. antecipado / v. adiantar, avançar.
ad.vanced adj. avançado, adiantado, desenvolvido.
ad.van.tage s. vantagem, supremacia / v. aproveitar-se, favorecer.
ad.van.ta.geous adj. vantajoso, proveitoso.
ad.van.ta.geous.ness s. vantagem.
ad.vent s. advento, chegada.
ad.ven.ture s. aventura, façanha / v. aventurar-se.
ad.ven.tur.er s. aventureiro.

ad.ver.si.ty *s.* adversidade, dificuldade.
ad.vert *s.* anúncio (coloquial) / *v.* advertir; chamar a atenção.
ad.vert.ence *s.* advertência.
ad.ver.tise *v.* anunciar, publicar; fazer propaganda.
ad.ver.tise.ment *s.* anúncio, propaganda.
ad.ver.tis.ing *s.* publicidade, propaganda, anúncio.
ad.vice *s.* conselho, aviso, parecer.
ad.vise *v.* aconselhar, recomendar.
ad.vis.a.ble *adj.* aconselhável, recomendável; oportuno.
ad.vo.cate *v.* advogar / *s.* advogado(a).
Ae.ge.an *adj.* egeu.
aer.i.al *s.* antena / *adj.* aéreo.
aer.o.bics *s.* ginástica, aeróbica.
aer.o.plane *s.* aeroplano, avião.
aer.o.sol *s.* aerossol.
aes.thet.ic *adj.* estético.
a.far *adv.* de longe; a distância.
af.fa.ble *adj.* afável, cortês, amável.
af.fa.ble.ness *s.* amabilidade, afabilidade.
af.fair *s.* assunto; negócio; romance.
af.fect *v.* afetar; comover.
af.fect.ed *adj.* afetado(a).
af.fec.tion *s.* afeto, afeição, simpatia.

af.fec.tive *adj.* afetivo(a).
af.fil.i.ate *v.* afiliar, incorporar.
af.fin.i.ty *s.* afinidade.
af.fix *v.* afixar, colar, juntar / *s.* afixo, anexo.
af.flict *v.* afligir.
af.flu.ence *s.* afluência, abundância, riqueza.
af.flu.ent *adj.* abundante / *s.* afluente.
af.ford *v.* poder gastar, ter dinheiro suficiente.
af.ford.able *adj.* disponível.
af.for.est *v.* reflorestar.
af.for.est.ation *s.* reflorestamento.
af.fray *v.* assustar / *s.* desordem.
af.front *s.* afronta, ofensa / *v.* insultar, ofender.
a.field *adv.* muito longe, afastado.
a.float *adj.* flutuante; inundado.
a.foot *adj.* andando / *adv.* a pé.
a.fraid *adj.* ♦ *to be* ~ assustado(a), amedrontado(a).
a.fresh *adv.* de novo, mais uma vez.
Af.ri.can *adj.* africano(a) / *s.* africano(a).
af.ter *adv.* depois, após / *prep.* atrás de, depois / *adj.* posterior.
af.ter all *adv.* apesar de tudo, afinal.
af.ter.math *s.* consequências.

afternoon | airmail

af.ter.noon s. tarde / adj. à tarde.
a.gain adv. de novo, outra vez, novamente.
a.gainst prep. contra, contrário.
a.gape adj. boquiaberto.
a.gaze adv. contemplativamente.
age s. idade, época.
aged adj. idoso(a), velho(a).
a.gen.cy s. agência.
a.gen.da s. ordem do dia, pauta; agenda.
a.gent s. agente.
ag.gra.vate v. agravar, piorar; irritar, provocar.
ag.gre.gate s. agregado / v. agregar, unir.
ag.gress v. agredir, atacar.
ag.gres.sive adj. agressivo; enérgico, ativo.
ag.grieved adj. aflito; magoado.
a.ghast adj. horrorizado; espantado.
a.gil.i.ty s. agilidade.
ag.ing s. envelhecimento.
ag.i.tate v. agitar.
a.go adv. atrás, há tempo / adj. passado.
a.gog adj. ávido, entusiasmado, impaciente / adv. impacientemente.
ag.o.ni.zing adj. angustiante, agonizante.
ag.o.ny s. agonia, aflição.

a.gree v. concordar, combinar.
a.gree.ment s. acordo, contrato, consentimento.
ag.ri.cul.tur.al adj. agrícola, agrário.
ag.ri.cul.ture s. agricultura.
a.ground adv. de modo encalhado / adj. encalhado(a).
a.head adv. adiante, à frente.
aid s. ajuda / v. ajudar, auxiliar.
aide s. ajudante.
aid.less adj. sem ajuda.
AIDS abrev. de Acquired Immune Deficiency Syndrome (Síndrome de Imunodeficiência Adquirida).
ail.ing adj. enfermo, doente.
ail.ment s. indisposição, doença.
aim v. apontar, visar / s. pontaria, alvo, objetivo.
ain't contração de am not, are not, is not, have not, has not (coloquial).
air s. ar, atmosfera / v. arejar, ventilar.
air-bomb s. bomba aérea.
air-brick s. tijolo furado.
air.craft s. aeronave.
air.ing s. ventilação.
air.jacket s. colete salva-vidas.
air.line s. linha aérea.
air.mail s. correio aéreo.

air.man *s.* piloto, aviador.
air.plane *s.* avião, aeroplano.
air.port *s.* aeroporto.
air.tight *adj.* hermético.
air.y *adj.* arejado, vaporoso.
aisle *s.* nave de igreja; corredor, passagem.
a.jar *adj.* entreaberto.
a.kin *adj.* consanguíneo.
alac.rity *s.* vivacidade.
a.larm *s.* alarme / *v.* alarmar.
a.larm-clock *s.* despertador.
alarm.ing *adj.* alarmante.
alas *interj.* ai de mim!
al.be.it *conj.* embora, apesar de.
al.bum *s.* álbum.
al.co.hol *s.* álcool.
al.co.hol.ic *s.* alcoólatra / *adj.* alcoólico.
ale *s.* cerveja inglesa (coloquial).
a.lert *adj.* atento(a), alerta / *v.* alertar.
al.ge.bra *s.* álgebra.
Al.ge.ri.a *s.* Argélia.
a.li.as *s.* alcunha, pseudônimo / *adv.* aliás.
al.i.bi *s.* álibi; desculpa.
a.li.en *s.* estrangeiro(a); alienígena / *adj.* estranho(a).
al.ien.ate *v.* alienar.
a.light *adj.* aceso, ardente / *v.* desmontar, descer / *adv.* em chamas.

a.lign *v.* alinhar, enfileirar.
a.like *adj.* semelhante / *adv.* igualmente.
al.i.mo.ny *s.* pensão alimentícia; manutenção.
a.live *adj.* vivo(a), animado(a).
all *adj.* todo(s), toda(s); inteiro / *s.* totalidade, tudo.
al.lay *v.* acalmar.
all clear *s.* sinal de tudo limpo (coloquial).
al.lege *v.* alegar.
al.lege.dly *adv.* segundo dizem, supostamente.
al.le.giance *s.* lealdade, submissão.
al.le.giant *adj.* fiel, obediente.
al.ler.gic *adj.* alérgico(a).
al.ler.gy *s.* alergia.
al.le.vi.ate *v.* aliviar.
al.ley *s.* viela, ruela.
al.li.ance *s.* aliança.
all in *adj.* tudo incluído.
all night *adj.* toda a noite.
al.lo.cate *v.* alocar, partilhar, repartir.
al.lot *v.* distribuir proporcionalmente; outorgar, conceder.
al.lot.ment *s.* partilha, lote, cota.
all-out *adj.* total / *adv.* todo o possível.

al.low *v.* permitir, autorizar.
al.low.ance *s.* pensão, mesada, ajuda de custo.
al.loy *s.* liga, fusão.
al.lude *v.* aludir, insinuar.
al.lur.ing *adj.* tentador(a), atraente.
al.ly *s.* aliado(a) / *v.* aliar-se.
al.migh.ty *adj.* onipotente, todo-poderoso.
Al.migh.ty God *s.* Deus Todo-Poderoso.
al.mond *s.* amêndoa.
al.most *adv.* quase, perto de.
alms *s.* esmola, dádiva.
a.loft *adv.* em cima, no alto.
a.lone *adj.* sozinho(a) / *adv.* somente, apenas.
a.long *prep.* ao longo de, por / *adv.* junto a.
a.loof *adj.* afastado(a), reservado(a), indiferente / *adv.* a distância, de longe.
a.loud *adv.* em voz alta.
al.pha.bet *s.* alfabeto, abecedário.
Alps *s.* Alpes.
al.read.y *adv.* já.
Al.sa.tian *s.* alsaciano / *adj.* alsaciano.
Al.sa.tian dog *s.* cão pastor.
al.so *adv.* também, além disso.
al.tar *s.* altar, mesa de sacrifício.

al.ter *adv.* alterar, modificar.
al.ter.a.ble *adj.* alterável, modificável.
al.ter.nant *adj.* alternante.
al.ter.nate *adj.* alternado(a) / *v.* alternar, revezar.
al.ter.na.tive *s.* alternativa, opção / *adj.* alternativo(a).
al.ter.na.tor *s.* alternador, gerador.
al.though *conj.* embora, apesar de, contudo.
al.ti.tude *s.* altitude.
al.to.geth.er *adv.* o todo, no total, inteiramente.
a.lu.mi.num *s.* alumínio.
al.ways *adv.* sempre, continuamente.
am *v.* 1ª pess. sing. pres. do *v. to be*.
a.m. *abrev.* de *ante meridiem*.
a.mass *v.* acumular, amontoar.
a.mass.able *adj.* acumulável, amontoável.
am.a.teur *adj.* amador(a) / *s.* amador(a).
a.maze *v.* pasmar, maravilhar / *s.* assombro, estupefação.
a.maze.ment *s.* espanto, perplexidade.
a.maz.ing *adj.* surpreendente, espantoso; fantástico.
Amazon *s.* Amazonas.

am.bas.sa.dor *s.* embaixador; emissário.

am.bas.sa.dress *s.* embaixatriz, embaixadora.

am.ber *s.* âmbar / *adj.* ambárico, ambarino.

am.bi.gu.ity *s.* ambiguidade.

am.big.u.ous *adj.* ambíguo, vago, incerto.

am.bi.tion *s.* ambição, aspiração.

am.bi.tious *adj.* ambicioso(a).

am.bu.lance *s.* ambulância.

am.bush *s.* emboscada, tocaia / *v.* emboscar.

am.bush.ment *s.* cilada.

a.men *s.* amém / *interj.* amém!

a.me.na.ble *adj.* receptivo(a), afável; responsável.

a.mend *v.* emendar; aperfeiçoar.

a.mend.ment *s.* correção; melhoramento; emenda.

a.mends *s.* reparação, indenização.

a.men.i.ties *s.* comodidades.

a.men.i.ty *s.* afabilidade, cortesia, gentileza.

a.merce *v.* multar, punir.

A.mer.i.can *s.* americano(a) / *adj.* americano(a).

am.i.ca.ble *adj.* amigável, afável.

a.mid *prep.* no meio de, entre.

amiss *adj.* defeituoso, errado / *adv.* defeituosamente.

am.i.ty *s.* amizade.

am.mo.nia *s.* amoníaco; amônia.

am.mu.ni.tion *s.* munição.

a.mong *prep.* entre vários, no meio de.

am.o.rist *adj.* namorador, galanteador.

am.o.rous *adj.* amoroso(a).

am.ort *adj.* desfalecido, sem vida.

a.mount *s.* soma, quantidade, quantia / *v.* equivaler, corresponder.

am.pere *s.* ampère (unidade de medida da corrente elétrica).

am.ple *adj.* amplo, suficiente, vasto.

am.ple.ness *s.* amplitude.

am.pli.fi.er *s.* amplificador.

am.pli.fy *v.* ampliar, aumentar.

a.muck, a.mok *adj.* cheio de fúria / *adv.* furiosamente.

a.muse *v.* divertir, distrair.

a.muse.d *adj.* divertido, entretido.

a.muse.ment *s.* divertimento, passatempo.

a.mus.ing *adj.* divertido, que causa divertimento.

an *art. indef.* um(a).

analog — annihilate

an.a.log(ue) *adj.* analógico / *s.* análogo, semelhante.
a.nal.o.gous *adj.* análogo, semelhante.
a.na.lyse(-lyze) *v.* analisar.
a.nal.y.sis *s.* análise.
an.a.lyst *s.* analista; psicanalista.
an.ar.chist *s.* anarquista.
an.ar.chy *s.* anarquia.
a.nath.e.ma *s.* horror; excomunhão; condenação.
a.nat.o.my *s.* anatomia.
an.ces.tor *s.* antepassado.
an.ces.try *s.* descendência, linhagem.
an.chor *s.* âncora / *v.* ancorar.
an.chor.age *s.* ancoradouro.
an.cho.vy *s.* anchova.
an.cient *s.* antigo, ancião / *adj.* antigo, velho, remoto.
an.cient.ry *s.* antiguidade.
an.cil.lar.y *adj.* auxiliar, assistente, subordinado.
and *conj.* e.
An.des *s.* Andes.
An.dean *adj.* andino.
a.ne.mic *adj.* anêmico, fraco.
an.es.thet.ic *s.* anestésico.
an.es.the.tist *s.* anestesista.
a.new *adv.* de novo; de uma forma diferente.
an.gel *s.* anjo.

an.gel.face *s.* anjo, cara de anjo. (coloquial).
an.ger *s.* raiva, fúria / *v.* zangar-se, irritar-se.
an.gina *s.* angina.
an.gle *s.* ângulo; anzol.
An.gles *s.* anglos (tribo germânica).
An.gli.can *s.* anglicano(a) / *adj.* anglicano(a).
an.gling *s.* pesca à vara.
An.glo- *s.* anglo-, elemento de composição que denota inglês ou Inglaterra.
An.gola *s.* Angola.
an.gri.ly *adv.* com raiva, furiosamente.
an.gry *adj.* zangado(a), furioso(a), irado(a), raivoso(a).
an.guish *s.* sofrimento, angústia, agonia.
an.i.mal *s.* animal / *adj.* animal.
an.i.mate *v.* avivar; animar / *adj.* animado(a), vivo(a).
an.ise *s.* anis, erva-doce.
an.iseed *s.* semente de erva-doce.
an.kle, an.cle *s.* tornozelo.
an.nex *s.* anexo / *v.* anexar.
an.nex.a.ble *s.* anexável.
an.ni.hi.late *v.* aniquilar, exterminar.

anniversary — anxiety

an.ni.ver.sa.ry *s.* aniversário, festa de aniversário.
an.nounce *v.* anunciar, declarar.
an.nounce.ment *s.* aviso, comunicado, publicação.
an.nounc.er *s.* locutor(a); anunciante.
an.noy *v.* aborrecer, irritar.
an.noy.ance *s.* aborrecimento, amolação.
an.noy.ing *adj.* irritante, aborrecido(a), chato(a).
an.nu.al *adj.* anual / *s.* anual, anuário.
an.nu.i.ty *s.* anuidade.
an.nul *v.* anular; exterminar.
a.non.y.mous *adj.* anônimo(a), desconhecido(a).
an.oth.er *pron.* outro, um outro / *adj.* outro(a), um(a) outro(a).
an.swer *v.* responder / *s.* resposta.
an.swer.a.ble *adj.* responsável; respondível.
an.swer.a.ble.ness *s.* responsabilidade.
ant *s.* formiga; *abrev.* de *antiquary*.
an.tag.o.nism *s.* antagonismo.
an.tag.o.nize *v.* antagonizar, contrariar.
Ant.arc.tic *s.* região antártica / *adj.* antártico.

an.te.na.tal *s.* pré-natal / *adj.* pré-natal.
an.te me.rid.i.e.m *adv.* antes do meio dia.
an.te.nupcial *adj.* antenupcial.
an.them *s.* hino.
an.thol.o.gy *s.* antologia.
an.ti.bi.ot.ic *s.* antibiótico / *adj.* antibiótico.
an.ti.bod.y *s.* anticorpo.
an.tic.i.pate *v.* prever; antecipar.
an.tic.i.pa.tion *s.* expectativa; antecipação.
an.ti.clock.wise *adv.* sentido anti-horário.
an.ti.freeze *s.* anticongelante / *adj.* anticongelante.
an.ti.quar.y *s.* antiquário.
an.ti.quat.ed *adj.* antiquado, fora de moda.
an.tique *s.* antiguidade, objeto antigo.
an.tique.ness *s.* antiguidade.
an.tiq.ui.ty *s.* antiguidade.
an.ti-Sem.i.tism *s.* antissemitismo.
an.ti.sep.tic *s.* antisséptico / *adj.* antisséptico.
an.ti.so.cial *adj.* antissocial.
an.tler *s.* chifre; armação.
an.vil *s.* bigorna.
anx.i.e.ty *s.* ansiedade, ânsia, inquietação.

anx.ious *adj.* preocupado(a), inquieto(a).

an.y *pron.* qualquer um(a), algum(a) / *adj.* qualquer, quaisquer.

an.y.bod.y *pron.* ninguém; alguém.

an.y.how *adv.* de qualquer modo.

an.y.one *pron.* ninguém; alguém.

an.y.thing *pron.* alguma coisa; qualquer coisa.

an.y.way *adv.* de qualquer modo.

an.y.where *adv.* onde quer que seja, em qualquer lugar.

a.part *adv.* à parte, a distância, além de.

a.part.heid *s.* separação.

a.part.ment *s.* apartamento.

ap.a.thet.ic *adj.* apático(a), indiferente.

ap.a.thy *s.* apatia, indiferença.

ape *s.* macaco / *v.* imitar.

a.pe.ri.tif *s.* aperitivo.

ap.er.ture *s.* abertura, orifício.

a.pex *s.* ápice, cume.

a.pian *adj.* de ou relativo a abelhas.

a.pi.ar.y *s.* colmeia, apiário.

a.piece *adv.* cada um; por cabeça; por peça.

a.plomb *s.* serenidade, calma; desenvoltura.

a.pol.o.get.ic *adj.* cheio de desculpas, apologético.

a.pol.o.gize *v.* pedir desculpas, desculpar-se.

a.pol.o.gy *s.* desculpa; defesa.

a.pos.tle *s.* apóstolo.

a.pos.tro.phe *s.* apóstrofe.

ap.pall *v.* horrorizar, intimidar, amedrontar.

ap.pall.ing *adj.* terrível, horrível, apavorante.

ap.pa.ra.tus *s.* aparelho, utensílio.

ap.par.el *s.* vestuário, traje / *v.* vestir, trajar.

ap.par.ent *adj.* aparente; evidente, claro.

ap.pa.ri.tion *s.* fantasma, espectro; aparição.

ap.peal *s.* apelação; simpatia; atração / *v.* apelar.

ap.pear *v.* aparecer, surgir.

ap.pear.ance *s.* aparência.

ap.pease *v.* apaziguar; satisfazer.

ap.pel.lant *adj.* apelante, suplicante / *s.* apelante, recorrente.

ap.pen.di.ci.tis *s.* apendicite.

ap.pen.dix *s.* apêndice; peça acessória de um órgão.

ap.pe.tite *s.* apetite.

ap.pe.tiz.er *s.* aperitivo, tiragosto.

ap.pe.tiz.ing *adj.* apetitoso(a).

ap.plaud *v.* aplaudir, aclamar.
ap.plause *s.* aplauso, aclamação.
ap.ple *s.* maçã.
ap.ple pie *s.* torta de maçã.
ap.pli.ance *s.* aplicação, utilização.
ap.pli.cant *s.* candidato(a), pretendente.
ap.pli.ca.tion *s.* aplicação.
ap.plied *adj.* aplicado, empregado, usado.
ap.plier *s.* aplicador.
ap.ply *v.* aplicar, usar, empregar.
ap.point *v.* nomear, designar, apontar.
ap.point.ed *adj.* marcado; designado, nomeado, apontado.
ap.point.er *s.* nomeador.
ap.point.ment *s.* encontro marcado; compromisso; nomeação.
ap.por.ta.tion *s.* dividir em partes iguais, repartir.
ap.po.site *adj.* adequado, apropriado.
ap.prais.al *s.* avaliação, cálculo.
ap.praise *v.* avaliar, estimar.
ap.pre.ci.ate *v.* apreciar, estimar, prezar.
ap.pre.ci.a.tion *s.* avaliação, estimativa.
ap.pre.cia.tive *adj.* apreciativo, compreensivo.
ap.pre.hend *v.* prender, deter; sentir apreensão, recear.
ap.pre.hen.sion *s.* apreensão, preocupação.
ap.pre.hen.sive *adj.* apreensivo(a), preocupado(a), receoso(a).
ap.pren.tice *s.* aprendiz, praticante.
ap.pren.tice.ship *s.* aprendizado, aprendizagem.
ap.proach *s.* aproximação / *v.* aproximar-se.
ap.proach.a.ble *adj.* acessível.
ap.proach.a.ble.ness *s.* acessibilidade, facilidade.
ap.pro.pri.ate *v.* apropriar-se, apoderar-se / *adj.* apropriado, adequado.
ap.prov.al *s.* aprovação, consentimento.
ap.prove *v.* autorizar, aprovar, apoiar.
ap.prox.i.mate *adj.* aproximado, quase correto / *v.* aproximar(-se).
ap.prox.i.mate.ly *adv.* aproximadamente.
ap.prox.i.ma.tion *s.* aproximação.
ap.ri.cot *s.* damasco.
A.pril *s.* abril.
A.pril Fool's Day *s.* dia dos bobos, 1º de abril.

apron — arithmetic

a.pron *s.* avental.
apt *adj.* adequado(a); apto(a), competente.
ap.ti.tude *s.* aptidão, talento, habilidade.
a.qual.ung *s.* aparelho para respiração debaixo d'água.
a.quar.i.um *s.* aquário.
A.quar.i.us *s.* Aquário (zodíaco).
Ar.ab *adj.* árabe / *s.* árabe.
A.ra.bi.an *s.* árabe. / *adj.* árabe.
Ar.a.bic *adj.* arábico, árabe.
ar.a.ble *s.* terra arável / *adj.* arável, cultivável.
ar.bi.ter *s.* árbitro, juiz.
ar.bi.trar.y *adj.* arbitrário.
ar.bi.tra.tion *s.* arbitragem.
ar.bor *s.* árvore.
ar.bor.eal *s.* arbóreo.
arc *s.* arco.
ar.chae.ol.o.gist *s.* arqueólogo(a).
ar.chae.ol.o.gy *s.* arqueologia.
ar.ch *s.* arco (arquitetura) / *v.* curvar.
ar.cha.ic *adj.* arcaico, antigo.
arch.bish.op *s.* arcebispo.
arch.en.e.my *s.* arqui-inimigo(a).
ar.che.ol.o.gy *s.* arqueologia.
arch.er.y *s.* tiro de arco; a arte de manobrar arco e flecha.
ar.chi.tect *s.* arquiteto(a).

ar.chi.tec.tural *adj.* arquitetônico, arquitetural.
ar.chi.tec.ture *s.* arquitetura.
ar.chive *s.* arquivo.
Arc.tic Ocean, the *s.* Oceano Ártico.
ar.dent *adj.* ardente.
are *v.* 2^a *pess. sing.*, 1^a, 2^a e 3^a *pess. pl. pres.* do *v. to be* / *s.* are (medida de superfície correspondente a 100 m^2).
ar.e.a *s.* área, zona, região.
ar.e.na.ceous *adj.* arenoso.
aren't contração de *are not*.
Ar.gen.tina *s.* Argentina.
ar.gil *s.* argila, barro.
ar.gue *v.* discutir, argumentar, debater.
ar.gu.ment *s.* briga, discussão, debate.
ar.gu.ment.ative *adj.* argumentativo, lógico; inclinado a discussões.
ar.id *adj.* árido, seco.
a.rid.i.ty *s.* aridez, seca.
Ar.ies *s.* Áries (zodíaco).
a.right *adv.* corretamente, certamente.
a.rise *v.* aparecer.
ar.is.toc.rat *s.* aristocrata, nobre.
a.rith.me.tic *s.* aritmética.

ark s. arca, barco grande.
arm s. braço; arma.
ar.ma.ment s. armamento, equipamento bélico.
arm.chair s. poltrona, cadeira de braços.
armed adj. armado, munido de armas.
arm.less s. sem braço; sem armas.
arm.hole s. axila.
ar.mor s. armadura.
ar.mored adj. blindado.
arm.pit s. axila.
arm.rest s. braço de poltrona.
ar.my s. exército.
a.ro.ma s. aroma, fragrância.
a.round adv. em volta, cerca de / prep. em redor de, em torno de.
a.rouse v. despertar; provocar; estimular.
ar.range v. organizar, arrumar.
ar.range.ment s. acordo; disposição; combinação; arranjo.
ar.rears s. atrasos; dívidas atrasadas.
ar.rest v. prender, deter, aprisionar / s. apreensão, detenção, prisão.
ar.ri.val s. chegada.
ar.rive v. chegar.
ar.ro.gant adj. arrogante.
ar.row s. flecha, seta.

ar.son s. incêndio culposo.
ar.son.ist s. incendiário.
art s. arte.
ar.te.fact s. artefato.
ar.ter.y s. artéria.
art.ful adj. ardiloso; esperto.
art gal.le.ry s. museu; galeria de arte.
ar.thri.tis s. artrite.
ar.ti.choke s. alcachofra.
ar.ti.cle s. artigo.
ar.tic.u.late v. articular, expressar / adj. articulado, bem escrito.
ar.ti.fi.cial adj. artificial.
ar.til.ler.y s. artilharia.
ar.ti.san s. artesão(ã).
ar.tist s. artista.
art.less adj. natural; simples; sem arte.
art school s. escola de artes.
as prep. como, na qualidade de / adv. tão, tanto quanto.
as.cend v. subir; ascender.
as.cen.dan.cy s. predomínio, domínio; ascendência.
as.cent s. subida, ascensão.
as.cer.tain v. averiguar, verificar, apurar.

as.cribe *v.* atribuir algo a, designar.
ash *s.* cinza.
a.shamed *adj.* envergonhado(a).
ash.en *adj.* cinzento.
a.shore *adv.* em terra firme.
ash.tray *s.* cinzeiro.
Ash Wednes.day *s.* Quarta-feira de Cinzas.
A.sia *s.* Ásia.
A.sian *adj.* asiático(a) / *s.* asiático(a).
a.side *adv.* de lado, ao lado; longe, a distância.
ask *v.* perguntar; convidar; pedir.
a.skance *adv.* de soslaio, desconfiadamente.
a.skew *adj.* torto, retorcido.
a.sleep *adj.* adormecido; dormente.
as.par.a.gus *s.* aspargo.
as.pect *s.* aspecto, aparência.
as.pect.able *adj.* visível.
as.per.i.ty *adj.* aspereza, rudeza.
as.per.sion *s.* calúnia, difamação; borrifo, respingo.
as.phyx.iation *s.* asfixia, sufocamento.
as.pi.ra.tor *s.* aspirador.
aspire *v.* aspirar, ansiar, almejar.
as.pi.rin *s.* aspirina.

ass *s.* jumento, asno; imbecil (coloquial).
as.sail.ant *s.* assaltante / *adj.* assaltante.
as.sas.sin *s.* assassino.
as.sas.si.nate *v.* assassinar.
as.sas.si.na.tion *s.* assassinato.
as.sault *v.* assaltar, atacar / *s.* assalto, ataque.
as.sem.ble *v.* reunir, ajuntar, agregar; montar, armar.
as.sem.bly *s.* reunião, assembleia, junta.
as.sent *s.* aprovação, consentimento / *v.* consentir, aprovar.
as.sert *v.* afirmar, declarar.
as.ser.tion *s.* afirmação, declaração.
as.sess *v.* avaliar, calcular, estimar.
as.sess.ment *s.* avaliação; taxação.
as.set *s.* vantagem, trunfo.
as.sets *s.* espólio.
as.sign *v.* designar, apontar.
as.sign.ment *s.* tarefa; designação.
as.sist *v.* ajudar, auxiliar, assistir.
as.sis.tance *s.* ajuda, auxílio, assistência.
as.sis.tant *s.* assistente, auxiliar.
as.so.ci.ate *v.* associar / *s.* associado(a).
as.sort *v.* agrupar, classificar.

as.sort.ed *adj.* sortido, variado, classificado.

as.sort.ment *s.* variedade, sortimento.

as.sume *v.* supor, presumir; assumir.

as.sump.tion *s.* suposição, hipótese.

as.sur.ance *s.* garantia; confiança.

as.sure *v.* garantir, afirmar.

as.sured *adj.* garantido, segurado.

asth.ma *s.* asma.

as.ton.ish *v.* espantar, surpreender, pasmar.

as.ton.ish.ment *s.* assombro, grande surpresa, pasmo.

as.tound *v.* pasmar, surpreender.

a.stray *adj.* desviado, perdido.

a.stride *adj.* montado a cavalo, escarranchado / *adv.* escarranchadamente.

as.trol.o.gy *s.* astrologia.

as.tro.naut *s.* astronauta.

as.tron.o.my *s.* astronomia.

as.tute *adj.* astuto, ardiloso.

a.sy.lum *s.* manicômio.

at *prep.* em, a.

ate *v. pret.* do *v. to eat*.

a.the.ist *s.* ateísta, ateu, *fem.* ateia.

Ath.ens *s.* Atenas.

ath.lete *s.* atleta.

ath.let.ics *s.* atletismo.

At.lan.tic Ocean, the *s.* Oceano Atlântico.

at.las *s.* atlas.

at.mos.phere *s.* atmosfera.

at.om *s.* átomo.

at.om.izer *s.* pulverizador.

a.tone *v.* reparar; harmonizar.

a.tro.cious *adj.* atroz, cruel.

at.tach *v.* prender, fixar; anexar.

at.ta.ché *s.* adido, diplomata.

at.tach.ment *s.* acessório; anexo; ação de fixar.

at.tack *v.* atacar, agredir / *s.* ataque, acesso súbito; agressão.

at.tain *v.* alcançar, chegar a, atingir.

at.tain.able *adj.* atingível, alcançável.

at.tempt *s.* tentativa, intento / *v.* tentar.

at.tend *v.* cursar; assistir; prestar atenção.

at.ten.dance *s.* frequência; atenção.

at.ten.dant *s.* encarregado(a), atendente.

at.ten.tion *s.* atenção, cuidado.

at.ten.tive *adj.* atento(a), atencioso(a), cuidadoso(a).

at.tic *s.* sótão.

at.ti.tude *s.* atitude, postura.

at.tor.ney *s.* procurador, representante, advogado.
at.tract *v.* atrair; puxar para si.
at.trac.tive *adj.* atraente, atrativo.
at.trib.ute *v.* atribuir algo a / *s.* atributo, qualidade.
at.tri.tion *s.* atrito, fricção.
au.ber.gine *s.* berinjela.
au.burn *adj.* castanho avermelhado.
auc.tion *v.* leiloar / *s.* leilão.
auc.tion.eer *s.* leiloeiro(a).
au.di.ble *adj.* audível.
au.di.ence *s.* público, audiência.
au.di.o.vis.u.al *adj.* audiovisual.
au.dit *v.* fazer auditoria, examinar / *s.* auditoria, exame.
au.di.tion *s.* audição.
au.di.tor *s.* auditor(a).
aug.ment *v.* aumentar, acrescentar / *s.* aumento, acréscimo.
au.gur *v.* augurar, prognosticar / *s.* profeta, adivinho.
Au.gust *s.* agosto.
au.gust.ness *s.* majestade; dignidade.
aunt *s.* tia.
aura *s.* aura, essência.
aus.pi.cious *adj.* favorável, auspicioso.

aus.ter.i.ty *s.* severidade, austeridade.
Aus.tra.li.a *s.* Austrália.
Aus.tra.li.an *adj.* australiano(a) / *s.* australiano(a).
Aus.tri.a *s.* Áustria.
Aus.tri.an *adj.* austríaco(a).
au.then.tic *adj.* autêntico, genuíno.
au.thor *s.* autor(a).
au.thor.i.tar.i.an *adj.* autoritário(a) / *s.* autoritário(a).
au.thor.i.ta.tive *adj.* autorizado.
au.thor.i.ty *s.* autoridade.
au.thor.ize *v.* autorizar, permitir.
au.to *s.* automóvel.
au.to.bi.og.ra.phy *s.* autobiografia.
au.to.graph *s.* autógrafo / *v.* autografar.
au.to.mat.ic *adj.* automático.
au.tom.a.ton *s.* autômato; robô.
au.to.mo.bile *s.* automóvel.
au.ton.o.my *s.* autonomia.
au.tumn *s.* outono.
aux.il.ia.ry *adj.* auxiliar, ajudante.
a.vail *v.* aproveitar / *s.* proveito, lucro.
a.vail.a.ble *adj.* disponível, acessível.
av.a.lanche *s.* avalanche.

a.vant-garde s. vanguarda / adj. de vanguarda.
Ave. abrev. de avenue.
a.venge v. vingar(-se).
a.venge.ment s. vingança, desforra.
a.veng.er s. vingador.
av.e.nue s. avenida.
av.er.age s. média, proporção.
a.vert v. prevenir, evitar, desviar.
a.vi.a.ry s. viveiro de aves, aviário.
av.id adj. ávido(a), ansioso(a).
a.vid.i.ty s. avidez, cobiça.
av.o.ca.do s. abacate.
a.void v. evitar; escapar, fugir.
a.vow v. declarar francamente, confessar.
a.vun.cu.lar adj. avuncular, relativo ou semelhante a tio ou tios.
a.wait v. esperar, aguardar.
a.wake v. despertar / adj. acordado(a).
a.wak.en v. despertar, acordar.
a.ward v. conceder, premiar / s. prêmio, recompensa.
a.ware adj. informado(a), ciente; atento(a).
a.ware.ness s. consciência, conhecimento.
a.wash adj. inundado; levado pelas ondas ou pela maré.
a.way adv. fora, à distância / adj. ausente, distante.
awe s. terror, grande medo.
awe.some adj. imponente, temeroso.
aw.ful adj. terrível, horrível.
a.while adv. por algum tempo, pouco tempo.
awk.ward adj. desajeitado(a), inábil, embaraçoso.
awk.ward.ness s. inabilidade, inaptidão, embaraço.
awn.ing s. toldo, tenda.
a.woke v. pret. do v. to awake.
a.wry adv. de esguelha / adj. torto, oblíquo.
axe s. machado / v. reduzir, cortar.
ax.le s. eixo de rodas.
ay adv. sim (coloquial) / interj. ah! oh! ai!
aye adv. sempre, indefinidamente.

B, b s. segunda letra do alfabeto inglês; si (nota musical).
bab.ble v. balbuciar / s. conversa tola, murmúrio.
ba.by s. bebê, nenê.
ba.by.hood s. infância.
ba.by.ish adj. infantil, pueril.
ba.by.sit v. pajear, cuidar de uma criança.
ba.by-sit.ter s. babá.
bach.e.lor s. bacharel; solteiro.
bach.e.lor.hood s. bacharelado; celibato.
back s. costas, dorso, parte traseira / v. recuar, voltar atrás.
back.bite s. calúnia / v. caluniar.
back.bone s. coluna vertebral; firmeza.
back.ground s. fundo; conhecimento; formação, origem.
back.pack s. mochila.
back yard s. quintal.
ba.con s. toucinho defumado.
bad adj. mau, má, ruim.
bade v. pret. do v. to bid.
badge s. crachá, distintivo, emblema.
bad.ly adv. mal, não bem.
bad.ness s. maldade, ruindade.
bad-tem.pered adj. mal--humorado(a), de mau humor.
baf.fle v. desconcertar, confundir / s. confusão.
bag s. mala; bolsa; sacola.
bag.gage s. bagagem.
bag.man s. caixeiro-viajante.
bail s. fiança / v. libertar sob fiança, fiançar.
bail.er s. balde.
bait s. isca / v. iscar; apoquentar.

bake *v.* assar.
bak.er *s.* padeiro.
bak.er.y *s.* padaria.
baking *s.* fornada / *adj.* escaldante, quente.
bak.ing-pow.der *s.* fermento em pó.
bal.ance *s.* balança; balanço; equilíbrio / *v.* equilibrar.
bal.co.ny *s.* varanda; balcão.
bald *adj.* careca, calvo.
bale *s.* fardo, desgraça / *v.* enfardar.
bale.ful *adj.* maligno, fatal.
ball *s.* bola; novelo; baile.
bal.last *s.* lastro / *v.* lastrar, colocar lastro.
ball bear.ing *s.* rolimã.
bal.le.ri.na *s.* bailarina.
bal.let *s.* balé.
bal.loon *s.* balão.
bal.lot *s.* votação.
bal.lot-box *s.* urna eleitoral.
bal.lot pa.per *s.* cédula eleitoral.
ball.point pen *s.* caneta esferográfica.
ball.room *s.* salão de baile.
balm *s.* bálsamo.
ban *v.* proibir, interditar / *s.* proibição.
ba.nan.a *s.* banana.
band *s.* banda; bando; faixa, fita; orquestra.
ban.dage *v.* enfaixar / *s.* atadura, bandagem.
band-aid *s.* curativo.
band.wa.gon *s.* carro para propaganda política; ficar na moda (coloquial).
bang *v.* bater / *s.* explosão, estrondo, pancada.
ban.gle *s.* bracelete, pulseira.
bangs *s.* franja (de cabelo).
ban.ish *v.* banir, expulsar.
ban.is.ter *s.* corrimão; balaústre.
bank *s.* banco; margem de rio / *v.* manter em banco, depositar.
bank.ing *s.* transações bancárias.
bank.rupt *adj.* falido, quebrado.
bank.rupt.cy *s.* falência.
bank state.ment *s.* extrato bancário.
ban.ner *s.* faixa, estandarte.
banns *s.* proclama de casamento.
bap.tism *s.* batismo.
bap.tize *v.* batizar.
bar *s.* bar; barra; vara / *v.* barrar; obstruir.
bar.bar.ic *adj.* bárbaro, selvagem.
bar.be.cue *s.* churrasco, churrasqueira.
barbed wire *s.* arame farpado.
bar.ber *s.* barbeiro, cabeleireiro de homens.
bar.ber.shop *s.* barbearia.

bar code s. código de barras.
bare adj. despido, nu
/ v. descobrir; expor; despir.
bare.bone s. esqueleto.
bare.faced adj. descarado(a); sem máscara.
bare.foot.ed adj. descalço.
bare.head.ed s. sem chapéu.
bare.ness s. nudez; pobreza.
bar.gain v. barganhar, pechinchar
/ s. barganha, pechincha.
barge s. barcaça / v. transportar em batelão.
barge.pole s. varejão.
bark s. latido; casca de árvore; embarcação, navio / v. latir, ladrar.
bark-bared s. descascado.
bar.ley s. cevada (grão e planta).
barm s. levedo de cerveja.
bar.maid s. garçonete.
bar.man s. garçom.
barn s. celeiro.
ba.rom.e.ter s. barômetro.
bar.on s. barão; magnata.
bar.on.age s. nobreza.
bar.on.ess s. baronesa.
bar.rack s. barraca, barracão.
bar.racks s. quartel; caserna.
bar.rage s. barragem.
bar.rel s. barril, tonel; cano de arma.

bar.ren adj. árido, estéril, improdutivo.
bar.ri.cade s. barricada
/ v. bloquear com uma barricada.
bar.ri.er s. barreira, obstáculo.
bar.ring prep. exceto, salvo.
bar.rister s. advogado(a).
bar.row s. carrinho de mão, padiola.
bar.tend.er s. garçom (de bar).
bar.ter v. trocar, permutar
/ s. comércio de troca.
base v. basear-se / s. base.
base.ball s. beisebol.
base.born s. nascido pobre.
base.ment s. porão.
bash v. socar, esmurrar, sussurar.
bash.ful adj. envergonhado, acanhado.
ba.sic adj. básico; mínimo.
ba.sic.ally adv. basicamente.
ba.sics s. essencial, elementos fundamentais.
bas.il s. manjericão.
ba.sin s. bacia; pia de banheiro.
ba.sis s. base.
bask v. tomar sol, aquecer-se ao sol.
bas.ket s. cesto, cesta.
bas.ket.ball s. basquetebol.
bass s. som ou tom baixo, grave
/ adj. grave.

bas.si.net *s.* berço de vime.
bas.soon *s.* fagote.
bas.tard *s.* bastardo(a), filho(a) ilegítimo(a) / *adj.* bastardo(a), ilegítimo(a).
bat *s.* morcego; bastão / *v.* pestanejar, piscar o olho.erior
batch *s.* monte, lote; fornada.
bat.ed *adj.* contido(a), diminuído, reduzido.
bath *s.* banho, ato de tomar banho / *v.* banhar, lavar.
bathe *v.* tomar banho de mar / *s.* banho de mar.
bath.er *s.* banhista.
bath.ing *s.* banho / *adj.* de banho, relativo a banho.
bath.robe *s.* roupão de banho.
bath.room *s.* banheiro.
baths *s.* banhos públicos.
bat.on *s.* cassetete; batuta (música); bastão (esporte).
bat.ter *s.* massa de farinha com ovos; batedor (esporte) / *v.* bater, quebrar.
bat.tered *adj.* amassado, quebrado, danificado.
bat.ter.y *s.* pilha, bateria.
bat.tle *s.* batalha, combate, luta / *v.* lutar, brigar, combater.
bat.tle.field *s.* campo de batalha.
bat.tle.ship *s.* navio de guerra.
bawd.y *adj.* indecente, imoral.
bawl *v.* gritar, berrar / *s.* grito, berro.
bay *s.* baía, enseada; latido grave / *v.* ladrar; amarrar a caça.
bay.leaf *s.* louro, loureiro.
bay win.dow *s.* janela com sacada.
ba.zaar *s.* bazar.
B.C. *abrev.* de *before Christ* (antes de Cristo).
be *v.* ser, estar.
beach *s.* praia / *v.* encalhar.
bea.con *s.* farol, sinalizador, baliza.
bead *s.* gota; conta de rosário.
beak *s.* bico.
bea.ker *s.* copo com bico; proveta.
beam *s.* viga, suporte; raio, feixe de luz / *v.* sorrir.
bean *s.* feijão; grão; fava.
bean.sprout *s.* broto de feijão.
bear *s.* urso / *v.* suportar.
bear.a.ble *adj.* suportável, tolerável.
beard *s.* barba.
beard.ed *adj.* barbado, barbudo.
beard.less *adj.* sem barba, imberbe.
bear.er *s.* portador(a), carregador(a), titular.
bear.ing *s.* comportamento, postura; posição, rumo.

beast *s.* animal, besta, fera.
beast.ly *adj.* horrível, bestial, brutal.
beat *v.* bater em, tocar / *s.* batida, pancada, golpe; ritmo, compasso.
beat.ing *s.* surra, derrota; açoitamento.
beat it *interj.* pinica! fora!
beau.ti.ful *adj.* belo, bonito, lindo.
beau.ti.ful.ness *s.* beleza, formosura.
beau.ti.ful.ly *adv.* admiravelmente, belamente.
beau.ty *s.* beleza, encanto.
beauty par.lor *s.* salão de beleza.
bea.ver *s.* castor.
be.came *v. pret.* do *v.* to become.
be.cause *conj.* porque, pela razão de.
be.cause of *prep.* pelo motivo de, por.
beck *s.* sinal, aceno com a cabeça ou com as mãos / *v.* acenar, fazer sinal.
beck.on *v.* acenar / *s.* gesto, aceno.
be.come *v.* tornar-se, transformar-se em.
be.com.ing *adj.* elegante, vistoso.
bed *s.* cama.
bed.clothes *s.* roupa de cama.
bed.ding *s.* roupa de cama.
bed.gown *s.* camisola.
bed.lam *s.* confusão, tumulto.
be.drag.gled *adj.* molhado, ensopado; sujo.
bed.rid.den *adj.* acamado.
bed.room *s.* quarto de dormir.
bed.side lamp *s.* lâmpada de cabeceira.
bed.spread *s.* colcha.
bed-table *s.* mesa de cabeceira, criado-mudo.
bed.time *s.* hora de ir para cama.
bee *s.* abelha.
beech *s.* faia.
beef *s.* carne de vaca ou de boi.
beef.burger *s.* hambúrguer.
beef.eat.er *s.* guarda da torre de Londres.
beef.steak *s.* bife de carne bovina.
bee.hive *s.* colmeia.
bee.keeper *s.* apicultor.
bee.line *s.* caminho mais curto, linha reta.
been *v. pp.* do *v.* to be.
beer *s.* cerveja.
beet *s.* beterraba.
bee.tle *s.* besouro.
be.fore *prep.* antes, antes de; diante de, na frente de.
be.fore.hand *adv.* anteriormente, antecipadamente.
be.fore.time *adv.* antigamente, anteriormente.

beg *v.* mendigar; implorar, suplicar; pedir.

beg.gar *s.* mendigo(a).

beg.gar.y *s.* pobreza, miséria, penúria.

be.gin *v.* começar, iniciar.

be.gin.ner *s.* principiante, iniciante.

be.gin.ning *s.* início, começo.

be.gun *v. pp.* do *v. to begin.*

be.half *s.* lado, interesse, favor
♦ *in ~ of* em nome de, a favor de.

be.have *v.* comportar-se, conduzir-se.

be.hav.ior *s.* comportamento, ação, conduta.

be.head *v.* decapitar, degolar.

be.head.ing *s.* decapitação.

be.held *v. pp.* do *v. to behold.*

be.hind *prep.* atrás de
/ *adv.* atrás, detrás.

be.hold *v.* contemplar, observar, notar, ver.

beige *adj.* bege / *s.* bege.

Bei.jing *s.* Pequim.

be.ing *s.* ser, existência.

be.jewel *v.* adornar com joias.

be.lat.ed *adj.* atrasado.

belch *v.* arrotar; vomitar / *s.* arroto.

bel.fry *s.* campanário, torre dos sinos.

Bel.gian *s.* belga / *adj.* belga.

Bel.gium *s.* Bélgica.

be.lie *v.* desmentir; dar ideia falsa de; caluniar.

be.lief *s.* opinião; crença, fé.

be.lieve *v.* acreditar, crer, confiar.

be.liev.er *s.* crente.

be.lit.tle *v.* depreciar.

bell *s.* sino, sineta; campainha.

bell.bird *s.* araponga.

bell.boy *s.* mensageiro de hotel.

bel.lied *adj.* barrigudo.

bel.lig.er.ent *adj.* agressivo, hostil / *s.* beligerante.

bel.low *v.* mugir, berrar / *s.* berro, urro, grito.

bel.lows *s.* fole.

bel.ly *s.* barriga, ventre.

bel.ly.ache *s.* dor de barriga, cólica.

be.long *v.* pertencer.

be.long.ings *s.* pertences.

be.lov.ed *s.* amado, querido / *adj.* querido.

be.low *prep.* abaixo, sob / *adv.* embaixo.

belt *s.* cinto / *v.* surrar.

belt.way *s.* via circular.

be.mused *adj.* preocupado, perturbado, confuso.

bench *s.* banco (assento); bancada.

bend *v.* dobrar.

be.neath *prep.* abaixo de, debaixo de, inferior a
/ *adv.* debaixo.

ben.e.fac.tor *s.* benfeitor.

ben.e.fac.tress *s.* benfeitora.

ben.e.fi.cial *adj.* benéfico(a), proveitoso(a).

ben.e.fit *s.* benefício, auxílio
/ *v.* beneficiar.

be.nev.o.lent *adj.* benévolo(a), bondoso(a).

be.nign *adj.* benigno(a), bondoso(a), gentil.

bent *s.* inclinação / *adj.* inclinado
/ *v. pp.* do *v. to bend*.

be.quest *s.* legado.

be.reave *v.* privar de; roubar.

be.reaved *adj.* de luto.

be.ret *s.* boina.

Berlin *s.* Berlim.

berm *s.* acostamento; margem de um canal.

ber.ry *s.* baga, fruto; semente ou grão.

ber.serk *adj.* frenético, furioso
/ *s.* guerreiro nórdico.

berth *v.* atracar, ancorar
/ *s.* beliche (navio); cabine (trem); ancoradouro.

be.screen *v.* cobrir, ocultar, esconder algo.

be.seech *v.* implorar, suplicar.

be.set *v.* atacar, assaltar.

be.side *prep.* junto de, ao lado de.

be.sides *prep.* além de; exceto
/ *adv.* além disso.

be.siege *v.* sitiar; assediar.

be.sought *v. pp.* do *v. to beseech*.

best *adj.* (*superl.* de *good*) melhor
/ *s.* ♦ *the* ~ o melhor, o máximo.

best man *s.* padrinho de casamento.

be.stow *v.* outorgar, entregar.

bet *v.* apostar / *s.* aposta.

be.think *v.* refletir, considerar.

be.tray *v.* trair.

be.tray.al *s.* traição.

be.tray.er *s.* traidor.

bet.ter *adj.* (*compar.* de *good*) melhor / *v.* melhorar.

bet.ter.ment *s.* benfeitoria, melhoria.

bet.ting *s.* aposta.

bet.ting shop *s.* casa de apostas.

be.tween *prep.* entre / *adv.* no meio de dois.

bev.er.age *s.* bebida.

be.ware *v.* ter cuidado.

be.wil.der *v.* desnortear, confundir totalmente.

be.wil.dered *adj.* atordoado, confuso.

be.witch *v.* encantar, enfeitiçar.

be.witch.ing *adj.* encantador(a), sedutor.
be.witch.ment *s.* feitiço, encantamento.
be.wray *v.* trair; revelar.
be.yond *prep.* além de / *adv.* além.
be.yond.nature *s.* sobrenatural.
bib *s.* babador.
Bi.ble *s.* Bíblia.
bick.er *v.* brigar, disputar / *s.* briga, contenda.
bi.cy.cle *s.* bicicleta.
bi.cy.clist *s.* ciclista.
bid *s.* lance; oferta; proposta / *v.* oferecer; propor.
bid.der *s.* licitante, quem oferece mais, lançador.
bid.ding *s.* licitação; comando; ordem.
bide *v.* viver, residir; aguardar.
bi.fo.cals *s.* óculos bifocais.
big *adj.* grande; volumoso(a).
big.a.mist *s.* bígamo.
big dipper *s.* montanha-russa.
big-heart.ed *adj.* generoso(a), bondoso(a).
big.ot *s.* fanático(a).
big.ot.ed *adj.* intolerante, fanático.
big toe *s.* dedão do pé.
big top *s.* tenda de circo.
bike *s.* bicicleta.
bi.ki.ni *s.* biquíni.
bi.lin.gual *adj.* bilíngue.

bile *s.* bílis; fel.
bill *s.* conta, fatura; bico de aves.
bill.board *s.* quadro ou moldura para cartazes.
bil.let *s.* alojamento, aquartelamento; boleto.
bil.liards *s.* bilhar / *adj.* de bilhar.
bil.lion *s.* bilhão.
bin *s.* caixa, lata, receptáculo
♦ *dust~* lata ou cesto de lixo.
bind *v.* amarrar, ligar, atar / *s.* faixa, cinta, atadura.
bind.er *s.* amarrador; fichário; encadernador; fita, tira.
bind.ing *s.* ligação; amarração / *adj.* que liga, que amarra.
binge *s.* bebedeira; farra.
bin.go *s.* bingo.
bin.oc.u.lars *s.* binóculos.
bi.o.chem.is.try *s.* bioquímica.
bi.og.ra.phy *s.* biografia.
bi.ol.o.gy *s.* biologia.
birch *s.* bétula.
bird *s.* pássaro, ave.
bird-cage *s.* gaiola.
biro *s.* caneta esferográfica.
birth *s.* nascimento; parto.
birth.day *s.* aniversário.
birth.place *s.* local do nascimento.
birth.rate *s.* taxa de natalidade.
bis.cuit *s.* biscoito, bolacha.

bi.sect v. dividir ao meio.
bish.op s. bispo.
bit s. pedaço / v. pret. do v. *to bite*.
bitch s. cadela; vagabunda (coloquial).
bite s. mordida; picada / v. morder.
bite.r s. mordedor.
bit.ter adj. amargo.
bit.ter.ness s. rancor, mágoa, amargura.
blab v. tagarelar, falar muito / s. tagarelice, tagarela.
blab.ber s. tagarela.
black adj. preto, negro / s. preto, negro.
black.ber.ry s. amora silvestre.
black.board s. quadro-negro, lousa.
black.en v. denegrir, difamar; pretejar.
black.mail s. chantagem, extorsão / v. chantagear, extorquir.
black.ness s. negridão, negrura.
black-out s. apagamento, escurecimento.
black pepper s. pimenta-do-reino.
black sheep s. ovelha negra.
blad.der s. bexiga.
blade s. lâmina.
blame s. culpa / v. culpar.

blame.less adj. inocente, sem culpa.
bland adj. brando, suave; insosso.
blank s. espaço vazio, espaço em branco / adj. em branco, sem nada escrito.
blank check s. cheque em branco.
blank.ness s. brancura, claridade.
blan.ket s. cobertor, manta de lã / v. cobrir por completo.
blast s. rajada de vento; estrondo, explosão / interj. droga!
bla.tant adj. descarado, barulhento, ruidoso.
blaze s. fogo; labareda; chama / v. arder; resplandecer.
blaz.er s. casaco esportivo, jaqueta.
bleach s. água sanitária / v. branquear, alvejar.
bleach.ed adj. oxigenado.
bleach.ers s. arquibancada descoberta.
bleak adj. sombrio, desolado, deserto.
bled v. pret. do v. *to bleed*.
bleed v. sangrar.
bleed.ing s. hemorragia / adj. que está sangrando.
blem.ish s. mancha; marca; defeito / v. manchar, sujar, desfigurar.

blend *s.* mistura / *v.* misturar.
bless *v.* abençoar; benzer; glorificar.
bless.ed *adj.* sagrado, santificado, abençoado.
bless.ing *s.* bênção, graça divina.
blew *v. pret.* do *v. to blow.*
blight *v.* fazer secar (planta), arruinar / *s.* ferrugem; inseto ou pulgão.
bli.mey *interj.* caramba! nossa!
blind *adj.* cego / *v.* cegar, encobrir / *s.* cortina, persiana; cego.
blind.ed *adj.* cego.
blind.ness *s.* cegueira; ignorância.
blink *v.* piscar / *s.* piscadela.
bliss *s.* felicidade, alegria, êxtase.
blis.ter *s.* bolha; vesícula.
blithe.ly *adv.* contentemente, alegremente.
blitz *s.* bombardeio; guerra relâmpago; ataque repentino.
bliz.zard *s.* nevasca; temporal com neve e frio.
bloat.ed *adj.* inchado.
blob *s.* gota, bolha.
bloc *s.* coligação política ou partidária.
block *s.* bloco; quadra, quarteirão / *v.* obstruir, bloquear.
block.ade *s.* bloqueio.
block.age *s.* obstrução; bloqueio; impedimento.
block.buster *s.* livro ou filme que é sucesso de vendas.
block.head *s.* cabeça-dura.
block let.ter *s.* letra de forma.
bloke *s.* cara, sujeito.
blond *adj.* louro(a) / *s.* claro, louro.
blood *s.* sangue.
blood.bank *s.* banco de sangue.
blood.thirst.y *s.* sanguinário, cruel.
blood re.la.tive *s.* parente consanguíneo.
blood.shed *s.* matança, carnificina.
blood.y *adj.* sangrento / *v.* sangrar, fazer sangrar.
bloom *s.* flor / *v.* florescer.
bloom.ing *adj.* florido; viçoso, exuberante.
blos.som *s.* florescência / *v.* florescer, florir.
blot *s.* borrão de tinta, mancha / *v.* borrar, rasurar.
blotch.y *adj.* manchado.
blot.ting pa.per *s.* mata-borrão.
blouse *s.* blusa.
blow *v.* soprar / *s.* golpe; soco; florescência.
blow.ing *s.* sopro, assopro.

| blow-up | bone |

blow-up *s.* explosão.
blue *adj.* azul; deprimido, triste (coloquial) / *s.* azul.
bluff *v.* blefar, enganar / *s.* blefe; logro.
blun.der *s.* gafe, asneira / *v.* cometer uma gafe, errar.
blunt *adj.* cego, sem corte (faca); obtuso.
blur *s.* borrão; nódoa; falta de clareza / *v.* embaçar.
blurb *s.* sinopse; resumo; sumário.
blurt out *v.* falar sem pensar.
blush *v.* corar / *s.* rubor.
blus.ter.ing *adj.* fanfarrão; fanfarrona; estrondoso.
boar *s.* javali; porco não castrado.
board *s.* quadro de avisos; tábua; prancha.
boast *v.* gabar-se / *s.* ostentação.
boat *s.* bote, barco.
boat.er *s.* chapéu duro de palha; barqueiro.
boat.ing-trip *s.* viagem de barco.
bobby *s* policial, tira (coloquial).
bob.sleigh *s.* trenó duplo / *v.* andar de trenó.
bod.i.ly *adj.* corporal / *adv.* à força.
bod.y *s.* corpo; cadáver.
bod.y.build.ing *s.* musculação.
bod.y.guard *s.* guarda-costas.

bod.y.work *s.* lataria, carroceria de automóvel.
bog *s.* pântano, brejo / *v.* atolar.
bo.gus *adj.* falso, adulterado / *s.* falsificação, adulteração.
boil *v.* ferver / *s.* ebulição, fervura; furúnculo, tumor.
boi.ler *s.* caldeira para aquecer líquido.
boi.ler suit *s.* macacão.
bois.ter.ous *adj.* tumultuoso, impetuoso; violento, rude.
bold *adj.* corajoso, valente; atrevido; nítido, claro; negrito (tipografia).
Bo.liv.i.a *s.* Bolívia.
bol.lard *s.* poste de amarração de navio.
bolt *s.* trinco; pino; parafuso; ferrolho.
bomb *s.* bomba / *v.* bombardear.
bomb.er *s.* avião de bombardeio; a pessoa que coloca bombas.
bomb.shell *s.* bomba, granada explosiva.
bo.na fi.de *adj.* genuíno, legítimo / *adv.* de boa-fé.
bond *s.* compromisso; vínculo; bônus; título / *v.* unir, ligar.
bond.age *s.* escravidão, servidão.
bone *s.* osso; chifre; espinha de peixe / *v.* desossar.

bone-i.dle *adj.* extremamente preguiçoso.
bon.fire *s.* fogueira.
bon.net *s.* capô; touca usada por mulheres.
bo.nus *s.* bônus, bonificação; bênção.
bon.y *adj.* ossudo.
boo *v.* vaiar / *s.* vaia / *interj.* u!
boo.by-trap *s.* armadilha para pregar uma peça em alguém.
book *s.* livro / *v.* reservar, registrar.
book.case *s.* estante para livros.
book.ing of.fice *s.* bilheteria.
book.keep.er *s.* guarda-livros.
book.keep.ing *s.* contabilidade.
book.let *s.* folheto, livreto, apostila.
book.mak.er *s.* agenciador de apostas.
book.man *s.* livreiro; estudioso.
book.mark *s.* marcador de páginas.
book re.view *s.* crítica literária.
book.sell.er *s.* livreiro, vendedor de livros.
book.shelf *s.* prateleira para livros.
book.stall *s.* banca para venda de livros.
book.store *s.* livraria.
book.worm *s.* traça que destrói livros.

boom *s.* barulho; estrondo / *v.* retumbar.
boon *s.* benefício; bênção.
boost *s.* estímulo, aumento, impulso / *v.* estimular, impulsionar, aumentar.
boost.er *s.* propugnador; dínamo.
boot *v.* carregar (coloquial) / *s.* bota; porta-malas de carro; vantagem.
boot.black *s.* engraxate.
booth *s.* barraca, tenda; cabine.
boot.less *adj.* descalço; inútil.
boot.mak.er *s.* sapateiro.
boo.ty *s.* saque; pilhagem.
booze *s.* bebida alcoólica (coloquial); bebedeira.
bor.der *s.* margem, borda; fronteira, limite / *v.* limitar-se com.
bor.der.line *adj.* fronteiriço; limítrofe / *s.* linha divisória.
bore *v.* entediar; perfurar (buraco) / *s.* chato; buraco.
bored *adj.* entediado, chateado.
bore.dom *s.* tédio, enfado, aborrecimento.
bore.some *adj.* cansativo, enfadonho.

bor.ing *adj.* chato(a), enfadonho(a)
/ *s.* perfuração, furagem, sondagem.
born *v.* ♦ *to be* ~ nascer; *pp.* do *v.
to bear* / *adj.* nascido.
borne *v. pp.* do *v. to bear.*
bo.rough *s.* município; vila com
plenos direitos políticos.
bor.row *v.* pedir algo emprestado
/ *s.* empréstimo.
Bos.ni.a and Her.ze.go.vi.na *s.*
Bósnia-Herzegóvina.
bos.om *s.* peito.
bos.om friend *s.* amigo íntimo.
boss *s.* chefe, patrão / *v.* mandar,
dirigir, controlar.
boss.y *adj.* mandão(ona),
dominante.
bos.un *s.* contramestre de barco ou
navio.
bot.a.ny *s.* botânica.
botch *v.* estropiar, estragar
/ *s.* remendo mal feito.
both *adj.* ambos(as) / *pron.*
ambos(as) / *conj.* não só, tanto que.
both.er *v.* atrapalhar, incomodar;
preocupar / *s.* preocupação;
incômodo.
both.er.some *adj.* aborrecido,
amolante.
bot.tle *s.* garrafa / *v.* engarrafar.
bot.tle.neck *s.* gargalo de garrafa;
passagem estreita.
bot.tle nose *s.* nariz vermelho.

bot.tle o.pen.er *s.* abridor de
garrafas.
bot.tom *s.* fundo; parte mais baixa.
bot.tom.less *adj.* ilimitado; sem
fundo.
bough *s.* ramo; galho de árvore.
bought *v. pret.* e *pp.* do *v. to buy.*
boul.der *s.* pedra grande, rocha.
bounce *v.* saltar, quicar; ser
devolvido / *s.* salto, pulo.
bound *s.* pulo / *v.* pular;
pret. e *pp.* do *v. to bind* / *adj.* com
destino a.
bound.a.ry *s.* fronteira, limite.
bound.less *adj.* ilimitado, sem
limites, infinito.
bou.quet *s.* ramalhete, buquê;
aroma de vinho, fragrância.
bour.geois *adj.* burguês, da classe
média / *s.* pessoa da classe média,
burguês.
bout *s.* ataque, combate.
bow *s.* arco para atirar flechas;
reverência / *v.* fazer reverência,
curvar-se.
bow.el *s.* intestino.
bow.er *s.* caramanchão.
bowl *s.* tigela, bacia; boliche
/ *v.* arremessar a bola.

bow.leg.ged adj. de pernas tortas.
bowl.er s. lançador da bola no críquete.
bowl.ing s. jogo de boliche; críquete.
bowl.ing-green s. gramado para jogo de críquete.
bowls s. jogo de bolas, partida de boliche.
bow-tie s. gravata borboleta.
box s. caixa; tabefe; bofetada / v. encaixotar; boxear.
box.er s. pugilista, boxeador; boxer (raça de cachorro).
box.ing s. pugilismo, boxe.
boy s. menino, moço, rapaz.
boy.cott s. boicote / v. boicotar.
boy.friend s. namorado, amigo.
boy.ish adj. jovial, pueril, infantil.
bra s. sutiã.
brace s. aparelho odontológico; braçadeira / v. suportar, apoiar; fixar.
brace.let s. pulseira, bracelete.
brac.ing adj. tonificante, fortificante / s. amarração, suporte, esteio.
brack.en s. samambaia.
brack.et s. suporte; parêntese.
brag v. gabar-se.
braid s. trança de cabelo; cadarço / v. trançar, entrelaçar.

brain s. cérebro, miolo; inteligência.
brain.child s. ideia, obra.
brain-fag s. cansaço cerebral.
brain.less s. sem cérebro, desmiolado.
brain.wash.ing s. lavagem cerebral.
brain.wave s. inspiração, ideia brilhante.
brain.y adj. coloq. inteligente, esperto.
braise v. refogar, guisar.
brake v. frear, brecar / s. freio, breque; matagal.
braky adj. cheio de mato.
bram.ble s. amoreira preta.
bran s. farelo.
branch s. galho; ramo de árvore; filial.
branch-bank s. filial de banco.
brand s. marca de fábrica, marca registrada / v. marcar (gado).
bran.dish v. brandir / s. brandimento.
brand-new adj. novo em folha.
bran.dy s. conhaque.
brash adj. frágil, quebradiço; grosseiro, impetuoso / s. indisposição, mal-estar.
brass s. latão, metal.
brass.ard s. distintivo, emblema.

brass.band *s.* orquestra de instrumentos de metal.
brat *s.* pirralho, fedelho.
bra.va.do *s.* bravata, desafio.
brave *adj.* valente, corajoso / *s.* bravo (pessoa valente) / *v.* desafiar.
brav.er.y *s.* coragem, bravura.
braw *adj.* fino, bonito, elegante.
brawn.y *adj.* musculoso, vigoroso.
bray *v.* zurrar / *s.* zurro, ornejo.
braze *v.* revestir ou decorar com metal.
bra.zen *adj.* descarado, atrevido; de latão / *v.* tornar atrevido.
bra.zi.er *s.* caldeireiro; braseiro.
Bra.zil *s.* Brasil.
Bra.sil.i.a *s.* Brasília.
Bra.zil.i.an *adj.* brasileiro(a).
Bra.zil nut *s.* castanha-do-pará.
breach *s.* brecha, abertura; ruptura, quebra, violação.
bread *s.* pão.
bread bin *s.* caixa de pão.
bread.crumb *s.* migalha de pão.
breadth *s.* largura, amplitude.
bread.win.ner *s.* arrimo de família, ganha-pão.
break *s.* quebra; brecha; fenda; interrupção, intervalo / *v.* quebrar, fraturar.
break.down *s.* avaria; colapso; crise (de nervos); análise.
break.fast *s.* café da manhã.
break.ing *s.* fratura; ruptura; bancarrota.
break.through *s.* avanço; ruptura das linhas inimigas.
break-up *s.* decaída, colapso; separação; fim; dissolução.
break.water *s.* quebra-mar.
breast *s.* peito.
breast-feed *v.* amamentar.
breath *s.* fôlego; hálito; respiração.
breathe *v.* respirar, inspirar, inalar.
breath.ing *s.* respiração; aspiração.
breath.less *adj.* sem fôlego, ofegante; esbaforido.
breath.tak.ing *adj.* emocionante; excitante; extraordinário.
bred *v.* pret. e pp. do *v.* to breed.
breed *v.* criar (gado); reproduzir-se / *s.* raça (animal), casta, criação.
breed.ing *s.* procriação, geração, parição.
breeze *s.* brisa, vento leve; pó de cinza.
breez.y *adj.* vivaz, alegre; com brisa.
brew *s.* bebida fervida ou fermentada / *v.* fazer cerveja, fazer bebida para fervura.
brew.age *s.* ato de fazer cerveja.
brew.er *s.* cervejeiro.
brew.er.y *s.* cervejaria.

brew.ing s. preparação; fábrica de bebida fermentada.
bribe s. suborno / v. subornar.
bribe.less adj. insubornável.
brick s. tijolo; bloco para construção.
brick.built s. construído de tijolos.
brick.en s. feito de tijolo.
brick.lay.er s. pedreiro.
brick.wall s. muro de tijolos.
bri.dal adj. nupcial, de noiva / s. casamento.
bride s. noiva.
bride.groom s. noivo.
brides.maid s. dama de honra.
bridge s. ponte.
bri.dle s. freio (de cavalo), rédea / v. colocar rédea ou freio.
brief adj. breve, curto / s. sumário, síntese / v. instruir, fazer resumo.
brief.case s. pasta executiva.
brief.ing s. instruções resumidas.
brief.ly adv. rapidamente, resumidamente, brevemente.
briefs s. cueca ou calcinha.
bright adj. claro; brilhante; inteligente.
bright.en v. iluminar; clarear
♦ ~*up* animar-se.
bright.ness s. brilho, luminosidade; inteligência.
bril.liance s. brilho, luminosidade, claridade.
bril.liant adj. brilhante, luminoso; genial / s. diamante; brilho, resplendor.
brim s. borda, aba.
brim.less s. sem borda, sem aba.
brine s. salmoura / v. salgar.
bring v. trazer.
brink s. beira de precipício.
brisk adj. vigoroso, enérgico; ativo / v. estimular, animar.
bris.tle s. cerda / v. eriçar, arrepiar.
Brit.ain s. Grã-Bretanha.
Brit.ish adj. britânico / s. britânico.
Bri.ton adj. britânico nasce ou habita a Grã-Bretanha; bretão.
brit.tle adj. frágil, quebradiço, inseguro.
broach v. abordar um assunto; perfurar, espetar / s. furador, alargador, espeto.
broad adj. amplo, vasto; largo.
broad.cast v. transmitir, difundir / s. transmissão.
broad.brim s. chapéu de aba larga.
broc.co.li s. brócolis.
bro.chure s. folheto, panfleto; brochura.
broil v. grelhar.
broke v. pret. do v. to break / adj. sem dinheiro, quebrado.

bro.ken *v. pp.* do *v. to break* / *adj.* quebrado; partido.
bro.ken down *adj.* desmoronado, decaído; deprimido.
broker *s.* corretor(a), agente, intermediário(a).
brol.ly *s.* guarda-chuva.
bron.chi.tis *s.* bronquite.
bronze *s.* bronze / *v.* bronzear-se.
brooch *s.* broche.
brood *s.* ninhada, filhotes; prole numerosa / *v.* chocar.
brook *s.* riacho, córrego / *v.* tolerar, sofrer, aguentar.
broom *s.* vassoura / *v.* varrer.
broom.stick *s.* cabo da vassoura.
broth *s.* caldo, sopa.
broth.el *s.* bordel, prostíbulo.
broth.er *s.* irmão; confrade; irmandade.
broth.er-in-law *s.* cunhado.
brought *v. pret.* e *pp.* do *v. to bring*.
brow *s.* fronte, testa; sobrancelha.
brown *adj.* castanho, marrom / *s.* castanho, marrom.
brown.ie *s.* bolo de chocolate com amêndoas; bandeirante (menina).
brown pa.per *s.* papel pardo, papel de embrulho.
brown su.gar *s.* açúcar mascavo.

browse *v.* pastar (gado) / folhear, ler algumas páginas de livro / *s.* brotos tenros.
bruise *s.* hematoma, contusão, pisadura / *v.* contundir, machucar.
bru.nette *adj.* morena, de cabelo escuro / *s.* mulher de cabelo escuro.
brunch *s.* refeição que se toma ao acordar tarde, misto de café da manhã e almoço (*breakfast* + *lunch*).
brunt *s.* ímpeto; força.
brush *s.* escova, escovão; pincel, broxa / *v.* escovar; varrer.
brush.wood *s.* lenha; mato; gravetos.
brusque *adj.* ríspido, brusco, rude.
Brus.sels *s.* Bruxelas.
Brus.sels sprouts *s.* couve-de-bruxelas.
bru.tal *adj.* brutal, cruel.
brute *s.* bruto; besta; animal irracional / *adj.* bruto, animalesco.
brut.ish.ness *s.* brutalidade.
bub.ble *s.* bolha, borbulha / *v.* borbulhar.
bub.ble bath *s.* banho de espuma.
bub.ble gum *s.* chiclete, goma de mascar.

buck *s.* corça macho (animal); pulo; pinote; dólar (coloquial)
/ *v.* lutar contra, resistir.
buck.et *s.* balde, tina / *v.* baldear.
buck.le *s.* fivela; curva, dobra
/ *v.* afivelar; dobrar, curvar.
bud *s.* broto; botão de flor; origem
/ *v.* brotar, florescer.
Bud.dhis.m *s.* budismo.
bud.ding *adj.* em ascensão, nascente, que está emergindo.
bud.dy *s. coloq.* companheiro, amigo; camarada.
budge *v.* mover-se, mexer-se, sair do lugar.
budg.et *s.* orçamento; receita; verba
/ *v.* orçar, planejar gastos.
buff *adj.* da cor do couro
/ *s.* couro de búfalo / *v.* polir com couro.
buf.fa.lo *s.* búfalo; bisão.
buff.er *s.* para-choque; memória intermediária (informática).
buf.fet *s.* restaurante com bufê; lanchonete; bofetada
/ *v.* esbofetear.
bug *s.* inseto; bicho; erro, defeito, falha (informática); grampo, escuta.
bug.gy *s.* carrinho de bebê.
bu.gle *s.* corneta, clarim / *v.* tocar corneta ou clarim.
build *v.* construir, edificar
/ *s.* estatura, constituição física.

build.ing *s.* edifício, construção, estrutura.
built *v. pret.* e *pp.* do *v. to build*.
bulb *s.* bulbo; lâmpada elétrica.
Bul.ga.ri.a *s.* Bulgária.
bulge *s.* bojo; protuberância
/ *v.* inchar; bojar.
bulk *s.* volume; tamanho
♦ ~ *buying* compra no atacado.
bulk.y *adj.* volumoso; grande.
bull *s.* touro.
bull-calf *s.* bezerro macho.
bull.dog *s.* buldogue.
bull.doz.er *s.* escavadora para terraplenagem; pessoa ou arma que intimida.
bul.let *s.* bala de revólver, projétil.
bul.le.tin *s.* comunicado, boletim, publicação regular.
bul.let-proof *adj.* à prova de bala.
bull.fight *s.* tourada.
bul.lion *s.* ouro ou prata em barras ou lingotes.
bul.lock *s.* boi, bovino.
bull.ring *s.* praça de touros, arena.
bull's eye *s.* no alvo, na mosca; tiro certeiro.
bul.ly *s.* valentão; carne salgada (de boi) / *v.* amedrontar, provocar, intimidar.

bum s. bumbum, bunda (coloquial)
/ v. soar forte; zunir
/ adj. ordinário.

bump s. batida, baque, sacudida
/ v. bater contra.

bump.er s. para-choque
/ adj. abundante.

bump.er car s. carro de trombada
(parque de diversões).

bump.tious adj. presunçoso,
arrogante, convencido.

bump.y adj. acidentado, desigual;
esburacado.

bun s. pão doce; coque de cabelo,
birote.

bunch s. grupo; cacho de fruta;
ramalhete / v. agrupar-se.

bun.dle s. embrulho, trouxa, maço
/ v. embrulhar, empacotar.

bun.ga.low s. chalé, bangalô.

bun.gle v. estragar; fracassar, fazer
malfeito.

bun.ion s. joanete.

bunk s. beliche; bobagem, besteira
(coloquial).

bun.ker s. abrigo subterrâneo,
casamata.

bun.ny s. coelhinho (expressão
infantil).

buoy s. boia.

buoy.ant adj. flutuante.

bur.den s. carga, peso, encargo
/ v. sobrecarregar.

bu.reau s. *(pl. bureaux)* escritório,
repartição pública, agência;
escrivaninha; cômoda.

bu.reauc.ra.cy s. burocracia.

bur.glar s. assaltante, arrombador.

bur.gla.ry s. roubo de uma casa,
arrombamento.

bur.i.al s. enterro, sepultamento.

bur.ly adj. robusto, corpulento.

Bur.ma s. Birmânia.

burn v. queimar; acender; incinerar
/ s. queimadura; queimada.

burn.er s. bico de gás, maçarico,
queimador.

burn.ing adj. ardente
/ s. combustão, incêndio,
queimadura.

bur.row s. toca / v. cavar, fazer
uma toca.

bur.sar.y s. bolsa de estudos;
tesouraria.

burst v. arrebentar, estourar,
explodir / s. rajada; estouro,
rompimento.

burst up s. colapso.

bur.y v. enterrar, sepultar.

bus s. ônibus.

bush s. arbusto; mato, moita.

bush.y *adj.* espesso, cerrado, frondoso.

bus.i.ly *adv.* atarefadamente.

busi.ness *s.* negócio; trabalho; assunto, negócio.

busk *s.* barbatana / *v.* pôr isca em anzol; vestir-se.

busk.er *s.* artista de rua.

bus stop *s.* ponto de ônibus.

bust *s.* busto, peito (escultura) / *adj.* quebrado / *v.* estourar; quebrar.

bust.er *s.* bebedeira; vento intenso.

bus.tle *s.* animação, alvoroço / *v.* apressar-se, alvoroçar-se.

bust.ling *adj.* movimentado.

bus.y *adj.* ocupado(a), atarefado, movimentado / *v.* ocupar-se com algo.

bus.y.bod.y *adj.* intrometido(a).

but *conj.* mas, porém / *adv.* apenas.

butch.er *s.* açougueiro; carniceiro / *v.* chacinar; abater e carnear (animal).

butch.er.y *s.* matadouro; carnificina.

but.ler *s.* mordomo.

butt *s.* tonel, barrica; culatra; alvo; bunda (coloquial); toco de cigarro.

but.ter *s.* manteiga / *v.* untar; *coloq.* bajular.

but.ter.cup *s.* botão-de-ouro (botânica).

but.ter.fly *s.* borboleta.

but.ter.ine *s.* margarina.

but.tock *s.* nádega, traseiro.

but.ton *s.* botão; dístico, broche / *v.* abotoar.

bux.om *adj.* rechonchudo; de seios grandes; curvilíneo.

buy *v.* comprar / *s.* compra, aquisição.

buy.er *s.* comprador(a).

buzz *s.* zumbido, zunido; cochicho, rumor / *v.* zumbir; cochichar.

buzz.er *s.* cigarra, campainha elétrica.

buzz.word *s.* modismo.

by *prep.* por; de; com; via; perto de, ao lado de; pelo, pela.

bye *interj.* até logo, tchau!

by-e.lec.tion *s.* eleição suplementar.

by.gone *adj.* passado, antigo.

by.pass *s.* desvio, passagem secundária / *v.* contornar; evitar.

by-product *s.* derivado.

by.stand.er *s.* espectador.

byte *s.* byte (unidade necessária para o armazenamento de um caractere em informática).

by.word *s.* provérbio; máxima.

C, c *s.* terceira letra do alfabeto inglês; dó (nota musical); representa o número 100 em algarismos romanos.
cab *s.* táxi; cabine (de caminhão, de trem).
cab.a.ret *s.* cabaré.
cab.bage *s.* repolho, couve.
cab.in *s.* cabana; camarote (náutica); cabine (aeronáutica).
cab.i.net *s.* gabinete; escritório.
ca.ble *s.* cabo; amarra.
cache *s.* esconderijo (de alimentos) / *v.* esconder, ocultar.
cack.le *v.* gargalhar; cacarejar; tagarelar / *s.* cacarejo; gargalhada; tagarelice.
cac.tus *s.* cacto.
cad.dy *s.* carregador de tacos; caixa, lata ou cofre.

ca.det *s.* cadete; caçula; irmão mais novo.
ca.fe *s.* café, restaurante.
caf.e.te.ri.a *s.* lanchonete, bandejão, cantina.
cage *s.* gaiola, jaula / *v.* engaiolar, enjaular.
ca.goule *s.* casaco de náilon.
Cai.ro *s.* Cairo.
ca.jole *v.* lisonjear, adular, bajular.
cake *s.* bolo; torta.
ca.lam.i.ty *s.* calamidade, catástrofe; desgraça.
cal.cu.late *v.* calcular, fazer cálculos, avaliar.
cal.cu.la.tion *s.* cálculo, avaliação, cômputo.
cal.cu.la.tor *s.* calculadora.
cal.en.dar *s.* calendário.

160

calf *s.* vitela; bezerro; cria, filhote; barriga da perna, panturrilha.
cal.i.ber, cal.i.bre *s.* calibre.
call *v.* chamar, gritar, telefonar, visitar / *s.* grito, chamada, visita, telefonema.
call.box *s.* cabine telefônica.
call.er *s.* visitante; pessoa que chama ao telefone.
call.ing *s.* vocação, tendência; chamada.
call.ing card *s.* cartão de visita.
cal.lous *adj.* cruel, insensível; calejado; endurecido.
cal.lous.ness *s.* calosidade; desumanidade, insensibilidade.
calm *s.* calma, tranquilidade / *adj.* calmo(a) / *v.* acalmar.
calm.ness *s.* calmaria, tranquilidade, sossego.
cal.o.rie *s.* caloria.
cal.o.rif.ic *adj.* calorífico.
Cam.bo.di.a *s.* Camboja.
cam.corder *s.* filmadora.
came *v. pret.* do *v. to come.*
cam.el *s.* camelo.
cam.el.opard *s.* girafa.
cam.e.ra *s.* máquina fotográfica.
cam.e.ra.man *s.* cinegrafista.
cam.ou.flage *s.* camuflagem / *v.* camuflar.

camp *s.* campo; acampamento / *v.* acampar.
cam.paign *s.* campanha / *v.* fazer campanha.
camp.er *s.* indivíduo acampado.
cam.phor *s.* cânfora.
camp.ing *s.* acampamento.
camp.site *s.* área de acampamento.
camp.us *s.* cidade universitária.
can *v. modal* poder, ser capaz de; enlatar / *s.* lata.
Can.a.da *s.* Canadá.
Ca.na.di.an *adj.* canadense / *s.* canadense.
ca.nar.y *s.* canário.
can.cel *v.* cancelar, invalidar / *s.* cancelamento, revogação.
can.cel.la.tion *s.* cancelamento, anulação, supressão.
Can.cer *s.* Câncer (astrologia).
can.cer *s.* câncer, cancro.
can.did *adj.* franco(a), sincero(a), ingênuo(a).
can.di.da.cy *s.* candidatura.
can.di.date *s.* candidato(a).
can.dle *s.* vela.
can.dle.light *s.* luz de vela.
can.dle.stick *s.* castiçal.
can.dor *s.* fraqueza, sinceridade.
can.dy *s.* doce, bala confeitada, bombom.
can.dy floss *s.* algodão-doce.

cane s. cana; bengala, vara; bambu ♦ *sugar* ~ cana-de-açúcar.
can.is.ter s. lata; estopim.
can.na.bis s. maconha.
canned adj. enlatado.
canned-goods s. pl. conservas.
can.non s. canhão.
can.ny adj. astuto(a), engenhoso(a), sagaz.
ca.noe s. canoa, piroga / v. navegar em canoa, remar em canoa.
ca.noe.ist s. canoeiro, remador de canoa.
can o.pen.er s. abridor de latas.
can't v. contração de *can not*.
can.teen s. cantina; cantil.
can.vas s. lona; tenda; barraca; quadro ou pintura a óleo.
can.vass v. sondar; fazer campanha / s. exame minucioso.
can.yon s. desfiladeiro.
cap s. gorro, boné, quepe; tampa / v. tampar; completar.
ca.pa.bil.i.ty s. capacidade; competência.
ca.pa.ble adj. capaz; competente; apto.
ca.pac.i.ty s. capacidade, aptidão.
cape s. capa; cabo, promontório.
ca.per s. alcaparra; salto, cambalhota / v. saltar.

cap.i.tal s. capital; letra maiúscula; patrimônio, ganhos.
cap.i.tal letter s. letra maiúscula, capitular.
cap.i.tal.is.m s. capitalismo.
cap.i.tal.ist s. capitalista / adj. capitalista.
cap.i.tal.ize v. capitalizar; escrever com letra maiúscula.
Cap.ri.corn s. Capricórnio (astrologia).
cap.size v. virar de cabeça para baixo, emborcar, capotar.
cap.sule s. cápsula.
cap.tain s. capitão / v. capitanear, chefiar, comandar.
cap.tion s. legenda (cinema, tv); cabeçalho, título; captura, prisão.
cap.tious adj. capcioso, ardiloso.
cap.ti.vate v. cativar, atrair.
cap.tive s. cativo(a), prisioneiro(a) / adj. cativo(a), preso(a).
cap.tiv.i.ty s. cativeiro.
cap.tor s. captor, capturador, apreensor.
cap.ture v. prender, capturar / s. captura, aprisionamento.
car s. carro, automóvel.
ca.rafe s. garrafa de mesa.
car.a.mel s. caramelo.
car.at s. quilate.

car.a.van *s. trailer* (veículo); caravana; cáfila.
car.bo.hy.drate *s.* carboidrato.
car.bon *s.* carbono.
car.bu.ret.tor *s.* carburador.
car.case *s.* carcaça; esqueleto (animal).
card *s.* cartão; carta de baralho; ficha.
card.board *s.* papelão; cartolina.
car.di.ac *adj.* cardíaco.
car.di.gan *s.* casaco de lã, cardigã.
car.di.nal *adj.* cardeal; cardinal / *s.* cardeal.
card in.dex *s.* fichário.
care *s.* cuidado, cautela, precaução / *v.* importar-se com; cuidar de.
ca.reer *s.* carreira, profissão / *v.* correr a toda velocidade.
care.free *adj.* despreocupado(a), alegre, feliz.
care.ful *adj.* cuidadoso(a), atento(a), meticuloso(a).
care.ful.ly *adv.* cuidadosamente.
care.less *adj.* descuidado(a), negligente, desleixado(a).
care.less.ness *s.* descuido, negligência, desatenção.
ca.ress *v.* acariciar / *s.* carícia.
care.tak.er *s.* zelador(a), vigia, porteiro(a).

care.worn *adj.* aflito(a), ansioso(a), preocupado(a).
car.go *s. (pl. cargoes)* carga, carregamento, frete.
car hire *s.* aluguel de carros.
Car.ib.b.ean *s.* Caribe; caraíba / *adj.* caribenho(a), caraíba.
car.ing *adj.* humanitário(a), afetuoso(a).
car.nage *s.* carnificina, massacre; amontoado de cadáveres.
car.na.tion *s.* cravo / *adj.* vermelho, encarnado.
car.ni.val *s.* carnaval; folia.
car park *s.* estacionamento.
car.pen.ter *s.* carpinteiro.
car.pen.try *s.* carpintaria.
car.pet *s.* tapete, carpete / *v.* atapetar.
car.pet sweep.er *s.* limpador de tapetes.
car phone *s.* telefone de carro.
car.riage *s.* carruagem; vagão ferroviário.
car.ri.er *s.* firma transportadora; portador; companhia aérea.
car.ri.er bag *s.* sacola.
car.rot *s.* cenoura.
car.ry *v.* levar, carregar, transportar; trazer consigo.

cart s. carroça; carrinho de mão / v. transportar em carroça.
cart.er s. carreteiro, carroceiro.
cart.on s. caixa de papelão.
car.toon s. desenho animado; história em quadrinhos; caricatura.
car.tridge s. cartucho; rolo de filme.
carve v. esculpir, entalhar.
carv.ing s. entalhe; escultura.
carv.ing knife s. faca de trinchar.
cas.cade s. cascata, cachoeira.
case s. caso; paciente, doente; causa judicial; estojo, caixa.
cash s. dinheiro (em espécie); pagamento à vista / v. descontar.
cash card s. cartão de banco.
cash dis.pens.er s. caixa eletrônico.
ca.shew s. castanha de caju; cajueiro.
cash.ier s. caixa, encarregado do caixa.
cash reg.is.ter s. caixa registradora.
cas.ing s. invólucro, embalagem; cobertura; caixa.
ca.si.no s. cassino.
cask s. barril, tonel.
cas.ket s. cofrezinho; porta-joias; caixinha.
cas.se.role s. caçarola.

cas.sette s. fita cassete.
cas.sette play.er s. toca-fitas.
cas.sette re.cor.der s. gravador.
cast v. lançar, atirar / s. lance; elenco (teatro); molde.
cast.a.way s. náufrago(a); pária / adj. rejeitado(a), inútil; náufrago(a).
cast.er sug.ar s. açúcar branco refinado.
cast.ing vote s. voto decisivo.
cast iron s. ferro fundido.
cas.tle s. castelo, fortaleza; torre.
cas.tor s. castor.
cas.tor oil s. óleo de rícino ou de mamona.
cas.u.al adj. informal, esportivo / s. trabalhador sem vínculo empregatício.
cas.u.al.ly adv. casualmente, eventualmente.
cas.u.al.ty s. vítima; acidente, desastre, infortúnio.
cat s. gato(a).
cat.a.logue s. catálogo / v. catalogar, classificar.
cat.a.lyst s. catalisador.
cat.a.pult s. atiradeira; catapulta; estilingue.
cat.a.ract s. catarata, cachoeira.
ca.tarrh s. catarro.
ca.tas.tro.phe s. catástrofe.

catch v. pegar, apanhar, prender; surpreender / s. captura, presa.
catch.ing adj. contagioso, infeccioso.
catch.y adj. que pega fácil; atrativo.
cat.e.go.ry s. categoria, classe, série, grupo.
ca.ter v. abastecer, fornecer, suprir.
ca.ter.er s. aprovisionador, fornecedor de mantimentos.
ca.ter.ing s. abastecimento.
cat.er.pil s. lagarta; esteira (de trator, tanque).
ca.the.dral s. catedral.
Cath.o.lic adj. católico, que pertence à religião católica / s. católico(a).
cat.tle s. gado; rebanho.
cat.tle breed.ing s. pecuária.
cat.ty adj. malévolo, maldoso; felino.
cau.cus s. comitê eleitoral, convenção de um partido político.
caught v. pret. e pp. do v. to catch.
cau.li.flow.er s. couve-flor.
cause s. causa, razão, origem / v. causar, originar.
cau.tion s. cautela; aviso / v. avisar, acautelar, advertir.
cav.al.ry s. cavalaria.

cave s. caverna, gruta, toca / v. ♦ ~ **in** desabar; ceder.
cave.man s. homem das cavernas, troglodita.
cav.ern s. caverna, gruta.
cav.i.ty s. cavidade; cárie.
cd abrev. de compact disc.
cease v. cessar, terminar, parar.
cease-fire s. cessar-fogo.
cease.less adj. incessante, contínuo.
ce.dar s. cedro.
cede v. ceder.
ceil.ing s. teto, forro.
cel.e.brate v. celebrar, festejar.
cel.e.brat.ed adj. célebre, famoso.
cel.e.bra.tion s. celebração, comemoração.
cel.e.ry s. aipo.
cel.i.bacy s. celibato.
cell s. cela; célula; pilha.
cel.lar s. adega, celeiro, porão.
cel.lo s. violoncelo.
cell.phone s. telefone celular.
Celt s. celta / adj. celta.
ce.ment s. cimento, argamassa / v. cimentar, consolidar.
ce.ment mix.er s. betoneira.
cem.e.ter.y s. cemitério.
cen.sor v. censurar / s. censor.
cen.sor.ship s. censura.

cen.sure *v.* criticar, repreender, censurar / *s.* crítica, repreensão, reprimenda.
cen.sus *s.* censo, recenseamento.
cent *s.* cêntimo, centavo.
cen.te.na.ry *s.* centenário.
cen.ter, cen.tre *s.* centro, meio, núcleo / *v.* centrar, concentrar-se.
cen.ti.grade *adj.* centígrado.
cen.ti.me.ter *s.* centímetro.
cen.ti.pede *s.* centopeia.
cen.tral *adj.* central, principal.
cen.tral heat.ing *s.* aquecimento central.
cen.tu.ry *s.* século.
ce.ram.ic *adj.* cerâmico, relativo a cerâmica.
cer.e.mo.ny *s.* cerimônia, solenidade.
cer.tain *adj.* seguro, certo, claro, evidente; determinado, algum.
cer.tain.ly *adv.* certamente, com certeza.
cer.tain.ty *s.* certeza, segurança, convicção.
cer.tif.i.cate *s.* certidão, certificado, atestado, diploma.
cer.ti.fied mail *s.* correio registrado.
cer.ti.fy *v.* certificar, atestar.
cer.vi.cal *adj.* cervical.
cer.vix *s.* cerviz, nuca, cachaço.

cess.pit *s.* fossa séptica.
cess.pool *s.* fossa, poço negro.
chafe *v.* roçar, atritar, friccionar / *s.* arranhão, esfoladura.
cha.grin *s.* desgosto, pesar, humilhação / *v.* afligir, vexar.
chain *s.* corrente, cordilheira, cadeia / *v.* acorrentar.
chains *s.* algema.
chain store *s.* sucursal, filial.
chair *s.* cadeira ♦ *the* ~ a presidência.
chair.man *s.* presidente de uma organização.
chal.ice *s.* cálice, taça.
chalk *s.* giz, greda.
chal.lenge *s.* desafio, provocação / *v.* desafiar, provocar.
chal.leng.ing *adj.* desafiante, desafiador, estimulante.
cham.ber *s.* câmara, gabinete; compartimento.
cham.ois *s.* camurça.
cham.pagne *s.* champanhe.
cham.pi.on *s.* campeão, vencedor.
cham.pi.on.ship *s.* campeonato.
chance *s.* oportunidade, possibilidade / *v.* arriscar a sorte.
chan.cel.lor *s.* chanceler.
chan.de.lier *s.* lustre.

change v. mudar, trocar / s. troca, mudança, substituição; troco (dinheiro).
change.a.ble adj. instável, mutável, inconstante.
change.o.ver s. comutação.
chang.ing adj. variável / s. troca, mudança; baldeação.
chan.nel s. canal / v. canalizar.
chant s. canto, canção / v. cantar, entoar.
cha.os s. caos; confusão.
chap s. sujeito, cara, homem; rachadura, fenda / v. fender-se, rachar-se.
chap.el s. capela.
chap.lain s. capelão.
chap.ped adj. rachado.
chap.ter s. capítulo.
char v. tostar, queimar / s. carvão mineral.
char.ac.ter s. caráter, personalidade; reputação; personagem.
char.ac.ter.is.tic adj. característico / s. traço, característica.
char.coal s. carvão vegetal.
charge s. encargo; carga; acusação / v. carregar (bateria); acusar; cobrar.

charge ac.count s. conta corrente.
charge.less adj. de graça, sem despesa.
charge card s. cartão de crédito.
char.i.ta.ble adj. caridoso(a), bondoso(a), generoso(a).
char.i.ty s. caridade.
char.la.dy s. diarista.
charm s. charme, encanto / v. encantar, enfeitiçar.
charm.ful adj. encantador.
charm.ing adj. encantador(a), gracioso(a).
chart s. mapa, gráfico / v. traçar, mapear.
chart.er s. alvará, licença; fretamento / v. fretar.
chase v. perseguir, caçar / s. perseguição, caçada, animal caçado.
chas.m s. abismo, brecha, fenda na terra.
chas.sis s. chassi.
chas.ti.ty s. castidade; modéstia.
chat v. conversar, tagarelar, bater papo / s. conversa, bate-papo.
chat show s. programa de entrevistas.
chat.ter s. tagarelice, conversa fiada / v. tagarelar.
chat.ty adj. conversador, falador.

chauf.feur *s.* chofer, motorista.
chau.vin.ist *s.* chauvinista.
cheap *adj.* barato, econômico, de preço baixo; de má qualidade.
cheap.ly *adv.* por preço baixo.
cheat *v.* trapacear, enganar; colar (na prova) / *s.* trapaça; impostor, trapaceiro.
check, cheque *v.* verificar, conferir / *s.* inspeção, verificação; cheque.
check.ing ac.count *s.* conta corrente.
check book *s.* talão de cheques.
cheek *s.* bochecha; descaramento.
cheek.y *adj.* insolente, atrevido.
cheep *v.* piar / *s.* pio de passarinhos.
cheer *v.* aplaudir, alegrar-se / *interj.* saúde! / *s.* alegria, ânimo.
cheer.ful *adj.* alegre, agradável, animado.
cheer.ful.ness *s.* alegria, satisfação, contentamento.
cheer.less *adj.* triste, desanimado, melancólico.
cheese *s.* queijo.
chee.tah *s.* chita.
chef *s.* cozinheiro-chefe.
chem.i.cal *adj.* químico / *s.* produto químico.
chem.ist *s.* químico(a); farmacêutico(a).
chem.is.try *s.* química.
chequ.ered *adj.* acidentado.
cher.ish *v.* tratar com carinho, estimar.
cher.ry *s.* cereja.
chess *s.* xadrez.
chest *s.* peito, tórax; arca; baú.
chest of drawers *s.* cômoda.
chest.nut *s.* castanha; castanheira (árvore, madeira).
chew *v.* mastigar; remoer, ruminar.
chewing gum *s.* goma de mascar, chiclete.
chic *adj.* elegante, chique.
chick *s.* pinto, passarinho; criança; moça.
chick.en *s.* galinha, frango.
chick.en.heart.ed *adj.* medroso, covarde.
chick.en.pox *s.* catapora, varicela.
chide *v.* ralhar / *s.* repreensão.
chief *s.* chefe / *adj.* principal, superior.
chief ex.ec.u.tive *s.* diretor geral.
chief.ly *adv.* principalmente, sobretudo.
chif.fon *s.* fita.
chil.blain *s.* frieira.
child *s. (pl. children)* criança; filho(a).

child.birth *s.* parto.
child.hood *s.* infância, meninice.
child.ish *adj.* infantil, pueril; ingênuo(a), imaturo(a).
child.like *adj.* pueril, infantil, inocente.
Chil.e *s.* Chile.
chill *s.* friagem, frio; resfriado / *v.* congelar, esfriar, refrigerar.
chill.i, chili *s.* pimentão picante; pimenta malagueta.
chill.y *adj.* frio.
chime *s.* carrilhão / *v.* soar, bater (sinos).
chim.ney *s.* chaminé.
chim.pan.zee *s.* chimpanzé.
chin *s.* queixo.
chi.na *s.* louça, porcelana.
China *s.* China.
Chi.nese *s.* chinês(esa) / *adj.* chinês(esa).
chink *s.* fresta, abertura.
chip *s.* lasca, fragmento, pedaço.
chips *s.* batatas fritas.
chi.rop.o.dist *s.* pedicuro.
chirp *v.* piar, gorjear / *s.* gorjeio, cricri (grilo).
chis.el *s.* formão, cinzel / *v.* cinzelar, talhar.
chit *s.* talão, bilhete; penhor.
chit.chat *s.* conversa fiada, mexerico.

chi.val.ry *s.* cavalheirismo, bravura; cavalaria.
chive *s.* cebolinha, cebolinha verde.
chlo.rine *s.* cloro.
chock-a-block *adj.* abarrotado, repleto.
choco.late *s.* chocolate, bombom.
choice *s.* escolha, seleção / *adj.* de qualidade, seleto.
choir *s.* coro.
choke *v.* engasgar; estrangular, asfixiar / *s.* sufocação, asfixia, estrangulação.
chol.er.a *s.* cólera.
cho.les.ter.ol *s.* colesterol.
choose *v.* escolher, preferir.
choos.y *adj.* exigente, difícil de contentar.
chop *v.* picar; cortar / *s.* golpe; mudança.
chop.per *s.* helicóptero; cutelo, machadinha.
chop.py *adj.* agitado.
chop.sticks *s. hashi*, pauzinhos para comer.
cho.ral *adj.* coral / *s.* coral.
chord *s.* acorde.
chore *s.* tarefa do cotidiano.
cho.re.og.ra.pher *s.* coreógrafo(a).

chor.tle *v.* casquinar, rir / *s.* riso, casquinada.

cho.rus *s.* coro; estribilho, refrão.

chose *v. pret.* do *v. to choose*.

Christ *s.* Cristo, Jesus Cristo.

chris.ten *v.* batizar; dar nome.

chris.ten.dom *s.* cristandade.

chris.ten.ing *s.* batismo.

Chris.tian *adj.* cristão(ã) / *s.* cristão(ã).

Chris.ti.an.i.ty *s.* cristianismo, cristandade.

Chris.tian name *s.* nome de batismo, prenome.

Christ.mas *s.* Natal / *adj.* de Natal, natalino.

Christ.mas Eve *s.* véspera de Natal.

Christ.mas tree *s.* árvore de Natal.

chrome *s.* cromo / *v.* cromar.

chron.ic *adj.* crônico.

chron.i.cle *s.* crônica / *v.* registrar.

chub.by *adj.* gorducho, bochechudo.

chuck *v.* jogar, atirar, arremessar.

chuck.le *s.* riso contido / *v.* rir consigo mesmo.

chum *s.* camarada, amigo íntimo.

chunk *s.* pedaço, naco.

170 **church** *s.* igreja.

church.go.er *s.* devoto, igrejeiro, carola.

churl *s.* camponês; pessoa rude ou grosseira; avarento, sovina.

churl.ish *adj.* rude, grosseiro; avarento, sovina.

churn *s.* batedeira / *v.* agitar, bater violentamente.

chute *s.* rampa, ladeira íngreme; tobogã (em piscina); calha.

chut.ney *s.* molho picante.

CIA *abrev.* de *Central Intelligence Agency* (Agência Central de Inteligência).

ci.der *s.* sidra.

ci.gar *s.* charuto.

cig.a.rette *s.* cigarro.

cin.der *s.* cinza ♦ ~*s* carvão em brasa; hulha betuminosa.

Cin.de.rel.la *s.* Cinderela.

cine-camera *s.* câmera cinematográfica.

cine-film *s.* filme cinematográfico.

cin.e.ma *s.* cinema; filme.

cin.na.mon *s.* canela; casca de caneleira.

ci.pher *s.* cifra; criptograma / *v.* calcular; cifrar.

cir.cle *s.* círculo / *v.* rodear.

cir.cuit *s.* circuito; volta.

cir.cu.lar *adj.* circular, redondo / *s.* circular.

cir.cu.late *v.* circular.
cir.cu.la.tion *s.* circulação; tiragem (jornal), distribuição.
cir.cum.cise *v.* circuncidar.
cir.cum.flex *s.* circunflexo.
cir.cum.spect *adj.* prudente, circunspeto(a), cauteloso(a).
cir.cum.stance *s.* circunstância, condição ♦ ~s situação econômica.
cir.cum.vent *v.* burlar, lograr.
cir.cus *s.* circo.
cis.tern *s.* caixa d'água, cisterna.
cite *v.* citar, mencionar, referir-se.
cit.i.zen *s.* cidadão, civil.
cit.i.zen.ship *s.* cidadania.
cit.rus fruit *s.* fruta cítrica.
cit.y *s.* cidade.
civic *adj.* cívico; municipal.
civ.il *adj.* civil; gentil, cortês.
civ.i.lized *adj.* civilizado, educado, culto.
civil law *s.* direito civil.
civil war *s.* guerra civil.
claim *v.* exigir, alegar, afirmar / *s.* reclamação, reivindicação; afirmação.
claim.ant *s.* requerente, pretendente.
clair.voy.ant *s.* clarividente, vidente / *adj.* vidente, clarividente.
clam *s.* molusco, marisco.

clam.ber *v.* escalar (com dificuldade) / *s.* escalada, subida.
clam.my *adj.* úmido, pegajoso.
clam.or *v.* clamar, protestar / *s.* clamor, rebuliço.
clamp *v.* grampear, segurar, apertar / *s.* grampo, fixador.
clan *s.* clã.
clang *v.* retinir, soar, ressoar / *s.* tinido.
clap *v.* aplaudir / *s.* palmada; aplauso.
clap hands *v.* bater palmas.
clapp.ing *s.* aplausos.
clar.i.fy *v.* esclarecer, clarificar.
clar.i.net *s.* clarinete.
clar.i.ty *s.* clareza, lucidez.
clash *s.* estrondo; confronto / *v.* confrontar; enfrentar.
clasp *s.* gancho; fecho; abraço / *v.* afivelar, apertar, abraçar.
class *v.* classificar / *s.* classe, categoria; aula / *adj.* de classe.
clas.sic *s.* clássico / *adj.* clássico.
class.i.fied *adj.* secreto, confidencial.
class.mate *s.* colega de classe.
class.room *s.* sala de aula.
clat.ter *s.* ruído, tropel, algazarra.
clause *s.* cláusula.
claw *s.* pata; garra / *v.* arranhar.

171

clay s. argila, barro.
clean v. limpar / adj. limpo, honesto.
clean.er s. faxineiro(a).
clean.ing s. limpeza.
clean.ness s. limpeza; asseio.
cleanse v. purificar, limpar.
cleans.er s. creme de limpeza; removedor.
clean-shav.en adj. sem barba, de barba feita.
clean-up s. limpeza total.
clear adj. claro / v. clarear; remover, retirar.
clear.ance s. remoção; desobstrução.
clear.ing s. clareira; roça; ajuste, acerto.
clear.ly adv. claramente.
cleave v. rachar-se, fender-se.
cleav.er s. cutelo de açogueiro.
clef s. clave.
cleft s. fissura, racha, fenda / adj. rachado, fendido.
clench v. agarrar, prender, cerrar / s. aperto.
cler.gy s. clero.
cler.gy.man s. pastor, padre, ministro da igreja, clérigo.
cler.i.cal adj. clerical, eclesiástico; de escritório / s. clérigo, padre.

clerk s. balconista; escrevente; auxiliar de escritório; funcionário.
clev.er adj. inteligente, esperto(a), engenhoso(a).
clev.er.ness s. inteligência; habilidade.
clew s. indício; vestígio.
click v. estalar, tinir; clicar / s. estalido, clique.
cli.ent s. cliente, freguês.
cliff s. penhasco, precipício.
cli.mate s. clima; condições metereológicas; atmosfera.
cli.max s. clímax.
climb v. subir, escalar, trepar / s. subida, escalada.
climb.er s. alpinista.
climb.ing s. alpinismo, escalamento; ascensão.
clinch v. rebitar, segurar; fechar acordo; ganhar / s. rebitamento; agarramento.
cling v. agarrar-se, grudar-se.
clin.ic s. clínica.
clin.i.cal adj. clínico.
clink v. tinir, tilintar / s. tinido, som de vidro.
clip s. tosquia, corte; clipe, grampo / v. tosquiar, cortar; grampear, apertar.
clip.ping s. recorte de jornal; tosquia.

clique s. panelinha, roda, grupo de pessoas.
cloak s. manto, capote; disfarce, pretexto / v. encobrir, mascarar.
cloak.room s. vestiário, chapelaria (teatro, restaurante).
clock s. relógio (de parede ou de mesa), medidor, taxímetro / v. cronometrar.
clock.wise adv. em sentido horário / adj. em sentido horário.
clod s. torrão de terra.
clog s. tamanco; obstáculo, obstrução / v. obstruir, entupir.
clois.ter s. claustro; convento, mosteiro, retiro.
close adj. próximo, íntimo / v. fechar; terminar.
close-by adj. perto, vizinho, adjacente.
close.ly adv. intimamente.
clos.et s. armário, quartinho, cubículo.
close-up s. primeiro plano, fotografia tirada de perto, vista (de perto).
clo.sure s. fechamento, fim, encerramento.
clot s. coágulo; imbecil (coloquial) / v. coagular.
cloth s. tecido, pano.
clothe v. vestir-se, pôr roupa.
clothes s. pl. roupa, traje, vestuário.
cloth.ing s. roupa, vestuário.
cloud s. nuvem.
cloud.less adj. claro, sem nuvens.
cloud.y adj. nublado.
clout v. esbofetear, dar um cascudo em / s. cascudo.
clove s. cravo-da-índia,
♦ ~*of garlic* dente de alho.
clo.ver s. trevo, trifólio.
clown s. palhaço / v. fazer palhaçadas.
cloy v. fartar, saciar, saturar.
cloy.ing adj. enjoativo.
club s. clube; porrete, cacete / v. golpear.
cluck v. cacarejar / s. cacarejo.
clue s. pista, indício.
clump s. moita; torrão, pedaço.
clum.sy adj. desajeitado.
clung v. pret. e pp. do v. *to cling*.
clus.ter v. agrupar-se, apinhar-se / s. grupo; cacho; enxame.
clutch s. embreagem; ninhada; aperto; agarração / v. apertar; chocar.
clut.ter v. entulhar / s. desordem, bagunça.
cm abrev. de *centimeter*.

c/o *abrev.* de *care of* (aos cuidados de).

coach *s.* treinador; carruagem; ônibus / *v.* treinar, ensinar.

coal *s.* carvão; hulha.

co.a.li.tion *s.* coligação, união, coalizão.

coal mine *s.* mina de carvão.

coarse *adj.* grosseiro(a), grosso(a), vulgar; piada obscena.

coarse.ness *s.* aspereza, grosseria, rudeza.

coast *s.* costa, praia, beira-mar; litoral.

coast.al *adj.* costeiro, litorâneo.

coast guard *s.* guarda costeira.

coast.line *s.* litoral, contorno.

coat *s.* casaco; plumagem / *v.* cobrir, revestir.

cob.ble *s.* remendo (de sapatos); pedra de calçamento / *v.* remendar.

cob.bler *s.* sapateiro.

cob.web *s.* teia de aranha.

co.caine *s.* cocaína.

cock *s.* galo, frango; ave macho.

cock.ney *s.* habitante dos bairros pobres de Londres; dialeto.

cock.pit *s.* compartimento do piloto.

cock.roach *s.* barata.

cock-sure *adj.* absolutamente certo, convencido (coloquial).

cock.tail *s.* coquetel.

cock.y *adj.* convencido, arrogante.

co.coa *s.* cacau; chocolate (bebida).

co.co.nut *s.* coco.

co.coon *s.* casulo.

cod *s.* bacalhau.

code *s.* código.

co.er.cion *s.* coerção, repressão.

cof.fee *s.* café (bebida).

coffee break *s.* pausa para café.

cof.fer *s.* arca; cofre.

cof.fin *s.* caixão, ataúde.

cog *s.* dente de engrenagem.

co.gent *adj.* convincente, forçoso.

co.her.ent *adj.* coerente.

coil *s.* bobina, espiral, rolo; DIU (anticoncepcional) / *v.* enrolar, bobinar.

coin *s.* moeda.

coin.age *s.* sistema monetário; cunhagem.

co.in.cide *v.* coincidir; acontecer ao mesmo tempo.

co.in.ci.dence *s.* coincidência.

coke *s.* cocaína (coloquial); Coca--Cola; coque.

col.an.der *s.* coador, escorredor de macarrão.

cold *s.* frio; resfriado / *adj.* frio; gélido; insensível.

cold-blood.ed *adj.* cruel, de sangue-frio.
cold.ly *adv.* friamente.
cole.slaw *s.* salada de repolho.
col.lapse *s.* colapso, desabamento / *v.* desabar, ruir.
col.laps.i.ble *adj.* dobrável, desmontável, articulado.
col.lar *s.* gola; colarinho.
col.lar.bone *s.* clavícula.
col.lat.e.ral *s.* parente colateral; garantia / *adj.* paralelo, colateral.
col.league *s.* colega.
col.lect *v.* coletar, reunir, juntar; cobrar.
col.lec.tion *s.* coleção; arrecadação.
col.lege *s.* faculdade, centro de ensino superior.
col.lide *v.* colidir.
col.li.sion *s.* colisão.
Co.lom.bi.a *s.* Colômbia.
co.lon *s.* cólon; dois pontos.
colo.nel *s.* coronel.
col.o.nize *v.* colonizar.
col.o.ny *s.* colônia, povoação.
col.or *s.* cor / *v.* colorir, pintar.
col.or-blind *s.* daltônico.
col.or.ful *adj.* colorido.
col.or.ing *s.* coloração; corante; tez.
colt *s.* potro.
col.umn *s.* coluna.
col.um.nist *s.* colunista.
coma *s.* coma.
comb *s.* pente; crista (de ave, de onda); favo (de mel) / *v.* pentear.
com.bat *v.* combater / *s.* combate.
com.bi.na.tion *s.* combinação; associação.
com.bine *v.* combinar; unir-se, associar-se.
come *v.* vir; chegar; aproximar-se.
come.back *s.* volta, retorno / *v.* voltar, retornar.
co.me.di.an *s.* humorista, comediante.
com.e.dy *s.* comédia.
com.fort *s.* bem-estar, conforto / *v.* consolar.
com.fort.a.ble *adj.* confortável, cômodo.
com.fort.a.bly *adv.* confortavelmente.
com.ic *s.* cômico, comediante; revista em quadrinhos, gibi.
comic strip *s.* história em quadrinhos.
com.ing *s.* chegada, vinda.
com.ma *s.* vírgula.
com.mand *s.* ordem, comando / *v.* mandar, dirigir, comandar.
com.mand.er *s.* comandante, chefe.

com.mand.ment s. mandamento, preceito.
com.mem.o.rate v. comemorar, celebrar.
com.mence v. iniciar, começar.
com.mend v. elogiar, recomendar.
com.men.su.rate adj. compatível; proporcional; igual.
com.ment s. comentário, observação / v. comentar.
com.men.tar.y s. comentário, explicação.
com.men.ta.tor s. comentarista.
com.merce s. comércio.
com.merc.ial s. anúncio / adj. comercial; mercantil.
com.mis.sion s. comissão, encargo / v. encomendar; encarregar.
com.mis.sion.er s. comissário(a).
com.mit v. cometer; confinar, encerrar; comprometer-se.
com.mit.ment s. compromisso; promessa.
com.mit.tee s. comitê.
com.mod.i.ty s. mercadoria; artigo de utilidade.
com.mon adj. comum, popular, usual.
com.mon.ly adv. geralmente.
common sense s. bom senso; juízo.

com.mo.tion s. tumulto, distúrbio; agitação.
com.mu.nal adj. comum.
com.mu.ni.cate v. comunicar-se.
com.mu.ni.ca.tion s. comunicação.
com.mun.i.on s. comunhão, participação.
com.mu.ni.qué s. comunicado oficial.
com.mun.ism s. comunismo.
com.mun.ist adj. comunista / s. comunista.
com.mu.ni.ty s. comunidade.
com.mute v. viajar diariamente para o trabalho; comutar, trocar.
com.pact adj. compacto / s. caixa de pó de arroz / v. comprimir.
com.pact disc s. disco compacto.
com.pan.ion s. companheiro(a).
com.pan.ion.ship s. companheirismo, camaradagem.
com.pa.ny s. companhia.
com.par.a.tive adj. comparativo; relativo.
com.par.a.tively adv. relativamente, comparativamente.
com.pare v. comparar.
com.par.i.son s. comparação.
com.part.ment s. compartimento.

com.pass *s.* bússola.
com.pass.es *s.* compasso.
compass card *s.* rosa dos ventos.
com.pas.sion *s.* compaixão, piedade.
com.pat.i.bil.i.ty *s.* compatibilidade.
com.pat.i.ble *adj.* compatível, conciliável.
com.pel *v.* obrigar, compelir, forçar.
com.pel.ling *adj.* convincente; persuasivo; irresistível.
com.pen.sate *v.* indenizar, compensar.
com.pen.sa.tion *s.* indenização.
com.pete *v.* competir.
com.pe.tent *adj.* competente, capacitado.
com.pe.ti.tion *s.* competição, disputa.
com.pet.i.tive *adj.* competitivo.
com.pet.i.tor *s.* competidor(a).
com.pla.cen.cy *s.* complacência satisfação consigo próprio.
com.plain *v.* queixar-se; reclamar.
com.plai.sant *adj.* complacente, afável, cortês.
com.plaint *s.* queixa, denúncia, reclamação; enfermidade.
com.ple.ment *v.* complementar / *s.* complemento.

com.ple.men.ta.ry *adj.* complementar.
com.plete *adj.* completo, terminado / *v.* completar, terminar, concluir.
com.plete.ly *adv.* completamente, inteiramente, totalmente.
com.plete.ness *s.* perfeição; inteireza, integralidade.
com.ple.tion *s.* conclusão; acabamento.
com.plex *s.* complexo / *adj.* complexo, complicado.
com.plex.ion *s.* tez, cútis; caráter, natureza.
com.pli.ance *s.* submissão; condescendência; conformidade.
com.pli.cate *v.* complicar.
com.pli.cat.ed *adj.* complicado, complexo.
com.pli.ca.tion *s.* complicação.
com.pli.ment *s.* elogio
♦ ~*s* cumprimentos / *v.* elogiar; cumprimentar.
com.pli.men.ta.ry *adj.* lisonjeiro; grátis.
complot *s.* conspiração, trama.
com.ply *v.* cumprir; estar de acordo com; condescender.
com.po.nent *s.* peça; componente / *adj.* componente.
com.pose *v.* compor.

com.posed *adj.* sereno, calmo, tranquilo.
com.pos.er *s.* compositor(a).
com.po.si.tion *s.* composição; redação.
com.post *s.* compostagem, adubo.
com.po.sure *s.* serenidade, compostura, calma.
com.pound *adj.* composto / *s.* composto, combinação / *v.* misturar, compor.
com.pre.hend *v.* compreender, entender.
com.pre.hen.sive *adj.* abrangente, completo; compreensivo.
com.press *s.* compressa / *v.* comprimir, reduzir.
com.pro.mise *v.* comprometer, chegar a um acordo / *s.* acordo.
com.pul.sion *s.* compulsão.
com.pul.sive *adj.* compulsivo; inveterado (jogador).
com.pul.so.ry *adj.* obrigatório, compulsório.
com.put.er *s.* computador.
com.put.er.ize *v.* informatizar.
com.put.ing *s.* computação, informática.
com.rade *s.* camarada, companheiro(a).
com.rade.ship *s.* camaradagem.

con.ceal *v.* omitir; esconder, ocultar.
con.cede *v.* reconhecer, admitir, ceder.
con.ceit *s.* presunção, vaidade.
con.ceit.ed *adj.* vaidoso, convencido.
con.ceive *v.* conceber.
con.cen.trate *v.* concentrar / *s.* concentrado.
con.cen.tra.tion *s.* concentração.
con.cept *s.* conceito.
con.cep.tion *s.* concepção.
con.cern *s.* interesse; preocupação / *v.* dizer respeito a, interessar.
con.cern.ing *prep.* a respeito de, acerca de, relativo a.
con.cert *s.* concerto.
con.cert.ed *adj.* conjunto, coordenado, de comum acordo.
con.cer.ti.na *s.* sanfona, harmônica.
con.ces.sion *s.* concessão.
con.cise *adj.* conciso, breve, resumido.
con.clude *v.* concluir; deduzir, inferir.
con.clu.sive *adj.* conclusivo, decisivo.
con.cord *s.* acordo; concórdia.
con.course *s.* saguão.

con.crete *s.* concreto / *adj.* concreto.

con.cur *v.* concordar; coincidir.

con.demn *v.* condenar.

con.den.sa.tion *s.* condensação.

con.dense *v.* condensar; resumir.

con.di.ment *s.* condimento, tempero.

con.di.tion *s.* condição / *v.* condicionar.

con.di.tion.er *s.* condicionador; amaciante (de roupas).

con.do.lences *s.* pêsames, condolências.

con.dom *s.* camisinha, preservativo.

con.do.min.i.um *s.* condomínio.

con.done *v.* perdoar, desculpar; tolerar.

con.duce *v.* conduzir, levar, tender.

con.duct *v.* conduzir, dirigir, administrar / *s.* conduta, procedimento.

cone *s.* cone; casquinha (sorvete); pinha.

con.fec.tion.er *s.* confeiteiro.

con.fer *v.* conferir, outorgar, deliberar.

con.fer.ence *s.* congresso, conferência.

con.fess *v.* confessar.

con.fes.sion *s.* confissão.

con.fes.sor *s.* confessor.

con.fet.ti *s.* confete.

con.fide *v.* confiar.

con.fi.dence *s.* confiança.

con.fi.dent *adj.* confiante, certo, seguro.

con.fi.den.tial *adj.* confidencial, secreto.

con.fine *v.* confinar, limitar.

con.fines *s.* confins.

con.fine.ment *s.* prisão, confinamento.

con.firm *v.* confirmar; aprovar.

con.fir.ma.tion *s.* confirmação.

con.fis.cate *v.* confiscar / *adj.* confiscado.

con.flict *v.* divergir, discordar / *s.* conflito.

con.flict.ing *adj.* divergente, conflitante, contraditório.

con.form *v.* conformar-se, adaptar-se.

con.found *v.* confundir, desconcertar.

con.front *v.* enfrentar, confrontar.

con.fron.ta.tion *s.* confronto, acareação.

con.fuse *v.* confundir, desorientar.

con.fused *adj.* confuso, desorientado.

con.fu.sion s. confusão, desordem, balbúrdia.
con.geal v. congelar-se.
con.ge.ni.al adj. simpático; agradável; apropriado.
con.ges.tion s. congestão, congestionamento.
con.grat.u.la.te v. parabenizar.
con.grat.u.la.tion s. felicitação
♦ ~s parabéns.
con.gre.gate v. reunir-se.
con.gre.ga.tion s. congregação.
con.gress s. congresso.
con.gress.man s. deputado; congressista.
con.ju.gate v. conjugar; unir, ligar.
con.jure v. fazer truques; invocar; evocar; conjurar, adjurar.
con.jur.er s. mágico; conjurador.
conk out v. pifar, falhar (coloquial).
con.man s. vigarista.
con.nect v. conectar, unir, associar.
con.nec.tion s. conexão, ligação, relação.
con.quer v. conquistar, vencer.
con.quer.or s. conquistador, vencedor.
con.quest s. conquista.
con.science s. consciência.
con.scious adj. consciente, cônscio, ciente.
con.script s. recruta
/ adj. conscrito, recrutado, alistado.
con.scrip.tion s. serviço militar obrigatório.
con.sent s. consentimento
/ v. consentir.
con.se.quence s. consequência.
con.se.quent.ly adv. consequentemente.
con.ser.va.tion s. conservação.
con.serv.a.tive adj. conservador
/ s. conservador.
con.ser.va.to.ry s. conservatório (música); estufa.
con.serve s. conserva
/ v. preservar, conservar.
con.sid.er v. considerar, refletir.
con.sid.er.a.ble adj. considerável.
con.sid.er.ate adj. atencioso.
con.sid.er.a.tion s. consideração; respeito, estima.
con.sign.ment s. consignação; remessa.
con.sist v. consistir.
con.sis.ten.cy s. consistência.
con.sis.tent adj. estável, consistente, coerente.
con.so.la.tion s. conforto, consolo, consolação.
con.sole s. consolo / v. confortar, consolar.

con.so.nant s. consoante / adj. consoante, harmonioso.
con.sort s. cônjuge, consorte.
con.sor.tium s. consórcio.
con.spir.a.cy s. conspiração, trama.
con.sta.ble s. policial; condestável.
con.stant adj. constante.
con.sti.pat.ed adj. com prisão de ventre.
con.sti.pa.tion s. prisão de ventre.
con.sti.tu.en.cy s. distrito eleitoral.
con.sti.tu.ent s. eleitor(a), constituinte.
con.sti.tute v. constituir.
con.sti.tu.tion s. constituição.
con.strain v. constranger, obrigar, compelir.
con.straint s. coação; restrição; confinamento.
con.struct v. construir.
con.struc.tion s. construção.
con.strue v. interpretar; explicar.
con.sul s. cônsul.
con.sult v. consultar; prestar consultoria.
con.sul.tant s. consultor.
con.sume v. consumir.
con.sum.er s. consumidor(a).
con.sum.er goods s. bens de consumo.

con.sump.tion s. consumação.
con.tact s. contato / v. contatar, comunicar.
contact lens s. lente de contato.
con.ta.gious adj. contagioso.
con.tain v. conter.
con.tain.er s. recipiente, contêiner.
con.tam.i.nate v. contaminar.
con.tem.plate v. contemplar.
con.tem.po.rar.y adj. contemporâneo / s. contemporâneo.
con.tempt s. desprezo, desdém.
con.tempt.i.ble adj. desprezível.
con.tent v. contentar / s. contentamento ♦ ~s conteúdo.
con.tent.ed adj. contente.
con.tent.ment s. contentamento, satisfação.
con.test s. concurso, competição / v. disputar.
con.tes.tant s. adversário(a); concorrente.
con.text s. contexto.
con.ti.nent s. continente.
con.ti.nen.tal adj. continental.
con.tin.gen.cy s. contingência, eventualidade.
con.tin.gent s. contingente (de soldados).
con.tin.u.al adj. contínuo.
con.tin.u.al.ly adv. continuamente.

con.tin.u.a.tion s. prolongamento, continuação.
con.tin.ue v. continuar, prosseguir.
con.tin.u.ous adj. contínuo.
con.tin.u.ous forms s. formulários contínuos.
con.tort v. contorcer.
con.tour s. contorno; curva de nível.
con.tra.band s. contrabando.
con.tract v. contrair; contratar / s. contrato.
con.trac.tion s. contração.
con.trac.tor s. contratante, empreiteiro.
con.tra.dict v. contradizer, contestar.
con.trap.tion s. geringonça, engenhoca (coloquial).
con.trar.y s. contrário, oposto / adj. teimoso; desfavorável, adverso.
con.trast s. contraste / v. contrastar; comparar.
con.tra.vene v. infringir, transgredir, violar.
con.trib.ute v. contribuir.
con.tri.bu.tion s. contribuição; donativo; taxa, tributo.
con.trib.u.tor s. contribuinte; colaborador.
con.trol s. controle / v. controlar.

con.trol.ler s. controlador, fiscal, inspetor.
con.trol room s. sala de controle.
con.trol tower s. torre de controle.
con.tro.ver.sial adj. polêmico, controverso.
con.tro.ver.sy s. controvérsia.
con.va.lesce v. convalescer.
con.vene v. convocar; reunir-se.
con.ve.ni.ence s. utilidade; conveniência; comodidade.
con.ve.ni.ent adj. conveniente, apropriado; prático.
con.vent s. convento.
con.ven.tion s. convenção.
con.ver.sa.tion s. conversação, conversa.
con.verse v. conversar / adj. contrário, oposto.
con.verse.ly adv. inversamente.
con.ver.sion s. conversão, troca.
con.vert v. converter / s. convertido(a).
con.vert.i.ble s. conversível (carro) / adj. conversível.
con.vey v. transportar; comunicar, expressar; enviar.
con.vict v. condenar / s. presidiário(a), condenado.
con.vic.tion s. convicção; condenação.

con.vince *v.* convencer.
con.vinc.ing *adj.* convincente.
con.voy *s.* escolta, proteção / *v.* escoltar, comboiar.
coo *v.* arrulhar; namorar / *s.* arrulho.
cook *v.* cozinhar / *s.* cozinheiro(a).
cook.book *s.* livro de receitas culinárias.
cook.er *s.* fogão.
cook.e.ry *s.* culinária.
cook.ing *s.* cozinha; arte culinária / *adj.* de cozinha.
cool *adj.* fresco; frio; legal (coloquial) / *v.* resfriar.
cool.ness *s.* frigidez, frieza.
coop *s.* gaiola; viveiro / *v.* prender, confinar, cercar.
co.op.e.rate *v.* cooperar, colaborar.
co.op.e.ra.tive *s.* cooperativa / *adj.* cooperativo(a).
co.or.di.nate *v.* coordenar / *s.* coordenadas.
co-own.er.ship *s.* condomínio, copropriedade.
cop *s.* tira, policial (coloquial).
cop.per *s.* cobre; tira, policial (coloquial).
cop.u.late *v.* ter relações sexuais, copular.

cop.y *v.* copiar / *s.* cópia, reprodução / *v.* copiar, reproduzir.
cop.y.right *s.* direitos autorais / *adj.* protegido por direitos autorais.
cor.al *s.* coral / *adj.* coral, coralino.
cord *s.* corda, cordão; fio.
cor.di.al *adj.* cordial / *s.* cordial.
cor.dial.i.ty *s.* cordialidade.
cor.don *s.* cordão de isolamento.
cor.du.roy *s.* veludo cotelê.
core *s.* caroço de frutas; centro, núcleo; essência.
co.ri.an.der *s.* coentro.
cork *s.* cortiça, rolha de cortiça / *adj.* de cortiça.
cork.screw *s.* saca-rolhas.
corn *s.* milho.
corn bread *s.* broa de fubá.
corned beef *s.* carne enlatada.
cor.ner *s.* esquina; canto; ângulo; escanteio (futebol).
cor.net *s.* cornetim.
corn.field *s.* trigal; milharal.
corn.flakes *s.* flocos de milho.
corn.flour *s.* amido de milho, maisena.
corn.y *adj.* granuloso, em grão.
cor.o.na.ry *s.* coronária / *adj.* coronário, coronal.
cor.o.na.tion *s.* coroação.

cor.o.net s. pequena coroa, diadema.
cor.po.ral adj. corporal / s. cabo (militar).
cor.po.rate adj. corporativo, coletivo.
cor.po.ra.tion s. corporação.
corps s. corpo (militar, do exército); corporação.
corpse s. cadáver, defunto.
cor.ral s. curral.
cor.rect v. corrigir; repreender / adj. correto, certo.
cor.rect.ness s. precisão; correção.
cor.re.spond v. corresponder.
cor.re.spon.dence s. correspondência.
cor.re.spon.dent s. correspondente.
cor.ri.dor s. corredor, passagem.
cor.rode v. corroer.
cor.ro.sion s. corrosão.
cor.rupt adj. corrupto, desonesto / v. corromper.
cor.rupt.ion s. corrupção.
cor.sage s. corpinho; corpete.
cor.set s. espartilho, cinta feminina.
Cor.si.ca s. Córsega.
cos.met.ic s. cosmético / adj. artificial; cosmético.
cos.mos s. cosmo, universo.
cos.set v. paparicar, mimar.
cost v. custar / s. preço, valor, custo.
co-star s. coadjuvante.
Cos.ta Ri.ca s. Costa Rica.
cost-ef.fec.tive adj. rentável.
cost.ly adj. caro.
cost of liv.ing s. custo de vida.
cos.tume s. traje, roupa nacional ou regional; fantasia.
cos.tume-jew.elle.ry s. bijuteria.
co.sy adj. aconchegante, confortável.
cot s. berço; cama estreita; choupana.
cot.tage s. casa de campo ou de verão; chalé, cabana.
cot.tage cheese s. requeijão.
cot.ton s. algodão / adj. de algodão.
cot.ton-cand.y s. algodão-doce.
cot.ton wool s. algodão bruto ou em rama.
couch s. sofá.
cou.chette s. leito.
cou.gar s. puma (animal).
cough s. tosse, tossidela / v. tossir.
cough drop s. pastilha para tosse.
could v. pret. do v. to can.
coun.cil s. conselho, assembleia.
coun.cil.or s. conselheiro; vereador.

coun.cil estate *s.* conjunto habitacional.
coun.sel *s.* conselho / *v.* aconselhar, recomendar.
count *v.* contar / *s.* conta, soma; conde.
coun.te.nance *v.* tolerar, aprovar / *s.* apoio, auxílio.
coun.ter *s.* balcão; contador; oposto, contrário / *v.* contrariar / *adj.* oposto.
coun.ter.act *v.* neutralizar, agir contra.
coun.ter.bal.ance *s.* contrapeso / *v.* contrabalançar.
coun.ter.feit *v.* falsificar / *s.* falsificação; imitação / *adj.* falsificado.
coun.ter.foil *s.* canhoto do talão.
coun.ter.mand *v.* revogar / *s.* revogação.
coun.ter.part *s.* equivalente, contraparte, duplicata.
coun.ter.sign *v.* autenticar, rubricar.
count.less *adj.* inumerável, incontável.
coun.try *s.* país; pátria; campo, interior; zona, região.
country house *s.* casa de campo.
coun.try.man *s.* camponês; compatriota, patrício.
coun.try.side *s.* campo, zona rural, interior.
coun.ty *s.* condado, município, comarca.
coup *s.* golpe de estado.
cou.ple *s.* par, casal, dupla.
coup.ling *s.* ligação, junção.
cou.pon *s.* cupom, bilhete, talão.
cour.age *s.* coragem, bravura.
cou.ri.er *s.* correio; mensageiro; guia.
course *s.* curso; rumo; direção; prato (comida).
court *s.* corte (de justiça, real); quadra para jogos / *v.* cortejar.
cour.te.ous *adj.* cortês, amável.
cour.te.san *s.* cortesã, meretriz.
cour.te.sy *s.* cortesia, favor.
court-house *s.* palácio de justiça.
court-mar.tial *s.* corte marcial; conselho de guerra.
court.room *s.* sala de tribunal.
cous.in *s.* primo(a).
cove *s.* enseada.
cov.e.nant *s.* compromisso; convenção; pacto.
cov.er *s.* cobertura; capa / *v.* cobrir, tampar.
cov.er.age *s.* cobertura.
cov.er.ing *s.* camada, revestimento, cobertura.

cov.er.let s. coberta, colcha.
cov.ert adj. velado, secreto, encoberto / s. abrigo.
cov.et v. cobiçar; desejar.
cow s. vaca / v. intimidar; amedrontar.
cow.ard s. covarde / adj. covarde, medroso.
cow.ard.ice s. covardia.
cow.ard.ly adj. covarde / adv. covardemente.
cow.boy s. vaqueiro, boiadeiro; trambiqueiro, picareta.
cow.pox s. vacina; varíola bovina.
crab s. caranguejo, siri.
crack s. rachadura; estalo; droga; craque (esportista) / v. quebrar; estalar.
crack.brained adj. louco, doido.
crack.er s. biscoito de água e sal; bombinha de São João.
cra.dle s. berço; terra natal / v. embalar.
craft s. nave; artesanato; ofício, profissão; técnica / v. elaborar.
crafts.man s. artesão.
craft.y adj. astuto, ladino.
crag s. penhasco, rochedo.
cramp s. grampo; cãibra, cólica.
cramped adj. apertado, espremido; espasmódico.
crane s. guindaste, grua.

crank s. manivela; pessoa excêntrica (coloquial).
crash s. batida; estampido; desastre; quebra / v. bater; quebrar.
crash course s. curso intensivo.
crash he.lmet s. capacete de proteção.
crash landing s. aterrissagem forçada.
crate s. caixote; engradado / v. encaixotar, engradar.
cra.vat s. gravata larga.
crawl v. engatinhar, arrastar-se / s. rastejo; estilo de natação.
cray.fish s. lagostim.
cray.on s. giz de cera, creiom.
craze s. moda, febre, interesse passageiro.
cra.zy adj. louco, maluco, doido.
creak s. rangido / v. ranger, estalar.
cream s. creme; nata / adj. de creme.
cream cheese s. queijo cremoso.
cream.e.ry s. estabelecimento para laticínios.
cream.y adj. cremoso.
crease v. amassar; vincar; enrugar / s. vinco, prega, dobra; ruga.
cre.a.tor s. criador, autor.

crea.ture *s.* criatura, ser humano; animal.

cre.dence *s.* crédito, crença.

cred.i.ble *adj.* acreditável, crível.

cred.i.bil.i.ty *s.* credibilidade.

cred.it *v.* creditar / *s.* crédito, empréstimo.

credit card *s.* cartão de crédito.

cred.i.tor *s.* credor.

creed *s.* credo, crença; doutrina.

creek *s.* riacho, córrego.

creep *v.* rastejar; engatinhar / *s.* ♦ ~s arrepio, calafrio.

creep.er *s.* trepadeira; rastreador; rastejador.

creep.y *adj.* horripilante, arrepiador.

cre.mate *v.* cremar.

cre.ma.tion *s.* cremação.

crem.a.to.ri.um *s.* crematório.

crepe *s.* crepe, panqueca.

crept *v. pret.* e *pp.* do *v. to creep*.

cres.cent *s.* meia-lua, crescente; quarto crescente.

cress *s.* agrião.

crest *s.* crista; topo.

Crete *s.* Creta.

crev.ice *s.* fenda, fissura.

crew *s.* tripulação.

crib *s.* berço com grades altas; manjedoura.

crick *s.* cãibra.

crick.et *s.* grilo; críquete (esporte).

crime *s.* crime, delito.

crim.i.nal *s.* criminoso / *adj.* criminoso, criminal.

cringe *v.* encolher-se de medo.

crin.kle *s.* ruga; dobra; amassadura de papel.

crip.ple *v.* aleijar; mutilar / *s.* aleijado(a).

cri.sis *s. (pl. crises)* crise.

crisp *adj.* torrado, crocante / *v.* encrespar; torrar.

criss.cross *adj.* cruzado, riscado com linhas cruzadas / *v.* riscar, marcar.

cri.te.ri.on *s. (pl. criteria)* critério.

crit.ic *s.* crítico; detrator / *adj.* crítico.

crit.i.cal *adj.* grave; decisivo, crucial.

crit.i.cism *s.* crítica; censura; desaprovação.

crit.i.cize *v.* criticar, censurar.

croak *v.* coaxar / *s.* coaxo.

Cro.a.tia *s.* Croácia.

cro.chet *s.* crochê / *v.* fazer crochê.

crock.er.y *s.* louça de barro.

croc.o.dile *s.* crocodilo.

cro.cus *s.* açafrão.

croft *s.* pequena chácara, sítio.
cro.ny *s.* comparsa; amigo íntimo.
crook *s.* vigarista, trapaceiro; curva, dobra / *adj.* torto, tortuoso; desonesto.
croon.er *s.* cantor de rádio.
crop *s.* colheita, safra / *v.* cortar, tosar.
cross *s.* cruz; cruzamento / *v.* cruzar.
cross.ing *s.* travessia; cruzamento; faixa para pedestres.
cross.word *s.* palavras cruzadas.
cross.eyed *s.* vesgo; estrábico.
crotch *s.* virilha.
crouch *s.* agachamento / *v.* agachar-se, curvar-se.
crow *s.* corvo, gralha; grito de alegria; canto de galo / *v.* cantar (galo).
crow.bar *s.* pé de cabra, alavanca.
crowd *s.* multidão, grupo / *v.* reunir-se, aglomerar-se.
crowd.ed *adj.* lotado, abarrotado, cheio.
crown *s.* coroa (de rei, de dente); copa de árvore / *v.* coroar.
cru.cial *adj.* decisivo, crucial.
cru.ci.fix *s.* crucifixo.
cru.ci.fix.ion *s.* crucificação.
crude *adj.* bruto, cru; rude, grosseiro.

crude.ness *s.* crueza, rudeza.
cru.el *adj.* cruel.
cru.el.ty *s.* crueldade.
cruise *s.* cruzeiro (marítimo), viagem / *v.* viajar, percorrer os mares.
crumb *s.* migalha; miolo do pão.
crum.ble *v.* esfarelar, desfazer-se, quebrar, desmoronar.
crum.bly *adj.* farelento, que se desfaz.
crum.ple *v.* amarrotar, amassar, enrugar.
crunch *s.* mastigação ruidosa / *v.* mastigar, morder algo (ruidosamente).
crunch.y *adj.* crocante.
cru.sade *s.* cruzada.
crush *v.* esmagar, espremer / *s.* aglomeração; paixão intensa e passageira.
crust *s.* crosta de pão, casca; borra (de vinho).
crutch *s.* muleta.
crux *s.* ponto crucial.
cry *v.* chorar, gritar, exclamar / *s.* grito, choro.
cry.ing *s.* choro, pranto, gritaria.
cryp.tic *adj.* enigmático; escondido, oculto.

cry.stal s. cristal.
cub s. filhote de urso ou raposa; lobinho (escoteiro).
Cu.ba s. Cuba.
cub.by.hole s. cubículo; lugar pequeno e fechado.
cube s. cubo; terceira potência / v. elevar ao cubo.
cube root s. raiz cúbica.
cu.bic adj. cúbico.
cu.bi.cle s. cubículo; pequeno compartimento.
cu.cum.ber s. pepino.
cud.dle s. abraço / v. abraçar, afagar.
cue s. taco de bilhar; sugestão, dica / v. dar sugestão, dica.
cuff s. bainha de calça; punho de manga; tapa, soco; algema / v. esbofetear.
cui.sine s. cozinha.
cull v. selecionar; abater animais.
cul.mi.na.tion s. auge, clímax.
cu.lottes s. saia-calça.
cul.prit s. culpado(a), acusado(a).
cult s. culto, veneração; moda.
cul.ti.vate v. cultivar.
cul.ti.va.tion s. cultivo.
cul.ture s. cultura.
cul.tured adj. culto; refinado.
cum.ber.some adj. desajeitado; embaraçoso.
cun.ning s. astúcia / adj. engenhoso, astuto.
cup s. xícara.
cup.board s. armário, guarda-louça.
cup.ped s. em forma de xícara.
cup tie s. jogo eliminatório.
cu.ra.tor s. curador(a).
curb v. refrear, restringir / s. freio; restrição; meio-fio.
curd s. coalho, coágulo / v. coagular, coalhar.
cur.dle v. coalhar; engrossar; solidificar.
cure s. cura; remédio / v. curar, tratar; defumar.
cure.less adj. sem cura, incurável.
cur.few s. toque de recolher.
cu.ri.ous adj. curioso.
curl s. cacho; espiral / v. cachear, enrolar.
curl.er s. bobe de cabelos.
curl.y adj. cacheado, enrolado, ondulado.
cur.rant s. groselha; uva-passa.
cur.ren.cy s. moeda.
cur.rent s. corrente / adj. atual.
cur.rent ac.count s. conta corrente.
cur.rent.ly adv. atualmente.
cur.ric.u.lum s. programa de estudos; currículo.

cur.ric.u.lum vi.tae *s.* currículo, histórico profissional.
curse *s.* maldição, praga / *v.* xingar; amaldiçoar, rogar praga.
curs.ed *adj.* maldito, amaldiçoado.
cur.sor cursor (informática).
cur.so.ry *adj.* superficial, apressado.
curt *adj.* curto, áspero; breve.
cur.tail *v.* restringir; reduzir.
cur.tain *s.* cortina.
curve *s.* curva / *v.* fazer a curva.
cush.ion *v.* amortecer / *s.* almofada; amortecedor.
cus.tard *s.* creme (baunilha); manjar ou pudim.
cus.to.di.an *s.* guardião; depositário (museu, etc.).
cus.to.dy *s.* custódia, tutela.
cus.tom *s.* costume, hábito; clientela.
cus.tom.a.ry *adj.* costumeiro, habitual.
cus.tom.er *s.* cliente.
cus.toms *s.* alfândega.
cus.toms duty *s.* imposto alfandegário.

cut *v.* cortar, reduzir. / *s.* corte, redução
cute *adj.* gracinha, atraente.
cu.ti.cle *s.* cutícula.
cut.ler.y *s.* talheres.
cut.ter *s.* cortador.
cut.ting *adj.* cortante, afiado; mordaz / *s.* recorte de jornal.
cy.a.nide *s.* cianeto, cianureto.
cy.cle *s.* ciclo; bicicleta / *v.* andar de bicicleta.
cy.cling *s.* ciclismo.
cy.clist *s.* ciclista.
cyl.in.der *s.* cilindro, tambor (gás).
cyn.ic *s.* cínico(a), cético.
cyn.i.cal *adj.* cínico, cético.
cyn.i.cism *s.* cinismo, ceticismo.
cy.press *s.* cipreste.
Cy.prus *s.* Chipre.
cyst *s.* cisto, quisto.
cyst.i.tis *s.* cistite.
czar *s.* czar.
Czech *adj.* checo / *s.* checo, idioma checo.

D, d s. quarta letra do alfabeto inglês; ré (nota musical); representa o número 500 em algarismos romanos.
dab v. tocar de leve / s. toque; perito(a), experto(a).
dab.ble v. interessar-se em (coloquial); salpicar, borrifar.
dad, dad.dy s. papai.
daft adj. tolo, ridículo.
dag.ger s. punhal, adaga.
dai.ly s. jornal diário / adj. diário / adv. diariamente.
dain.ty adj. delicado, delicioso / s. gulodice.
dair.y s. leiteria; estabelecimento de laticínios.
dai.ry prod.ucts s. laticínios.
da.is s. estrado, plataforma.
dai.sy s. margarida.
dale s. vale.

dam s. represa, dique / v. represar.
dam.age v. danificar / s. prejuízo; dano.
dame s. dama, mulher.
damn s. maldição / v. condenar, amaldiçoar.
damn.ing adj. prejudicial, condenatório.
damp s. umidade / adj. úmido / v. umedecer.
damp.en v. umedecer.
damp.ness s. umidade.
dam.sel s. rapariga; donzela.
dam.son s. ameixa pequena e roxa.
dance s. dança / v. dançar; bailar.

dan.cer *s.* dançarino(a).
danc.ing *s.* dança / *adj.* dançante.
dan.de.li.on *s.* dente-de-leão (botânica).
dan.druff *s.* caspa.
Dane *s.* dinamarquês(esa).
dan.ger *s.* perigo, risco.
dan.ger.ous *adj.* perigoso, arriscado.
dan.gle *v.* balançar.
Dan.ish *adj.* dinamarquês(esa) / *s.* dinamarquês(esa).
dap.per *adj.* garboso; esperto.
dare *v.* atrever-se, ousar / *s.* desafio, ousadia.
dare.dev.il *s.* atrevido; valente / *adj.* valentão, atrevido.
dar.ing *s.* ousadia, audácia / *adj.* ousado, atrevido.
dark *adj.* escuro.
dark.en *v.* escurecer.
dark.ness *s.* escuridão; trevas.
dark.room *s.* câmara escura.
dar.ling *adj.* querido(a) / *s.* querido(a).
darn *v.* cerzir, remendar / *s.* remendo, cerzidura.
dart *s.* dardo / *v.* precipitar-se, jogar dardos.
dart.board *s.* jogo de dardos.
dash *s.* hífen; colisão; movimento rápido / *v.* arremessar, colidir.

dash.board *s.* painel de instrumentos.
dash.ing *adj.* arrojado, enérgico, vivo; elegante.
da.ta *s.* dados, informações, detalhes.
da.ta.base *s.* banco de dados.
data pro.cess.ing *s.* processamento de dados.
date *s.* data; encontro; tâmara / *v.* namorar.
dat.ed *adj.* antiquado, fora de moda; datado.
daub *s.* argamassa, barro / *v.* borrar; sujar.
daugh.ter *s.* filha.
daugh.ter-in-law *s.* nora.
daunt *v.* amedrontar, intimidar.
daunt.ing *adj.* desanimador(a).
daunt.less *adj.* destemido(a), corajoso(a).
dawn *v.* amanhecer / *s.* alvorada, amanhecer, madrugada.
day *s.* dia.
day.break *s.* romper do dia, aurora, alvorada.
day-dream *s.* devaneio.
day.light *s.* luz do dia.
day.light-sav.ing time *s.* horário de verão.
daze *s.* ofuscação / *v.* aturdir, ofuscar / *adj.* aturdido, confuso.

daz.zle s. deslumbramento, fascinação / v. deslumbrar, encantar.
daz.zling s. deslumbrante, fascinante, ofuscante.
dead s. defunto / adj. morto.
dead.en v. amortecer, abafar (som), aliviar (dor).
dead end s. beco sem saída.
dead.line s. prazo final; data limite.
dead.ly adj. fatal, mortal.
deaf s. surdo.
deaf.en v. ensurdecer.
deaf.ness s. surdez.
deal s. negócio; acordo, trato; quantidade / v. negociar; tratar; lidar.
deal.er s. negociante; vendedor; traficante (drogas, armas); carteador (cartas).
dean s. reitor(a); decano, deão.
dear.ly adv. ternamente; muito.
death s. morte.
death-bed s. leito de morte.
death pen.al.ty s. pena de morte.
de.ba.cle s. fracasso, derrota.
de.base v. degradar, humilhar.
de.bauch s. deboche; bacanal, devassidão.
de.bauch.er.y s. decadência, devassidão.
deb.it s. débito; dívida / v. debitar.
de.bris s. escombros.
debt s. dívida.
de.bunk v. desmascarar, desiludir.
dé.but, de.but s. estreia, debute; primeira tentativa.
dec.ade s. década.
de.cant v. decantar.
de.cay s. ruína; decadência; cárie / v. enfraquecer; decair; cariar.
de.cease s. morte, óbito.
de.ceive v. enganar, iludir.
De.cem.ber s. dezembro.
de.cent adj. decente, honesto, apropriado.
de.cep.tion s. engano, fraude, trapaça.
de.cep.tive adj. enganoso, ilusório.
de.cide v. decidir, resolver; julgar.
de.cid.ed adj. decidido, resolvido.
de.cid.ed.ly adv. decididamente, resolutamente.
dec.i.mal s. decimal / adj. decimal.
de.ci.sion s. decisão, resolução.
de.ci.sive adj. decisivo.
deck s. convés, deque.
deck.chair s. espreguiçadeira.
dec.la.ra.tion s. declaração; depoimento.
de.clare v. declarar.

de.cline *s.* declínio, decadência / *v.* recusar, declinar.
de.code *v.* decifrar.
de.com.pose *v.* decompor(-se); apodrecer.
de.cor *s.* decoração, cenário.
dec.o.rate *v.* decorar.
dec.o.ra.tion *s.* decoração.
dec.o.ra.tive *adj.* decorativo.
dec.o.ra.tor *s.* decorador(a).
de.co.rum *s.* decoro, decência.
de.coy *s.* chamariz, isca, engodo.
de.crease *s.* decréscimo; diminuição, redução / *v.* diminuir, reduzir.
de.cree *s.* decreto / *v.* decretar.
ded.i.cate *v.* dedicar, consagrar.
ded.i.ca.tion *s.* dedicação, dedicatória.
de.duce *v.* deduzir, inferir.
de.duc.tion *s.* dedução.
deed *s.* escritura; ação, obra.
deem *v.* estimar; considerar; julgar; crer.
deep *adj.* profundo, fundo / *s.* profundidade.
deep.en *v.* aprofundar.
deep.ly *adv.* profundamente.
deer *s.* veado, cervo.
deer-skin *s.* camurça.
de.face *v.* desfigurar, deformar.

de.fault *s.* falta; revelia; descumprimento / *v.* faltar a alguma obrigação.
de.feat *s.* derrota, frustração / *v.* derrotar, frustrar.
de.fect *s.* defeito / *v.* desertar.
de.fec.tive *adj.* defeituoso.
de.fend *v.* defender, proteger.
de.fend.er *s.* defensor(a); advogado de defesa.
de.fense *s.* defesa, proteção.
de.fense.less *adj.* indefeso, desprotegido.
de.fen.sive *adj.* defensivo / *s.* defensiva.
de.fer *v.* adiar, protelar; submeter-se, condescender.
de.fi.ance *s.* desafio, rebeldia.
de.fi.ant *adj.* desafiador(a).
de.fi.cien.cy *s.* deficiência.
def.i.cit *s.* déficit.
de.file *s.* desfiladeiro, passagem estreita / *v.* profanar; desonrar; corromper.
de.fine *v.* definir, explicar.
def.i.nite *adj.* definitivo.
def.i.nite.ly *adv.* sem dúvida, definitivamente.
de.fin.i.tive *adj.* conclusivo; definido.
de.flate *v.* esvaziar, desinflar; deflacionar.

de.fla.tion s. esvaziamento; deflação.
de.flect v. desviar.
de.for.est v. desflorestar, desmatar.
de.form v. deformar, desfigurar.
de.for.mi.ty s. deformidade, deformação.
de.fraud v. trapacear, defraudar.
de.fray v. custear.
de.frost v. descongelar, degelar.
deft adj. destro; esperto, hábil.
de.funct adj. extinto, morto.
de.fuse v. neutralizar; desarmar, dasativar.
de.fy v. desafiar, provocar.
de.gen.er.ate v. degenerar / adj. degenerado(a), corrompido(a).
de.gree s. grau; estágio, classe; diploma.
de.hy.dra.ted adj. desidratado.
de.ice v. descongelar, remover o gelo.
de.i.ty s. divindade, deidade.
de.ject v. abater, desanimar.
de.ject.ed adj. deprimido, desanimado.
de.lay s. demora, atraso / v. atrasar, demorar, retardar.
de.lec.ta.ble adj. gostoso, deleitável.

del.e.gate s. delegado(a), representante / v. delegar, encarregar.
del.e.ga.tion s. delegação.
de.lete v. eliminar; deletar (informática); apagar, excluir.
de.lib.er.ate v. deliberar / adj. deliberado, intencional.
de.lib.er.ate.ly adv. propositalmente.
del.i.ca.cy s. delicadeza, iguaria.
del.i.cate adj. delicado(a); frágil; diplomático.
del.i.ca.tes.sen s. guloseimas; casa de mercearias finas.
de.li.cious adj. delicioso, gostoso.
de.light s. prazer, deleite, encanto / v. encantar, deleitar.
de.light.ed adj. encantado(a).
de.light.ful adj. encantador(a).
de.lin.quent s. delinquente / adj. delinquente.
de.lir.i.ous adj. delirante.
de.liv.er v. entregar.
de.liv.er.ance s. libertação, livramento.
de.liv.er.y s. entrega; parto.
de.lude v. iludir.
del.uge s. dilúvio / v. inundar.
de.lu.sion s. ilusão, desilusão.
de.mand s. demanda / v. demandar, perguntar; exigir.

195

de.mand.ing *adj.* exigente.
de.mean *v.* rebaixar, humilhar.
de.mean.or *s.* conduta, comportamento.
de.men.ted *adj.* demente, louco.
de.mise *s.* falecimento, morte.
de.mister *s.* desembaçador de para-brisa.
demo *s.* manifestação, passeata, demonstração (coloquial).
de.moc.ra.cy *s.* democracia.
dem.o.crat *s.* democrata.
dem.o.crat.ic *adj.* democrático(a).
de.mol.ish *v.* demolir.
dem.on.strate *v.* demonstrar.
dem.on.stra.tion *s.* demonstração, manifestação.
dem.on.stra.tor *s.* manifestante, demonstrador(a).
de.mor.al. *v.* desmoralizar.
de.mote *v.* degradar, rebaixar de graus.
de.mure *adj.* recatado; acanhado.
den *s.* covil; espelunca.
de.ni.al *s.* negação, recusa.
den.im *s.* brim.
Den.mark *s.* Dinamarca.
de.nom.i.na.tion *s.* denominação.
de.nounce *v.* denunciar, delatar.
dense *adj.* denso; estúpido (coloquial).
dense.ly *adv.* densamente.

den.si.ty *s.* densidade.
dent *s.* entalhe; dente (de engrenagem, roda, pente) / *v.* dentear.
den.tal *adj.* dentário, dental.
den.tist *s.* dentista.
den.tis.try *s.* odontologia.
den.tures *s.* dentadura.
de.ny *v.* recusar, negar.
de.o.dor.ant *s.* desodorante.
de.part *v.* partir, sair.
de.part.ment *s.* departamento, seção.
de.part.ment store *s.* magazine, loja de departamentos.
de.par.ture *s.* partida, saída.
de.pend *v.* depender.
de.pend on *v.* depender de.
de.pend.a.ble *adj.* confiável.
de.pend.ant *s.* dependente.
de.pict *v.* retratar; pintar.
de.plet.ed *adj.* reduzido(a).
de.ploy *v.* dispor; desenrolar-se, estender-se.
de.pop.u.la.tion *s.* despovoamento.
de.port *v.* deportar, exilar.
de.port.ment *s.* comportamento, conduta.
de.pose *v.* depor, destituir.
de.pos.it *v.* depositar / *s.* depósito, fiança.

de.pot s. estação, terminal; armazém, depósito.
de.prave v. depravar, perverter.
de.pre.ci.ate v. depreciar-se.
de.press v. deprimir; humilhar.
de.pressed adj. deprimido(a).
de.press.ing adj. deprimente, depressivo(a).
de.pres.sion s. depressão.
dep.ri.va.tion s. privação; pobreza.
de.prive v. privar; destituir.
de.prived adj. carente, necessitado(a).
depth s. profundidade, profundeza; fundo.
dep.u.ta.tion s. delegação.
dep.u.ty s. deputado(a), representante.
de.rail v. descarrilar.
de.rail.ment s. descarrilamento.
de.ranged adj. transtornado(a), desordenado(a), louco(a).
der.e.lict adj. abandonado(a).
de.rive v. derivar, originar.
der.rick s. guindaste.
de.scend.ant s. descendente.
de.scribe v. descrever.
de.scrip.tion s. descrição.
de.scrip.tive adj. descritivo(a).
des.e.crate v. profanar, violar.
de.sert v. desertar / s. deserto.

de.sert.er s. desertor.
de.serve v. merecer.
de.serv.ing adj. digno(a).
de.sign v. projetar; desenhar / s. desenho; projeto; esboço.
des.ig.nate v. nomear, designar / adj. designado(a), nomeado(a).
de.sign.er s. artista gráfico; estilista; projetista.
de.sire s. desejo / v. desejar, cobiçar.
desk s. mesa, escrivaninha, carteira escolar; balcão.
des.o.late adj. deserto(a); desolado(a), triste / v. desolar.
de.spair s. desesperança; desespero / v. desesperar-se.
des.per.ate adj. desesperado, desesperador; sem esperança.
des.per.ate.ly adv. desesperadamente.
des.per.a.tion s. desespero.
des.pi.ca.ble adj. vil, desprezível.
de.spise v. desprezar.
de.spite prep. apesar de.
de.spond v. desesperar, desanimar.
de.spon.dent adj. desanimado(a), desesperado(a).
des.sert s. sobremesa.
des.ti.na.tion s. destino, destinação.

destined — diabetes

des.tined *adj.* destinado.
des.ti.ny *s.* destino; sorte.
des.ti.tu.te *adj.* necessitado(a); destituído(a); indigente.
de.stroy *v.* destruir.
de.struc.tion *s.* destruição.
de.tach *v.* separar.
de.tach.ed *adj.* imparcial; isolado, separado.
de.tach.ment *s.* distanciamento, afastamento; imparcialidade.
de.tail *s.* detalhe / *v.* detalhar.
de.tain *v.* deter.
de.tect *v.* perceber, detectar.
de.tec.tion *s.* descoberta, detecção.
de.tec.tive *s.* detetive, investigador.
de.ten.tion *s.* prisão, detenção, retenção.
de.ter *v.* dissuadir; intimidar.
de.ter.gent *s.* detergente.
de.te.ri.o.rate *v.* deteriorar-se, estragar.
de.ter.mine *v.* demarcar; determinar; decidir.
de.ter.mined *adj.* resoluto(a), determinado(a).
de.test *v.* detestar, abominar.
det.o.nate *v.* detonar, explodir.
det.o.na.tor *s.* detonador.
de.tour *s.* desvio.

det.ri.men.tal *adj.* prejudicial, danoso(a).
de.val.ue *v.* desvalorizar.
dev.as.tate *v.* devastar, arruinar.
de.vel.op *v.* desenvolver, progredir; elaborar; revelar.
de.vel.op.ment *s.* desenvolvimento, evolução; revelação.
de.vice *s.* aparelho, dispositivo, mecanismo.
dev.il *s.* diabo, demônio.
dev.il.ish *adj.* diabólico(a), maligno(a).
de.vi.ous *adj.* malandro(a), desonesto(a); tortuoso(a).
de.vise *v.* inventar; imaginar.
de.vo.lu.tion *s.* devolução, restituição.
de.vote *v.* devotar-se, dedicar.
dev.o.tee *s.* adepto(a); devoto(a); fã.
de.vo.tion *s.* devoção.
de.vour *v.* devorar.
de.vout *adj.* devoto; sincero, dedicado.
dew *s.* orvalho; sereno.
dew.drop *s.* gota de orvalho.
dex.ter.i.ty *s.* destreza, aptidão, habilidade.
di.a.be.tes *s.* diabetes, diabete.

di.a.bol.i.cal *adj.* horrível, diabólico(a).
di.ag.no.sis *s.* diagnóstico.
di.ag.o.nal *s.* diagonal / *adj.* diagonal.
di.a.gram *s.* diagrama.
di.al *s.* mostrador, indicador; disco / *v.* discar.
di.a.lect *s.* dialeto.
di.al.ling code *s.* código de área.
di.a.logue *s.* diálogo / *v.* dialogar.
di.am.e.ter *s.* diâmetro.
di.a.mond *s.* diamante; brilhante; losango.
di.a.phragm *s.* diafragma.
di.ar.rhea *s.* diarreia.
di.a.ry *s.* diário; agenda.
dice *s.* jogo de dados; dado / *v.* cortar em cubos.
dic.tate *v.* ditar; dar ordens.
dic.ta.tion *s.* ditado; ordem.
dic.ta.tor *s.* ditador(a).
dic.ta.tor.ship *s.* ditadura.
did *v. pret.* do *v. to do*.
didn't contração de *did not*.
die *v.* morrer; dado.
die.sel *s.* diesel.
di.et *s.* regime; dieta.
dif.fer *v.* discordar, divergir.
dif.fer.ence *s.* diferença.
dif.fer.ent *adj.* diferente, distinto.

dif.fer.en.tly *adv.* diferentemente, diversamente.
dif.fi.cult *adj.* difícil.
dif.fi.cul.ty *s.* dificuldade.
dif.fuse *v.* difundir.
dif.fusion *s.* difusão, propagação; dispersão.
dig *v.* cavar / *s.* escavação.
di.gest *s.* digesto; resumo / *v.* digerir.
di.gest.i.ble *adj.* digestível.
di.ges.tion *s.* digestão.
di.ges.tive *adj.* digestivo.
dig.it *s.* dígito.
dig.i.tal *adj.* digital.
dig.ni.fied *adj.* digno, honrado, nobre.
dig.ni.fy *v.* dignificar.
dig.ni.ty *s.* dignidade; decência.
digs *s.* pensão, alojamento, aposento.
di.gress *v.* divagar.
dike *s.* dique, barragem.
di.lap.i.dat.ed *adj.* arruinado.
di.late *v.* dilatar(-se).
di.lem.ma *s.* dilema.
dil.i.gent *adj.* diligente.
di.lute *v.* diluir.
dim *v.* ofuscar / *adj.* escuro; ofuscado(a).
dime *s.* moeda de dez centavos.

di.men.sion s. dimensão; tamanho; medida.
di.min.ish v. diminuir.
di.min.u.tive s. diminutivo / adj. diminutivo, diminuto.
dim.mer s. regulador para iluminação.
dim.ness s. obscuridade.
dim.ple s. covinha no rosto.
din s. alarido (de gente); barulhada (de máquinas).
di.ne v. jantar.
din.er s. aquele que janta; vagão restaurante.
di.nette s. pequena sala de jantar.
ding.y adj. sujo(a); desbotado(a).
dining room s. sala de jantar.
dinner s. jantar; ceia.
dip s. mergulho / v. mergulhar; molhar.
diph.tong s. ditongo.
di.plo.ma s. diploma.
dip.lo.mat s. diplomata.
dip.switch s. interruptor.
dire adj. terrível, fatal.
di.rect adj. direto; franco / v. dirigir; conduzir.
di.rec.tion s. direção, sentido
♦ ~s instruções.
di.rect.ly adv. diretamente.
di.rec.tor s. diretor(a).

dir.i.gi.ble s. dirigível / adj. dirigível.
dirt s. sujeira.
dirti.ness s. porcaria; sujidade.
dirt.y adj. sujo / v. sujar.
dis.a.bil.i.ty s. incapacidade; deficiência.
dis.a.bled adj. inválido, incapacitado.
dis.ad.van.tage s. desvantagem.
dis.af.fec.tion s. desafeição, desamor, inimizade.
dis.a.gree v. discordar.
dis.a.gree.a.ble adj. desagradável.
dis.a.gree.ment s. desacordo, discordância, divergência.
dis.ap.pear v. desaparecer.
dis.ap.pear.ance s. desaparecimento.
dis.ap.point v. decepcionar, desapontar.
dis.ap.point.ment s. desapontamento, decepção.
dis.ap.prov.al s. desaprovação.
dis.ap.prove v. desaprovar, reprovar.
dis.arm v. desarmar(-se).
dis.ar.ma.ment s. desarmamento.
dis.ar.ray s. desordem; confusão.
dis.as.ter s. desastre, calamidade.
dis.band v. dispersar.
dis.be.lief s. descrença.

disc, disk s. disco.
dis.card v. descartar.
dis.cern v. identificar; discernir.
dis.cern.ing adj. perspicaz, discernente.
dis.charge v. dispensar, descarregar / s. descarga; dispensa.
dis.ci.ple s. discípulo(a).
dis.ci.pline s. disciplina / v. disciplinar.
disc jockey s. radialista; disc--jóquei.
dis.claim v. negar.
dis.close v. revelar; descobrir.
dis.clo.sure s. revelação.
disco s. discoteca.
dis.col.or.ed adj. descolorado, desbotado.
dis.com.fort s. desconforto, incômodo.
dis.con.cert v. desconcertar.
dis.con.nect v. desligar, desconectar.
dis.con.tent s. descontentamento.
dis.con.tent.ed adj. descontente.
dis.con.tin.ue v. interromper.
dis.cord s. discórdia, desarmonia / v. discordar.
dis.count s. desconto / v. descontar.
dis.cour.age v. desanimar, desencorajar.

dis.cov.er v. descobrir.
dis.cov.er.y s. descoberta, descobrimento.
dis.cred.it v. desacreditar; desabonar / s. descrédito.
dis.creet adj. discreto.
dis.crep.an.cy s. discrepância.
dis.cre.tion s. discrição.
dis.crim.i.nate v. discriminar.
dis.crim.i.nat.ing adj. criterioso(a); perspicaz; discriminador(a).
dis.crim.i.na.tion s. discriminação.
dis.cuss v. discutir, tratar de um assunto.
dis.cuss.ion s. discussão, debate.
dis.dain s. desdém / v. desdenhar.
dis.ease s. doença, enfermidade.
dis.em.bark v. desembarcar.
dis.fig.ure v. desfigurar.
dis.grace s. desgraça, vergonha, desonra / v. desonrar, desgraçar.
dis.grace.ful adj. vergonhoso(a), infame.
dis.grun.tled adj. descontente, desapontado(a).
dis.guise s. disfarce; máscara / v. disfarçar, mascarar.
dis.gust s. repugnância / v. repugnar.

201

disgusting / displease

dis.gust.ing *adj.* repugnante; desgostoso(a).
dish *s.* prato, travessa; iguaria.
di.shev.eled *adj.* despenteado(a); desalinhado(a).
dis.hon.est *adj.* desonesto(a).
dis.hon.or *s.* desonra / *v.* desonrar.
dis.hon.or.a.ble *adj.* desonroso.
dish.tow.el *s.* pano de prato.
dish.wash.er *s.* máquina de lavar louças.
dis.il.lu.sion *v.* desiludir / *s.* desilusão.
dis.in.fec.tant *s.* desinfetante.
dis.in.te.grate *v.* desintegrar.
dis.joint.ed *adj.* desconexo(a), deslocado(a).
disk *s.* disco; disquete (coloquial).
disk drive *s.* unidade de disco (informática).
dis.kette *s.* disquete (informática).
dis.like *s.* aversão, antipatia; desagrado / *v.* antipatizar.
dis.lo.cate *v.* deslocar.
dis.lodge *v.* desalojar.
dis.loy.al *adj.* desleal, infiel.
dis.mal *adj.* deprimente, triste, sombrio.
dis.man.tle *v.* desmontar.
dis.may *s.* desânimo / *v.* consternar.

dis.miss *v.* demitir; despedir.
dis.miss.al *s.* demissão.
dis.mount *v.* desmontar.
dis.o.be.di.ent *adj.* desobediente.
dis.o.bey *v.* desobedecer.
dis.or.der *s.* desordem.
dis.or.der.ly *adj.* desordenado, confuso / *adv.* desordenadamente.
dis.own *v.* repudiar; desconhecer; negar.
dis.par.ag.ing *adj.* depreciativo.
dis.pa.rate *adj.* desigual, diferente / *s.* disparate.
dis.par.i.ty *s.* desigualdade, disparidade.
dis.pas.sion.ate *adj.* imparcial, impassível, controlado.
dis.patch *s.* despacho; remessa / *v.* enviar.
dis.pel *v.* dissipar; dispersar.
dis.pense *v.* dispensar, atribuir, conceder.
dis.pens.er *s.* distribuidor automático, dispensador.
dis.perse *v.* dispersar, disseminar.
dis.pir.it.ed *adj.* desanimado, deprimido.
dis.place *v.* deslocar, substituir.
dis.play *s.* exibição / *v.* mostrar; exibir.
dis.please *v.* ofender; desagradar.

dis.pleas.ure *s.* desgosto, desprazer; aborrecimento.
dis.pos.a.ble *adj.* descartável, disponível.
dis.pos.al *s.* venda, uso; disposição, disponibilidade.
dis.pose *v.* dispor, arranjar, ordenar.
dis.posed *adj.* disposto; preparado.
dis.po.si.tion *s.* disposição; temperamento.
dis.prove *v.* refutar; contestar.
dis.pute *v.* questionar / *s.* disputa.
dis.qual.i.fy *v.* desqualificar.
dis.re.gard *v.* ignorar, desconsiderar / *s.* desconsideração, indiferença.
dis.re.spect *s.* desrespeito, desconsideração / *v.* desrespeitar.
dis.rupt *v.* perturbar, interromper.
dis.rupt.ion *s.* interrupção, rompimento.
dis.sat.is.fac.tion *s.* descontentamento.
dis.sat.is.fy *v.* descontentar.
dis.sect *v.* dissecar.
dis.sem.ble *v.* dissimular.
dis.ser.ta.tion *s.* dissertação.
dis.sim.i.lar *adj.* diferente.
dis.sim.u.late *v.* dissimular, fingir.
dis.si.pate *v.* dissipar.

dis.solve *v.* dissolver.
dis.suade *v.* dissuadir.
dis.taff *s.* fuso para fiar.
dis.tance *s.* distância.
dis.tant *adj.* distante.
dis.taste *s.* desagrado; aversão.
dis.taste.ful *adj.* repugnante, desagradável.
dis.tend *v.* estender-se, expandir, alargar.
dis.tend.ed *adj.* inchado, distendido.
dis.til *v.* destilar.
dis.til.le.ry *s.* destilaria.
dis.tinct *adj.* distinto.
dis.tinc.tion *s.* distinção.
dis.tin.guish *v.* distinguir.
dis.tin.guished *adj.* distinto(a); famoso(a).
dis.tort *v.* distorcer; torcer; corromper.
dis.tract *v.* distrair.
dis.tract.ed *adj.* distraído.
dis.trac.tion *s.* distração.
dis.tress *s.* aflição; angústia / *v.* afligir.
dis.tress.ing *adj.* angustiante, penoso.
dis.trib.ute *v.* distribuir.
dis.tri.bu.tion *s.* distribuição.
dis.trict *s.* distrito, bairro.

dis.trust s. desconfiança / v. desconfiar.
dis.turb v. perturbar, incomodar.
dis.turb.ance s. distúrbio, perturbação.
dis.turbed adj. perturbado.
dis.turb.ing adj. perturbador, inquietante.
dis.used adj. abandonado(a), fora de uso.
ditch v. abandonar, livrar-se de / s. fosso, vala.
dith.er v. vacilar (coloquial).
dit.to s. idem, o mesmo.
di.van s. divã.
dive s. mergulho / v. mergulhar.
div.er s. mergulhador.
di.vers adj. diversos, vários.
di.verse adj. diverso(a), diversificado(a).
di.ver.si.fy v. diversificar.
di.ver.sion s. diversão, distração; desvio.
di.ver.si.ty s. diversidade.
di.vert v. desviar; distrair.
di.vide v. dividir, repartir.
di.vine adj. divino(a).
div.ing s. salto ornamental, mergulho.
div.ing board s. trampolim.
di.vin.i.ty s. divindade.

di.vi.sion s. divisão; seção, departamento.
di.vor.cée s. divorciada.
di.vorce s. divórcio / v. divorciar-se de.
divorcé s. divorciado.
di.vorced adj. divorciado.
DIY abrev. de *do-it-yourself*.
diz.zy adj. tonto(a), atordoado(a) / v. causar desmaios; atordoar.
dj abrev. de *disc jockey*.
do v. fazer, executar.
do.cile adj. dócil.
dock s. doca, embarcadouro / v. atracar (navios).
dock.er s. estivador.
dock.yard s. estaleiro.
doc.tor s. doutor(a), médico(a).
doc.trine s. doutrina.
doc.u.ment s. documento / v. documentar.
doc.u.men.ta.ry adj. documentário / s. documentário (filme).
doe s. coelha; corça.
dog s. cachorro, cão / v. perseguir.
doings s. atividades; ações.
do-it-your.self s. faça você mesmo.
dole.ful adj. triste; doloroso.
doll s. boneca / adj. mulher bonita, mas pouco inteligente.

dol.lar *s.* dólar.
doll up *v.* embonecar-se (coloquial).
dol.phin *s.* golfinho.
do.main *s.* domínio, propriedade.
dome *s.* cúpula, abóbada.
do.mes.tic *adj.* doméstico, caseiro; nacional, interno.
do.mes.ti.cated *adj.* domesticado(a).
dom.i.nate *v.* dominar.
dom.i.neer.ing *adj.* mandão(ona), dominador(a).
do.min.ion *s.* domínio, poder absoluto.
dom.i.noes *s.* jogo de dominó.
do.nate *v.* doar, contribuir.
done *v. pp.* do *v. to do* / *adj.* completo, pronto.
don.key *s.* burro, asno.
do.nor *s.* doador(a).
donut *s.* sonho (doce).
don't contração de *do not*.
doom *s.* julgamento; sentença; perdição / *v.* condenar.
dooms.day *s.* dia do julgamento final.
door *s.* porta; acesso.
door.bell *s.* campainha de porta.
door-handle *s.* maçaneta de porta.
door-mat *s.* capacho.
dope *s.* narcótico, droga / *v.* dopar, drogar.

dop-fiend *s.* viciado em narcóticos.
dor.mant *adj.* inativo, latente.
dor.mi.to.ry *s.* dormitório; alojamento estudantil.
dos.age *s.* dosagem, dose.
dose *s.* dose / *v.* dosar.
dot *s.* ponto / *v.* pontilhar.
dote *v.* adorar.
dotted line *s.* linha pontilhada.
dou.ble *adj.* duplo; dobro / *v.* dobrar / *s.* duplo, dobro; cópia; dublê.
doubly *adv.* duplamente.
doubt *s.* dúvida / *v.* duvidar, hesitar.
doubt.ful *adj.* duvidoso, incerto.
doubt.less *adv.* sem dúvida.
douse *v.* encharcar, ensopar.
dove *s.* pomba.
dow.dy *adj.* deselegante, desleixado.
down *s.* penugem, penas; buço / *adv.* para baixo.
down.stairs *adv.* embaixo, para baixo / *s.* andar térreo / *adj.* de baixo.
down.stream *adj.* rio abaixo.
down.town *s.* centro da cidade.
dow.ry *s.* dote.
doze *s.* soneca / *v.* cochilar.
doz.en *s.* dúzia.

drab *adj.* monótono, sem graça.
draft *s.* rascunho, esboço; saque; corrente de ar / *v.* rascunhar, esboçar.
drag *s.* peso, chato (coloquial) / *v.* arrastar-se.
drag.on *s.* dragão.
drag.on.fly *s.* libélula.
drain *s.* dreno; bueiro / *v.* drenar; escoar; enfraquecer, esvair.
drain.age *s.* drenagem.
drain.pipe *s.* cano de esgoto.
drake *s.* pato; marreco.
dra.ma *s.* drama; peça de teatro.
drank *v. pret.* do *v. to drink*.
drape *s.* cortina; cortinado / *v.* ornar; cobrir.
dras.tic *adj.* drástico; grave.
draw *v.* desenhar, traçar; empatar / *s.* empate.
draw.er *s.* gaveta.
draw.ing *s.* desenho; sorteio; saque.
dread *s.* terror / *v.* temer.
dread.ful *adj.* terrível, horrível.
dream *s.* sonho / *v.* sonhar.
dream.y *adj.* sonhador(a).
drear.y *adj.* monótono(a); lúgubre.
dredge *v.* dragar / *s.* draga.
dregs *s.* escória, resíduos; ralé.

drench *s.* remédio líquido / *v.* encharcar.
dress *v.* vestir; temperar / *s.* vestido.
dress.ing *s.* ação de vestir-se; tempero, condimento.
dress.ing-down *s.* surra; correção.
dress.ing gown *s.* roupão.
dress.mak.er *s.* costureira.
dress.y *adj.* chique.
drew *v. pret.* do *v. to draw*.
drib.ble *v.* driblar; babar / *s.* baba, saliva; drible (futebol).
dried *adj.* seco / *v. pret.* e *pp.* do *v. to dry*.
drift *v.* derivar, ir à deriva / *s.* vento; correnteza.
drill *v.* furar / *s.* furadeira; broca.
drink *s.* bebida / *v.* beber.
drink.ing wa.ter *s.* água potável.
drip *s.* gota, gotejamento / *v.* pingar, gotejar.
drip.ping *s.* gordura, banha; gotejamento / *adj.* gorduroso, encharcado.
drive *s.* passeio de carro / *v.* dirigir.
driv.el *s.* bobagem, disparate; baba; saliva.
driv.en *v. pp.* do *v. to drive*.
driv.er *s.* motorista.
driv.ing *s.* direção.

driv.ing li.cence s. carteira de motorista.
driv.ing mirror s. retrovisor.
driv.ing school s. autoescola.
driz.zle s. chuvisco, garoa / v. garoar.
drone s. zangão; zumbido / v. zunir, zumbir.
droop s. inclinação, abatimento / v. inclinar-se, pender; desanimar.
droop.ing s. tristeza; gotejamento / adj. gotejante.
drop s. gota, pingo / v. cair.
drop-off s. decadência.
drop.per s. conta-gotas.
drought s. seca.
drove v. pret. do v. to drive.
drown v. afogar-se.
drowse s. sonolência, soneca / v. cochilar, dormitar.
drow.sy adj. sonolento(a).
drug s. remédio; droga / v. drogar; ingerir drogas.
drug-ad.dict s. viciado(a) em drogas.
drug.gist s. farmacêutico(a).
drug.store s. drogaria; farmácia.
drum s. tambor, bateria; tímpano / v. rufar, tocar tambor.
drum.mer s. baterista.
drunk adj. bêbado(a) / v. pp. do v. to drink.
drunk.ard s. bêbado(a), ébrio.
drunk.en adj. bêbado(a), embriagado(a).
drunk.en.ness s. bebedeira; embriaguez.
dry v. secar / adj. seco; árido.
dry clean.ing s. lavagem a seco.
dry.er s. secador.
dry.ness s. secura, aridez; ironia.
dry-nurse s. ama-seca, aia.
du.al adj. duplo.
dubbed adj. dublado.
du.bi.ous adj. duvidoso, incerto.
duch.ess s. duquesa.
duck s. pato(a).
duck.ling s. filhote de pato.
duct s. ducto, canal, tubo.
due s. dívida / adj. devido.
du.el s. duelo.
du.et s. dueto, duo.
duf.fel bag s. mochila, saco de pano grosso.
dug v. pret. e pp. do v. to dig.
duke s. duque.
dull adj. enfadonho, monótono; nublado (tempo).
dul.ly adv. desanimadamente.
du.ly adv. devidamente; no tempo devido.
dum.my s. manequim; imbecil (coloquial); testa de ferro.

dump s. espelunca; depósito de lixo / v. esvaziar, despejar.
dump.y adj. gorducho(a), rechonchudo(a).
dunce s. estúpido, bronco.
dune s. duna.
dung s. estrume, esterco.
dun.ga.rees s. macacão, jardineira.
dupe s. incauto, ingênuo / v. enganar.
du.plex s. casa geminada / adj. duplex, duplo.
du.pli.cate s. duplicata, réplica / v. duplicar, copiar / adj. duplicado.
du.plic.i.ty s. duplicidade; fingimento, fraude.
du.ra.ble adj. durável, duradouro.
dur.ing prep. durante.
dust s. poeira, pó / v. tirar o pó.

dust.y adj. empoeirado.
Dutch adj. holandês(esa) / s. língua holandesa ♦ *the* ~ o povo holandês.
du.ti.ful adj. respeitoso, obediente.
du.ty s. dever, obrigação; taxa, imposto; tarefa, função.
dwarf s. anão(ã).
dwell v. morar, habitar, residir.
dwell.er s. morador, habitante.
dye s. tintura / v. tingir.
dyer s. tintureiro.
dy.ing adj. moribundo, agonizante; último.
dyke s. dique; represa.
dy.nam.ic adj. dinâmico.
dy.nam.ics s. dinâmica.
dy.na.mite s. dinamite / v. dinamitar.

E, e s. quinta letra do alfabeto inglês; mi (nota musical).
each adj. cada / pron. cada qual / adv. para cada um, cada um.
ea.ger adj. ávido / v. ansiar por algo.
ea.ger.ness s. ânsia; avidez; entusiasmo.
ea.gle s. águia.
ear s. orelha; ouvido; espiga.
ear.ache s. dor de ouvido.
ear.deaf.en.ing adj. ensurdecedor.
ear.drum s. tímpano.
earl s. conde.
ear.li.er adj. mais adiantado / adv. mais cedo.
ear.ly adv. cedo / adj. prematuro.
earn v. ganhar; render.
ear.nest adj. intenso; sério.

earn.ings s. salário, ordenado; ganhos.
ear.phone s. fone de ouvido.
ear.ring s. brinco.
Earth s. Terra, globo terrestre.
earth.quake s. terremoto.
earth.worm s. minhoca.
ease s. facilidade, conforto, alívio / v. facilitar, aliviar.
ea.sel s. cavalete (de pintor).
eas.i.ly adv. facilmente.
eas.i.ness s. facilidade, tranquilidade.
east s. leste, este, oriente.
Eas.ter s. Páscoa.
eas.ter.ly adv. oriundo do ou em direção leste.
east.ern adj. oriental.
east.ward adv. ao leste.

209

easy *adj.* fácil; tranquilo.
easy chair *s.* poltrona; espreguiçadeira.
eat *v.* comer.
eat.a.ble *s.* comestíveis, víveres / *adj.* comível, próprio para comer.
eaves *s.* beiral do telhado.
ebb *s.* vazante; maré-baixa / *v.* baixar, diminuir.
eb.on.y *s.* ébano.
ec.cen.tric *adj.* excêntrico(a), extravagante.
ech.o *s.* eco, ressonância / *v.* ecoar.
e.clair *s.* bomba (doce), ecler.
e.clipse *s.* eclipse, escurecimento / *v.* ofuscar, eclipsar.
e.col.o.gy *s.* ecologia.
ec.o.nom.ic *adj.* econômico.
ec.o.nom.i.cal *adj.* rentável.
ec.o.nom.ics *s.* economia (ciência).
e.con.o.mize *v.* economizar.
e.con.om.y *s.* economia.
e.con.o.my class *s.* classe econômica; classe turística.
ec.sta.sy *s.* êxtase.
Ec.ua.dor *s.* Equador.
edge *s.* fio; borda, beira.
edg.y *adj.* inquieto(a), impaciente.
ed.i.ble *adj.* comestível.
Ed.in.burgh *s.* Edimburgo.
ed.it *v.* editar, revisar.
e.di.tion *s.* edição, revisão, publicação.
ed.i.tor *s.* editor(a).
ed.i.to.ri.al *adj.* editorial / *s.* editorial.
ed.u.cate *v.* educar, ensinar.
ed.u.ca.tion *s.* educação, ensino, estudo.
ed.u.ca.tion.al *adj.* educativo, educacional.
eel *s.* enguia.
ee.rie *adj.* estranho, assustador.
ef.fect *s.* efeito, resultado / *v.* efetuar, executar.
ef.fec.tive *adj.* eficaz.
ef.fec.tive.ness *s.* eficácia, eficiência.
ef.fects *s.* bens móveis.
ef.fem.i.nate *adj.* afeminado; delicado.
ef.fi.ca.cy *s.* eficácia.
ef.fi.cien.cy *s.* eficiência.
ef.fi.cient *adj.* eficiente, competente.
ef.fort *s.* esforço; empenho; conquista.
ef.fort.less *adj.* fácil, sem esforço.
ef.fron.te.ry *s.* descaramento, insolência.
ef.fuse *v.* efundir, derramar; espalhar.

effusive / elephant

ef.fu.sive *adj.* caloroso, efusivo; expansivo.
egg *s.* ovo.
egg.plant *s.* berinjela.
egg.shell *s.* casca de ovo / *adj.* fino.
e.go *s.* ego, eu.
e.go.tism *s.* egoísmo, egotismo, vaidade.
E.gypt *s.* Egito.
E.gyp.tian *adj.* egípcio / *s.* egípcio.
eight *num.* oito.
eigh.teen *num.* dezoito.
eigh.teenth *num.* décimo oitavo.
eighth *num.* oitavo.
eight.i.eth *num.* octogésimo.
eight.y *num.* oitenta.
Ei.re *s.* Irlanda.
ei.ther *pron.* um ou outro; cada / *adj.* qualquer (de duas alternativas), ambos.
e.ject *v.* expulsar; lançar; expelir.
eke *v.* economizar; prolongar.
e.lab.o.rate *v.* aperfeiçoar; elaborar; detalhar / *adj.* complicado; elaborado.
e.lapse *v.* transcorrer.
e.las.tic *s.* elástico / *adj.* flexível, elástico.
elas.ti.city *s.* elasticidade.

e.lat.ed *adj.* em júbilo, alegre / *v.* elevar, exaltar.
e.la.tion *s.* exaltação; elevação.
el.bow *s.* cotovelo.
eld.er *adj.* mais velho; primogênito.
eld.er.ly *adj.* idoso(a) / *s.* idosos.
eld.est *adj.* mais velho(a).
e.lect *s.* predestinado / *adj.* eleito, escolhido / *v.* eleger, escolher.
e.lec.tion *s.* eleição, votação.
e.lec.tion.eer.ing *s.* campanha eleitoral, propaganda eleitoral.
e.lec.tor *s.* eleitor(a).
e.lec.to.rate *s.* eleitorado.
e.lec.tric *adj.* elétrico; vibrante.
e.lec.tri.cal *adj.* elétrico.
e.lec.tri.cian *s.* eletricista.
e.lec.tri.ci.ty *s.* eletricidade.
e.lec.tri.fy *v.* eletrificar.
e.lec.tro.cute *v.* eletrocutar.
e.lec.tron.ic *adj.* eletrônico.
electronic mail *s.* correio eletrônico.
e.lec.tron.ics *s.* eletrônica (ciência).
el.e.gant *adj.* elegante, gracioso.
el.e.ment *s.* elemento.
el.e.men.ta.ry *adj.* elementar; rudimentar.
el.e.phant *s.* elefante.

211

elevation — emergency

el.e.va.tion *s.* elevação, altura.
el.e.va.tor *s.* elevador.
e.lev.en *num.* onze.
e.lev.enth *num.* décimo primeiro; undécimo.
elf *s.* (*pl. elves*) duente; gnomo.
e.lide *v.* eliminar.
el.i.gi.ble *adj.* elegível, qualificado.
elm *s.* olmo.
e.lon.gated *adj.* alongado, comprido.
e.lope *v.* fugir com o namorado; escapar, evadir-se.
e.lope.ment *s.* fuga, evasão.
el.o.quent *adj.* eloquente.
El Sal.va.dor *s.* El Salvador.
else *adv.* mais; em vez de / *conj.* ou, senão / *adj.* outro, diverso.
else.where *adv.* em outro lugar.
e.lude *v.* esquivar; iludir; enganar.
e.lu.sive *adj.* ardiloso; evasivo(a), esquivo(a).
e.ma.ci.a.ted *adj.* definhado(a), emagrecido(a).
em.a.nate *v.* emanar, exalar.
e.man.ci.pate *v.* emancipar.
e.man.ci.pa.tion *s.* emancipação, libertação.
em.bank.ment *s.* aterro.
em.bar.go *s.* proibição, interdição.
em.bark *v.* embarcar.
em.bark.ation *s.* embarque.

em.bar.rass *v.* constranger; embaraçar.
em.bar.rass.ed *adj.* desconfortável, constrangido.
em.bar.rass.ing *adj.* embaraçoso, desagradável.
em.bar.rass.ment *s.* constrangimento; embaraço.
em.bas.sy *s.* embaixada.
em.bel.lish *v.* embelezar, enfeitar.
em.bel.lish.er *s.* decorador, embelezador.
em.ber *s.* brasa, tição.
em.bit.ter *v.* amargar, angustiar.
em.bod.i.ment *s.* incorporação; encarnação.
em.bod.y *v.* incorporar; personificar; encarnar.
em.bosom *v.* abraçar.
em.boss *v.* realçar, ornar com relevos.
em.bossed *adj.* realçado, ornado.
em.brace *v.* abraçar, envolver / *s.* abraço.
em.broi.der *v.* bordar; ornar.
em.broi.der.y *s.* bordado.
em.bry.o *s.* embrião; feto.
em.e.rald *s.* esmeralda.
e.merge *v.* emergir, aparecer.
e.mer.gen.cy *s.* emergência.

e.mer.gent *adj.* emergente.
em.i.grant *s.* imigrante.
em.i.grate *v.* emigrar.
em.i.nent *adj.* eminente; notável, famoso.
e.mis.sion *s.* emissão.
e.mit *v.* emitir, liberar.
e.mitter *s.* emissor.
e.mo.tion *s.* emoção.
e.mo.tion.al *adj.* emocional.
em.per.or *s.* imperador.
em.pha.sis *s.* ênfase.
em.pha.size *v.* enfatizar.
em.phat.ic *adj.* enfático, categórico.
em.phat.i.cally *adv.* enfaticamente.
em.pire *s.* império.
em.place.ment *s.* posição; situação.
em.ploy *v.* empregar; usar, aplicar.
em.ploy.ee *s.* empregado(a), funcionário(a).
em.ploy.er *s.* empregador(a), patrão(oa).
em.ploy.ment *s.* emprego, trabalho.
em.poison *v.* envenenar.
em.poison.ment *s.* envenenamento.
em.pow.er *v.* autorizar; capacitar; habilitar.
em.press *s.* imperatriz.
emp.ti.ness *s.* vácuo, vazio.
emp.ty *adj.* vazio; inútil / *v.* esvaziar; desocupar.
e.mul.sion *s.* emulsão.
en.a.ble *v.* tornar possível; habilitar.
en.act *v.* representar; decretar, legalizar.
e.nam.el *s.* esmalte / *v.* esmaltar.
en.am.or *v.* enamorar.
en.am.ored *adj.* enamorado(a).
en.cage *v.* engaiolar, enjaular.
en.case *v.* encaixotar, encaixar.
en.chain *v.* acorrentar.
en.chant *v.* encantar, maravilhar.
en.chant.ed *adj.* encantado(a).
en.chant.er *s.* feiticeiro; mágico.
en.chant.ing *adj.* encantador(a).
en.cir.cle *v.* circundar; cercar, envolver.
en.clasp *v.* abraçar, cingir.
en.clave *s.* enclave.
en.close *v.* cercar; anexar.
en.closed *adj.* incluso, anexo; fechado.
en.com.pass *v.* abranger, abarcar.
en.core *s.* bis / *v.* pedir bis.
en.coun.ter *s.* encontro; conflito / *v.* encontrar, deparar.
en.cour.age *v.* encorajar, apoiar.

en.cour.age.ment s. encorajamento, estímulo.
en.croach v. invadir, usurpar.
en.cum.ber v. embaraçar, dificultar.
end s. fim / v. terminar.
en.dan.ger v. arriscar; pôr em risco.
en.dear.ing adj. simpático, terno, afetuoso.
en.deav.our s. tentativa; empenho / v. esforçar-se.
end.ing s. conclusão, fim, término.
en.dive s. chicória.
end.less adj. infinito; infindável.
en.dorse v. endossar, aprovar.
en.dorse.ment s. aval, endosso, aprovação.
en.dow v. dotar, doar.
en.dow.ment s. doação.
en.dur.able adj. sofrível, suportável, tolerável.
en.dur.ance s. tolerância, duração, resistência.
en.dure v. aturar, suportar, resistir.
en.dur.ing adj. duradouro.
en.e.my adj. inimigo(a) / s. inimigo(a).
en.fee.ble v. enfraquecer, debilitar.
en.force v. fazer cumprir, obrigar, impor.

en.force.able adj. obrigatório, executável.
en.frame v. emoldurar, enquadrar.
en.gage v. comprometer-se, noivar; empenhar.
en.gaged adj. ocupado; noivo.
en.gage.ment s. noivado; compromisso.
en.gag.ing adj. atraente, sedutor(a).
en.gine s. motor; máquina.
en.gine driv.er s. maquinista.
en.gi.neer s. engenheiro(a).
en.gi.neer.ing s. engenharia.
Eng.land s. Inglaterra.
Eng.lish adj. inglês(esa) / s. inglês(esa).
en.grave v. gravar, estampar.
en.grav.ing s. gravura, estampa.
en.gulf v. tragar, engolfar; subjugar.
en.hance v. ressaltar; aumentar.
en.joy v. desfrutar; divertir-se; deleitar-se.
en.joy.a.ble adj. agradável, divertido.
en.joy.ment s. prazer, satisfação, divertimento.
en.lace v. envolver, enlaçar.
en.large v. ampliar, alargar.
en.list v. alistar(-se), recrutar.

en.liv.en *v.* avivar, animar.
en.mi.ty *s.* inimizade.
e.nor.mous *adj.* enorme.
e.nough *adj.* suficiente, bastante.
en.rage *v.* enfurecer.
en.rich *v.* enriquecer.
en.roll *v.* matricular, inscrever.
en.roll.ment *s.* matrícula, inscrição.
en.slave *v.* escravizar.
en.slaved *adj.* escravizado.
en.slav.er *s.* escravocrata.
en.sure *v.* assegurar, segurar, garantir.
en.ter *v.* entrar, passar para dentro.
en.ter.prise *s.* empresa; empreendimento.
en.ter.pris.ing *adj.* empreendedor(a).
en.ter.tain *v.* entreter, divertir.
en.ter.tain.ing *adj.* divertido, interessante.
en.ter.tain.ment *s.* diversão, entretenimento.
en.thu.si.asm *s.* entusiasmo.
en.thu.si.ast *s.* entusiasta, apaixonado.
en.thu.si.as.tic *adj.* entusiástico, muito interessado.
en.tice *v.* atrair; incitar.
en.tire *adj.* inteiro, todo, completo.
en.tire.ly *adv.* inteiramente, totalmente.
en.ti.tle *v.* intitular; autorizar.
en.ti.ty *s.* entidade, ente.
en.tomb *v.* enterrar, sepultar.
en.trails *s. pl.* estranhas; vísceras.
en.trance *s.* entrada.
en.trap *v.* apanhar com laço; armar cilada.
en.tre.pre.neur *s.* empresário(a).
en.trust *v.* confiar algo a alguém; incumbir, encarregar.
en.try *s.* entrada, ingresso; apontamento; verbete (dicionário).
en.try form *s.* ficha de registro.
en.ve.lope *s.* envelope.
en.vi.ous *adj.* invejoso(a).
en.vi.ron.ment *s.* meio ambiente.
en.vi.ron.men.tal *adj.* ambiental.
en.vi.rons *s. pl.* arredores, imediações.
en.vis.age *v.* prever, imaginar.
en.voy *s.* enviado(a).
en.vy *s.* inveja, cobiça, ciúme / *v.* invejar, cobiçar.
en.wrap *v.* envolver, embrulhar.
ep.ic *adj.* épico, heroico / *s.* épico, epopeia.
ep.i.dem.ic *s.* epidemia / *adj.* epidêmico.
ep.i.lep.sy *s.* epilepsia.

ep.i.sode s. episódio.
e.pis.tle s. epístola, carta, missiva.
ep.och s. época, era, período.
eq.ua.ble adj. uniforme, igual.
e.qual s. semelhante, igual / adj. igual, equivalente.
e.qual.i.ty s. igualdade.
e.qual.ize v. igualar.
eq.ual.ly adv. igualmente.
e.quate v. equiparar; comparar.
e.qua.tor s. linha do equador.
e.qui.lib.ri.um s. equilíbrio.
e.quip v. equipar, prover, preparar.
eq.ui.page s. equipagem.
e.quip.ment s. equipamento.
e.quiv.a.lent s. equivalente / adj. equivalente.
era s. era, época.
e.rad.i.cate v. erradicar, exterminar.
e.rase v. apagar.
e.ras.er s. borracha; apagador.
ere conj. antes de / prep. antes.
e.rect adj. ereto, reto / v. levantar, erguer, erigir.
e.rec.tion s. ereção.
e.rode v. causar erosão, corroer, erodir.
e.ro.sion s. erosão, desgaste.
e.rot.ic adj. erótico.
err v. errar; falhar.

er.rand s. recado, mensagem; missão, incumbência.
er.ror s. erro.
e.rupt v. entrar em erupção, estourar.
e.rup.tion s. erupção, explosão.
es.ca.late v. intensificar(-se); aumentar.
es.ca.la.tor s. escada rolante.
es.ca.pade s. peripécia, aventura; fuga, escapadela.
es.cape s. fuga, evasão / v. escapar, evadir-se.
es.chew v. evitar; fugir de.
es.cort s. escolta; acompanhante / v. acompanhar, escoltar.
es.pe.cial.ly adv. sobretudo, especialmente.
es.pi.er s. espião.
es.pi.o.nage s. espionagem.
es.pla.nade s. esplanada.
es.pous.al s. casamento, núpcias.
es.pouse v. casar-se, desposar.
es.say s. ensaio, redação.
es.sence s. essência.
es.sen.tial adj. essencial.
es.tab.lish v. estabelecer, fundar, instituir.
es.tab.lished adj. estabelecido(a), fundado(a).

es.tab.lish.ment s. estabelecimento, instituição, fundação.

es.tate s. propriedade; conjunto de bens, patrimônio.

es.thet.ic adj. estético.

es.ti.mate s. estimativa, avaliação, orçamento / v. estimar, avaliar, orçar.

es.ti.mation s. cálculo, estimativa; opinião.

es.tranged adj. separado, alienado, marginalizado.

etc. abrev. de *etcetera*.

etch.ing s. água-forte, gravura ou estampa a água-forte.

e.ter.nal adj. eterno, perpétuo.

e.ter.ni.ty s. eternidade, perpetuidade.

eth.i.cal adj. ético, decente.

eth.i.cs s. ética.

E.thi.o.pi.a s. Etiópia.

eth.nic adj. étnico.

et.i.quette s. etiqueta.

eu.lo.gize v. elogiar.

Eu.rope s. Europa.

e.vac.u.ate v. evacuar, abandonar.

e.vade v. sonegar; escapar; evitar.

e.vader s. fugitivo.

e.val.u.ate v. avaliar.

e.val.u.a.tion s. avaliação.

e.vap.o.rate v. evaporar(-se).

e.va.sion s. fuga; evasão.

e.va.sive adj. evasivo(a), ambíguo(a).

eve s. véspera.

even adj. plano, liso; par / adv. mesmo, até; ainda.

eve.ning s. noite, anoitecer.

evening dress s. traje a rigor.

even.ness s. igualdade; imparcialidade.

e.vent s. acontecimento, evento, ocorrência.

e.vent.ful adj. movimentado, cheio de acontecimentos; acidentado.

e.ven.tu.al adj. final.

e.ven.tu.al.ly adv. finalmente.

ev.er adv. sempre; já, alguma vez.

ev.er.last.ing adj. perpétuo, eterno / s. eternidade.

eve.ry adj. todo(a); cada um(a).

eve.ry.bod.y pron. todo mundo, todos.

eve.ry.day adj. diário; todos os dias.

eve.ry.one pron. todo mundo.

eve.ry.thing pron. tudo.

eve.ry.where adv. em todo lugar.

e.vict v. despejar, desapossar.

ev.i.dence s. prova, evidência, indício.

ev.i.dent *adj.* evidente, óbvio.
ev.i.dent.ly *adv.* evidentemente, obviamente.
e.vil *s.* maldade, mal / *adj.* mau, má.
e.vil.do.er *s.* malfeitor.
e.vil.ness *s.* maldade.
ev.i.ta.ble *adj.* evitável.
e.voke *v.* evocar.
ev.o.lu.tion *s.* evolução.
e.volve *v.* desenvolver.
ewe *s.* ovelha.
ex.a.cer.bate *v.* agravar; exacerbar.
ex.act *adj.* exato(a), preciso(a).
ex.act.ing *adj.* exigente; minucioso.
ex.act.ly *adv.* exatamente.
ex.ag.ger.ate *v.* exagerar.
ex.ag.ger.a.tion *s.* exagero.
ex.am *s.* exame.
ex.am.i.na.tion *s.* exame; investigação.
ex.am.ine *v.* examinar, investigar.
ex.am.ple *s.* exemplo.
ex.as.per.ate *v.* exasperar, irritar-se.
ex.as.pe.ra.ting *adj.* irritante.
ex.ca.vate *v.* escavar, cavar.
ex.ceed *v.* exceder, ultrapassar.
ex.ceed.ing.ly *adv.* extremamente.
ex.cel *v.* sobressair; distinguir-se.
ex.cel.lent *adj.* excelente, ótimo.

ex.cept *prep.* exceto / *v.* excluir.
ex.cep.tion *s.* exceção, exclusão.
ex.cerpt *s.* trecho, passagem.
ex.cess *s.* excesso, demasia.
ex.ces.sive *adj.* excessivo.
ex.change *s.* troca; intercâmbio / *v.* trocar, cambiar.
ex.cite *v.* excitar; agitar.
ex.cite.ment *s.* excitação; agitação.
ex.cit.ing *adj.* emocionante, excitante.
ex.claim *v.* exclamar.
ex.cla.ma.tion *s.* exclamação.
ex.cla.ma.tion mark *s.* ponto de exclamação.
ex.clude *v.* excluir; eliminar.
ex.clu.sive *adj.* exclusivo, único.
ex.cur.sion *s.* excursão.
ex.cuse *s.* desculpa / *v.* desculpar.
ex.e.cute *v.* executar.
ex.e.cu.tion *s.* execução, realização.
ex.ec.u.tive *s.* executivo(a) / *adj.* executivo(a).
ex.ec.u.tor *s.* testamenteiro(a).
ex.emp.tion *s.* dispensa, isenção.
ex.er.cise *s.* exercício / *v.* exercer; fazer exercício.
ex.ert *v.* exercer; mostrar.
ex.hib.it *s.* obra exposta, exibição, exposição / *v.* exibir, expor.
ex.hi.bi.tion *s.* exposição, mostra.

ex.ile *s.* exílio / *v.* exilar.
ex.ist *v.* existir; viver.
ex.ist.ence *s.* existência.
ex.it *s.* saída / *v.* sair.
ex.o.dus *s.* êxodo.
ex.on.e.rate *v.* isentar; exonerar.
ex.ot.ic *adj.* exótico.
ex.pand *v.* expandir, dilatar; desenvolver.
ex.panse *s.* extensão.
ex.pan.sion *s.* expansão, dilatação.
ex.pect *v.* esperar, aguardar, contar com; supor (coloquial).
ex.pec.ta.tion *s.* expectativa.
ex.pe.di.ence *s.* conveniência, utilidade.
ex.pe.di.ent *adj.* conveniente, útil / *s.* expediente, meio.
ex.pe.di.tion *s.* expedição.
ex.pel *v.* expelir, expulsar.
ex.pend *v.* gastar; despender.
ex.pen.da.ble *adj.* prescindível; descartável; dispensável.
ex.pen.di.ture *s.* gasto(s).
ex.pense *s.* despesa, gasto(s), custo.
ex.pen.sive *adj.* caro(a), dispendioso(a), custoso(a).
ex.pe.ri.ence *s.* experiência, prática / *v.* experimntar.
ex.pe.ri.enced *adj.* experiente.

ex.per.i.ment *s.* experimento, tentativa / *v.* fazer experiências, tentar.
ex.pert *adj.* perito / *s.* especialista, perito, experto.
ex.per.tise *s.* perícia.
ex.pi.ra.tion *s.* expiração; vencimento.
ex.pire *v.* expirar, vencer, caducar.
ex.plain *v.* explicar, elucidar.
ex.pla.na.tion *s.* explicação, esclarecimento.
ex.pli.cit *adj.* explícito.
ex.plode *v.* explodir, estourar.
ex.ploit *v.* explorar recursos / *s.* façanha, proeza.
ex.plore *v.* explorar um lugar, investigar, examinar.
ex.plor.er *s.* explorador(a).
ex.plo.sion *s.* explosão, estouro.
ex.plo.sive *adj.* explosivo(a) / *s.* explosivo(a).
ex.port *s.* exportação / *v.* exportar.
ex.port.er *s.* exportador(a).
ex.pose *v.* expor, exibir.
ex.posed *adj.* exposto(a); desprotegido(a).
ex.poser *s.* expositor.
ex.po.sure *s.* exposição, exibição.
ex.pound *v.* expor, esclarecer.
ex.press *adj.* expresso; urgente; rápido / *v.* expressar.

ex.pres.sion s. expressão, manifestação; fórmula algébrica.
ex.pres.sive adj. expressivo, significativo.
ex.press.ly adv. expressamente.
ex.press.way s. rodovia.
ex.pul.sion s. expulsão, exclusão.
ex.pur.gate v. expurgar, limpar, purificar.
ex.tant adj. existente; sobrevivente.
ex.tend v. estender, prolongar; prorrogar.
ex.ten.sion s. extensão; ampliação.
ex.ten.sive adj. extenso(a), extensivo(a).
ex.ten.sive.ly adv. extensivamente.
ex.tent s. alcance, grau.
ex.te.ri.or adj. externo / s. exterior; aspecto.
ex.ter.nal adj. externo(a), exterior.
ex.tinct adj. extinto(a).
ex.tin.guish v. extinguir, apagar.
ex.tin.guish.er s. extintor.
ex.tir.pa.tor s. extirpador.
ex.tort v. extorquir.

ex.tra s. extraordinário; aumento / adj. adicional / adv. extra, super.
ex.tract v. extrair; deduzir / s. extrato, resumo, passagem.
ex.tra.dite v. extraditar.
ex.traor.di.nar.y adj. extraordinário, notável.
ex.trav.a.gance s. extravagância.
ex.trav.a.gant adj. extravagante.
ex.treme adj. extremo / s. extremo.
ex.treme.ly adv. extremamente.
ex.tri.cate v. livrar, soltar.
ex.tro.vert s. extrovertido(a).
ex.ude v. aparecer.
eye s. olho / v. olhar.
eye.ball s. globo ocular.
eye.brow s. sobrancelha.
eye.lash s. cílio, pestana.
eye.less adj. sem vista; cego(a).
eye.lid s. pálpebra.
eye.shadow s. sombra para os olhos.
eye.sight s. visão, vista.
eye.sore s. terçol.
eye.wit.ness s. testemunha ocular.

F, f s. sexta letra do alfabeto inglês; fá (nota musical).
fa.ble s. fábula.
fab.ric s. tecido, pano; fabricação; estrutura; trama; construção.
fab.ri.cate v. fabricar; confeccionar.
fab.ri.ca.tion s. fabricação, construção.
fa.cade s. fachada.
face s. cara, rosto / v. encarar.
face.less adj. descarado; anônimo; sem rosto.
fa.ce.tious adj. jocoso, brincalhão.
face value s. valor nominal.
fac.ile adj. fácil; simples.
fa.cil.i.ties s. pl. facilidades; instalações; recursos.

fac.ing s. material de revestimento; cobertura.
fac.sim.i.le s. fac-símile, reprodução.
fact s. fato, acontecimento.
fac.tor s. fator.
fac.to.ry s. fábrica.
fac.tu.al adj. real, efetivo, fatual.
fac.ul.ty s. faculdade; capacidade; habilidade.
fad s. mania; moda passageira.
fade v. desbotar; murchar; enfraquecer.
fag s. trabalho enfandonho; homossexual (coloquial).
fail v. reprovar; falhar, fracassar / s. reprovação.
fail.ing s. defeito, falha.

221

fail.ure s. falha, deficiência; fracasso; reprovação.
faint s. desmaio / v. desmaiar / adj. fraco, leve.
faint.ness s. fraqueza, debilidade; tontura.
fair s. feira / adj. satisfatório; formoso; louro; justo, imparcial.
fair-con.di.tioned adj. de boa índole, benigno.
fair.ly adv. com justiça, honestamente.
fair.ness s. justiça, integridade, imparcialidade; formosura.
fair play s. jogo limpo, retidão.
fair.y s. fada.
fair.y tale s. conto de fadas.
faith s. fé, crença.
faith.ful adj. fiel, leal.
faith.ful.ly adv. fielmente, lealmente.
fake s. falsificação; fraude; falso / v. fingir; falsificar; imitar.
fal.con s. falcão.
fall v. cair / s. queda; outono.
fall.en v. pp. do v. to fall / adj. caído(a), triste.
falling star s. estrela cadente.
fall.out s. partículas radioativas.
false adj. falso(a).
false.ness s. falsidade.
false teeth s. dentadura.

fal.ter s. vacilação / v. vacilar.
fame s. fama, reputação.
fa.mil.i.ar adj. familiar; íntimo; conhecido.
fa.mil.i.ar.ize v. familiarizar-se, habituar-se.
fam.i.ly s. família; linhagem.
fam.il.y name s. sobrenome.
fa.mous adj. famoso, afamado, ilustre.
fa.mous.ly adv. famosamente.
fan s. leque, ventilador / v. abanar.
fa.nat.ic s. fanático(a).
fan.ci.ful adj. extravagante, fantástico(a); fantasioso(a).
fan.cy s. capricho; fantasia / adj. luxuoso(a) / v. imaginar, querer (coloquial).
fan.cy ball s. baile à fantasia.
fan.cy dress s. fantasia (roupa).
fang s. dente canino; raiz do dente.
fan.tas.tic adj. fantástico(a).
fan.ta.sy s. imaginação, fantasia.
far adj. distante, remoto(a) / adv. muito longe.
far.a.way adj. remoto(a), longíquo(a); distraído(a), pensativo(a).
farce s. farsa; pantomima.
far.ci.cal adj. ridículo(a).
fare s. tarifa, preço de passagem.

fare.well *s.* despedida, adeus / *adj.* de despedida.
farm *s.* fazenda / *v.* cultivar.
farm.er *s.* fazendeiro(a).
farm hand *s.* lavrador(a), trabalhador(a) agrícola.
farm.house *s.* casa de fazenda.
farm.ing *s.* agricultura, lavoura, cultivo.
farm.land *s.* terra de cultivo.
farm.yard *s.* pátio de fazenda.
far-reach.ing *adj.* de longo alcance.
fart *v.* peidar (coloquial). / *s.* peido (coloquial).
far.ther *adj.* mais distante, mais afastado / *adv.* mais longe.
fas.ci.nate *v.* fascinar, cativar.
fas.ci.na.tion *s.* fascinação, encanto.
fas.cis.m *s.* fascismo.
fash.ion *s.* moda, uso, costume / *v.* modelar, amoldar.
fash.ion.a.ble *adj.* da moda, elegante.
fash.ion show *s.* desfile de modas.
fast *adv.* rapidamente / *adj.* rápido(a) / *s.* jejum / *v.* jejuar.
fas.ten *v.* fixar; prender; apertar.
fas.ten.er *s.* presilha; prendedor.
fas.ten.ing *s.* fecho, gancho, ferrolho.

fast-food *s.* comida pronta servida rapidamente.
fas.tid.i.ous *adj.* fastidioso(a); difícil de contentar; enfadonho.
fat *adj.* gordo(a) / *s.* gordura.
fa.tal *adj.* fatal.
fa.tal.i.ty *s.* fatalidade.
fa.tal.ly *adv.* fatalmente.
fate *s.* destino; sorte.
fate.ful *adj.* fatídico, decisivo.
fa.ther *s.* pai, genitor; padre.
fa.ther.hood *s.* paternidade.
fa.ther-in-law *s.* sogro.
fa.ther.ly *adj.* paternal / *adv.* paternalmente.
fa.tigue *s.* fadiga, cansaço / *v.* fatigar, cansar.
fat.ness *s.* gordura.
fat.ten *v.* engordar.
fat.ty *s.* gorducho(a) / *adj.* gorduroso, oleoso.
fau.cet *s.* torneira.
fault *s.* culpa; falta, defeito / *v.* criticar.
fault.less *adj.* perfeito, sem falha.
fault.y *adj.* defeituoso(a), imperfeito(a).
fau.na *s.* fauna.
faux pas *s.* gafe, mancada.
fa.vor *s.* favor / *v.* favorecer.

favorable — fend

fa.vor.a.ble *adj.* favorável.
fa.vor.ite *adj.* predileto, preferido / *s.* favorito(a).
fawn *s.* cervo / *adj.* bege.
fax *s.* fax / *v.* enviar via fax (coloquial).
FBI *abrev.* de *Federal Bureau of Investigation* (Agência do Departamento de Justiça Americano).
fear *s.* medo, temor / *v.* temer, recear.
fear.ful *adj.* terrível, horrendo; medroso, receoso.
fear.less *adj.* destemido(a), audaz.
fea.si.ble *adj.* viável, factível, exequível.
feast *s.* banquete, festa, / *v.* festejar, banquetear.
feat *s.* façanha, proeza.
feath.er *s.* pena, pluma / *v.* empenar, emplumar-se.
feath.er.ing *s.* plumagem.
fea.ture *s.* feição, traço, aspecto fisionômico / *v.* apresentar, caracterizar.
Feb.ru.a.ry *s.* fevereiro.
fed *v. pret.* e *pp.* do *v. to feed.*
fed.er.al *adj.* federal.
fed up *adj.* de saco cheio, farto (coloquial).
fee *s.* taxa; honorários.

fee.ble *adj.* ineficaz; fraco, débil.
fee.ble-mind.ed *adj.* fraco de espírito.
feed *v.* alimentar / *s.* ração, comida.
feed.back *s.* retorno; resposta.
feed.ing bot.tle *s.* mamadeira.
feel *s.* tato; sensação / *v.* sentir; perceber.
feel.er *s.* antena de inseto; tentáculo.
feel.ing *s.* sentimento.
fell *v.* lançar por terra, cortar; *pret.* do *v. to fall* / *s.* derrubada.
fel.low *s.* camarada, companheiro.
fel.low-man *s.* semelhante, membro da raça humana.
fel.low.ship *s.* amizade; comunidade; corporação.
fel.o.ny *s.* crime, delito grave.
felt *s.* feltro / *v. pret.* e *pp.* do *v. to feel.*
fe.male *s.* fêmea / *adj.* do sexo feminino, fêmea.
fem.i.nine *adj.* feminino(a) / *s.* feminino(a).
fem.i.nist *s.* feminista.
fence *s.* cerca, grade, muro / *v.* cercar; esgrimir.
fenc.ing *s.* esgrima; cercas.
fend *v.* defender-se; desviar.

fend.er *s.* paralama; limpa trilhos; guarda, proteção.
fer.ment *v.* fermentar / *s.* fermento, levedura.
fern *s.* samambaia.
fer.ret *s.* furão (animal); cadarço, fita; ferrão.
fer.ry *s.* balsa / *v.* transportar em balsa.
fer.ry.boat *s.* barco de passagem, balsa.
fer.tile *adj.* fértil, fecundo.
fer.ti.lize *v.* fertilizar, adubar.
fer.ti.liz.er *s.* fertilizante, adubo.
fer.vent *adj.* ardente; abrasador; intenso.
fes.ter *v.* inflamar-se, supurar / *s.* chaga, pústula.
fes.ti.val *s.* festival, grande festa.
fes.tive *adj.* festivo, alegre.
fes.tiv.i.ty *s.* festividade, solenidade.
fetch *s.* estratagema; busca / *v.* ir buscar.
fetch.ing *adj.* atraente, encantador.
fet.ish *s.* fetiche.
fet.ter *s.* grilhão; cadeias, algemas (geralmente no plural *felters*).
feud *s.* disputa; rixa / *v.* brigar, degladiar-se.
fe.ver *s.* febre.
fe.ver.ish *adj.* febril.
fe.ver.ish.ness *s.* indisposição febril.
few *pron.* poucos(as) / *adj.* poucos(as).
few.er *adj.* (*comp.* de *few*), menos.
few.est *adj.* (*superl.* de *few*), o menor.
fi.an.cé *s.* noivo.
fi.an.cée *s.* noiva.
fib *s.* lorota / *v.* contar lorotas.
fi.ber.glass *s.* fibra de vidro.
fic.tion *s.* ficção.
fic.tion.al *adj.* de ficção, imaginário.
fic.ti.tious *adj.* fictício, falso, artificial.
fid.dle *s.* violino / *v.* tocar violino.
fi.del.i.ty *s.* fidelidade, lealdade, exatidão.
field *s.* campo.
field-glass *s.* binóculo.
field.work *s.* trabalho científico de campo.
fiend *s.* demônio; espírito maligno.
fiend.ish *adj.* diabólico, cruel (coloquial).
fierce *adj.* feroz, selvagem; ardente, fogoso.
fierce.ness *s.* ferocidade, fúria.
fier.y *adj.* fogoso; furioso.

fif.teen *num.* quinze.

fif.th *num.* quinto.

fif.ty *num.* cinquenta.

fig *s.* figo.

fight *s.* briga, luta / *v.* lutar, brigar.

fight.er *s.* combatente, lutador; avião de caça.

fight.ing *s.* batalha, luta / *adj.* combatente, lutador.

fig.ment *s.* imaginário, imaginação; ficção.

fig.u.ra.tive *adj.* figurado, figurativo, representativo.

fig.ure *s.* figura; cifra, número / *v.* figurar; fazer sentido.

figure out *v.* compreender; calcular, imaginar.

filch *v.* afanar, furtar.

file *s.* pasta; arquivo; fio, arame; lima (ferramenta) / *v.* arquivar; limar, lixar.

fil.ing-cab.i.net *s.* fichário, arquivo.

fill *v.* preencher algo, encher, ocupar; obturar.

fil.let *s.* filé (lombo de vitela ou boi); filete, friso; faixa.

fill.ing *s.* recheio; obturação.

filling sta.tion *s.* posto de gasolina.

fil.ly *s.* potranca; garota namoradeira; folgazona (coloquial).

film *s.* filme, película / *v.* filmar.

fil.ter *s.* filtro / *v.* filtrar.

fil.ter-tipped *adj.* filtrado.

filth.y *adj.* indecente; corrupto; imundo.

fin *s.* barbatana, nadadeira.

fi.nal *adj.* final, último, decisivo.

fi.na.le *s.* final (música: parte final de uma sinfonia, ópera, peça).

fi.nal.ize *v.* concluir, finalizar.

fi.nal.ly *adv.* finalmente.

fi.nance *s.* finanças / *v.* financiar, custear.

fi.nan.cial *adj.* financeiro.

fi.nan.cier *s.* financiador(a); financista.

find *v.* achar, encontrar; buscar.

find.ing *s.* veredicto, decisão; achado, descoberta.

find out *v.* descobrir.

fine *adj.* fino(a), excelente, refinado(a) / *interj.* ótimo! excelente! / *s.* multa / *v.* multar.

fine arts *s.* belas-artes.

fi.ne.ry *s.* enfeites, ornatos.

fi.nesse *s.* sutileza, finura.

fin.ger *s.* dedo.

fin.ger.print *s.* impressão digital.

fin.ger.tip *s.* ponta do dedo.

fin.i.cky *adj.* enjoado(a); fresco(a) (comida) (coloquial).

fin.ish s. fim; chegada; acabamento / v. terminar; concluir.
Fin.land s. Finlândia.
Finn s. finlandês.
Fin.nish s. finlandês(esa) / adj. filandês(esa).
fire s. fogo; incêndio / v. atirar, disparar; demitir.
fire.arm s. arma de fogo.
fire es.cape s. escada de incêndio.
fire.fly s. pirilampo, vaga-lume.
fire.man s. bombeiro.
fire.place s. lareira.
fire.proof adj. à prova de fogo.
fire.side s. lareira.
fire.wood s. lenha.
fire.works s. fogos de artifício.
firing squad s. pelotão de fuzilamento.
firm s. firma / adj. firme / v. fixar, firmar.
firm.ly adv. firmemente.
first adj. primeiro(a) / s. primeiro(a) / adv. antes de tudo.
first aid s. primeiros socorros.
first-class adj. de primeira classe.
first-hand adj. de primeira mão.
first lady s. primeira dama.
first.ly adv. em primeiro lugar, primeiramente.
first name s. primeiro nome, prenome.

fish s. peixe / v. pescar.
fish.er.man s. pescador.
fish.ing s. pesca, pescaria.
fish.mon.ger s. peixeiro.
fist s. punho; mão fechada.
fit adj. em boa forma, em condições, apto(a), adequado(a) / v. caber, servir.
fit.ness s. aptidão; conveniência.
fit.ting adj. apropriado, ajustado, adequado / s. assentamento, ajuste, encaixe.
fit.tings s. móveis; utensílios; acessórios.
fit.ting room s. provador.
five num. cinco.
fix v. fixar; consertar / s. dificuldade (coloquial).
fix.a.tion s. fixação, estabilidade.
fixed adj. fixo, estável.
fix.ture s. fixação; acessório fixo de uma casa.
flab.by adj. flácido, balofo (coloquial).
flag s. bandeira; emblema / v. fraquejar, decair, esmorecer.
flag.pole s. mastro.
flair s. olfato, faro, instinto.
flak s. críticas; artilharia antiaérea (militar).

flake *s.* floco; lasca / *v.* lascar; esamar; cobrir de flocos.

flam.boy.ant *adj.* espalhafatoso(a), extravagante.

flame *s.* chama, lume.

flam.ma.ble *adj.* inflamável.

flan *s.* torta doce.

flank *s.* flanco, ala / *v.* ladear, flanquear.

flan.nel *s.* flanela.

flap *s.* borda, aba, ponta / *v.* ondular, bater, agitar.

flash *s.* clarão, lampejo / *v.* brilhar, lampejar.

flash.back *s.* lembrança repentina um fato.

flash bulb *s.* clarão de lâmpada; *flash* (câmera).

flash.light *s.* lanterna, lanterna de bolso; cintilação; clarão de luz; origem de luz artificial.

flash.y *adj.* flamejante, cintilante.

flask *s.* frasco; cantil; garrafa térmica.

flat *s.* apartamento; a parte plana de algo / *adj.* plano, liso, sem relevo.

flat.food *s.* pé chato.

flat.ly *adv.* terminantemente; de modo chato ou plano.

flat.ten *v.* desanimar; achatar, nivelar, alisar.

flat.ter *v.* lisonjear; bajular.

flat.ter.er *s.* lisonjeador; adulador.

flat.ter.ing *adj.* lisonjeiro.

flat.ter.y *s.* bajulação; lisonja.

flaunt *s.* ostentação, pompa / *v.* ostentar, alardear.

fla.vor *s.* sabor, gosto / *v.* aromatizar; temperar, condimentar.

fla.vor.ing *s.* aromatizante, condimento, tempero.

fla.vor.less *adj.* sem gosto, sem sabor, insípido.

fla.vor.ous *adj.* saboroso.

flaw *s.* defeito, falha, fenda; furacão, tufão, ventania / *adj.* defeituoso.

flax *s.* linho (botânica).

flax.en *adj.* de linho, linhoso.

flea *s.* pulga.

fleck *s.* mancha na pele, pinta.

flee *v.* fugir, escapar.

fleece *s.* lã / *v.* tosquiar.

fleet *s.* frota / *adj.* rápido(a), veloz / *v.* mover-se rapidamente.

fleet.ing *adj.* passageiro; fugaz.

Flem.ish *adj.* flamengo, habitante da região de Flandres / *s.* flamengo, língua falada na Bélgica.

flesh *s.* carne (do homem e dos animais).

flew — flowerpot

flew v. pret. do v. to fly.
flex.i.ble adj. flexível, adaptável.
flick s. peteleco / v. dar um peteleco.
flick.er v. tremular / s. vislumbre.
fli.er s. aviador, voador.
flight s. voo; fuga; lance (de escadas).
flim.sy s. papel fino, papel de cópia / adj. delgado(a), frágil.
flinch v. vacilar; retroceder-se; esquivar-se / s. recuo, desistência, hesitação.
fling s. arremesso; farra amorosa / v. lançar, precipitar-se.
flip s. sacudidela; gemada / v. atirar para o ar; sacudir.
flip.pant adj. petulante, impertinente.
flip.per s. nadadeira; barbatana.
flirt v. flertar, namorar / s. paquerador(a), namorador(a).
flit s. movimento leve / v. esvoaçar.
float s. boia; flutuação / v. flutuar.
float.ing adj. flutuante.
flock s. rebanho, manada, revoada; floco de lã / v. andar em bandos, reunir-se.
flood s. inundação, enchente / v. inundar, transbordar.
flood.gate s. comporta.
flood.ing s. inundação.
flood.light s. holofote.
floor s. chão, solo, piso; andar / v. assoalhar.
floor.ing s. pavimento, soalho.
floor lamp s. abajur de pé.
flop v. fracassar / s. fracasso, malogro.
flop.py adj. frouxo(a), mole, bambo(a) (coloquial).
flo.ra s. flora.
flor.id adj. florido(a).
flo.rist s. florista, floricultor(a).
flo.rist's s. floricultura.
flounce s. babado; gesto de impaciência.
floun.der s. linguado (peixe) / v. atrapalhar-se; debater-se.
flour s. farinha.
flour.ish s. floreio / v. florescer, prosperar.
flour.ish.ing adj. próspero; notável.
flout v. desrespeitar, insultar / s. escárnio, insulto.
flow s. fluxo; fluência / v. fluir; escorrer.
flow chart s. fluxograma.
flow.er s. flor / v. florir, desabrochar.
flow.er bed s. canteiro de flores.
flo.wer.pot s. vaso de plantas.

flow.er.y *adj.* floreado(a), florido(a).
flow.ing *adj.* corrente, fluente.
flown *v. pp.* do *v. to fly.*
flu *s.* gripe, influenza.
fluc.tu.ate *v.* flutuar, oscilar.
flue *s.* cano de chaminé, fumeiro; penugem; rede / *v.* afunilar.
flu.ent *adj.* fluente.
fluff *s.* penugem / *v.* afofar.
fluff.y *adj.* macio(a); de pelúcia; fofo(a).
fluid *s.* fluido, líquido.
fluke *s.* sorte, acaso.
flung *v. pret.* do *v. to fling.*
flunk *s.* fracasso, reprovação / *v.* fracassar, reprovar.
fluor.ide *s.* fluoreto.
flush *s.* rubor / *v.* corar; dar a descarga.
flushed *adj.* corado(a); excitado(a); ansioso(a).
flus.ter.ed *adj.* atrapalhado(a); agitado(a), excitado(a).
flute *s.* flauta.
flut.ter *s.* agitação; palpitação / *v.* palpitar.
fly *s.* mosca / *v.* voar.
fly.ing *s.* aviação / *adj.* voador; flutuante.
fly.ing sal.cer *s.* disco voador.
foam *s.* espuma / *v.* espumar.

fob *v.* despachar alguém, livrar-se de; enganar.
fo.cal.ize *v.* focar, focalizar.
fo.cal point *s.* foco, centro.
fo.cus *s.* foco / *v.* enfocar, focar.
fod.der *s.* forragem / *v.* alimentar (o gado).
foe *s.* inimigo, adversário.
fog *s.* nevoeiro, neblina.
fog light *s.* farol de neblina.
foil *s.* rastro de caça; folha metálica; lâmina delgada / *v.* frustrar.
fold *s.* dobra; vinco / *v.* dobrar-se; entrelaçar os dedos.
fold.er *s.* pasta de papéis, envoltório.
fold.ing *s.* dobragem / *adj.* dobrável.
fold.ing chair *s.* cadeira dobradiça.
fo.li.age *s.* folhagem, ramagem.
folk *s.* povo; gente; nação. / *adj.* folclórico, popular, comum.
folk dance *s.* dança folclórica.
folk.lore *s.* folclore.
folk song *s.* canção popular.
fol.low *v.* seguir, suceder.
fol.low.er *s.* seguidor(a).
fol.low.ing *s.* cortejo, séquito / *adj.* seguinte, próximo.
fol.ly *s.* loucura, doidice.

fond *adj.* carinhoso, afetuoso; afeiçoado.
fon.dle *v.* acariciar, afagar.
font *s.* fonte (informática); pia de água benta.
food *s.* comida, alimento.
food poi.son.ing *s.* intoxicação alimentar.
food proc.ess.or *s.* multiprocessador de alimentos.
food.stuff *s.* gêneros alimentícios.
fool *s.* bobo(a), tolo(a) / *v.* enganar.
fool.ish *adj.* tolo; insensato.
fool.ish.ness *s.* loucura, insensatez.
fool.proof *adj.* infalível, perfeitamente seguro (coloquial).
foot *s. (pl. feet)* pé.
foot.ball *s.* futebol americano; bola de futebol americano.
foot.ball match *s.* partida de futebol.
foot.bridge *s.* passarela, ponte para pedestres.
foot.loose *adj.* livre, desembaraçado(a).
foot.note *s.* nota de rodapé.
foot.path *s.* atalho; vereda.
foot.print *s.* pegada.
foot.wear *s.* calçados.
for *prep.* para; por.

for.age *s.* forragem.
for.bad *v. pret.* do *v. to forbid.*
for.bear *v.* conter, reprimir.
for.bear.ing *adj.* paciente, indulgente.
for.bid *v.* proibir.
for.bid.den *v. pp.* do *v. to forbid.*
for.bid.ding *adj.* severo; proibitivo(a).
force *s.* força / *v.* forçar.
force.ful *adj.* vigoroso, forte.
for.ceps *s.* fórceps.
for.ci.bly *adv.* à força, forçosamente.
ford *s.* parte rasa do rio.
fore *s.* parte dianteira, frente; proa / *adj.* dianteiro, anterior.
fore.arm *s.* antebraço.
fore.bode *v.* agourar.
fore.bod.ing *s.* agouro, presságio.
fore.cast *s.* previsão / *v.* prever, predizer.
fore.fa.ther *s.* antepassado.
fore.fin.ger *s.* dedo indicador.
fore.foot *s.* pata dianteira.
fore.front *s.* em primeiro plano, vanguarda; testa.
fore.go *v.* anteceder.
fore.go.ing *adj.* precedente.

fore.gone *adj.* passado, anterior / *v. pp.* do *v. to forego*.
fore.ground *s.* primeiro plano.
fore.head *s.* testa; fronte.
for.eign *adj.* estrangeiro(a).
for.eign.er *s.* estrangeiro(a).
fore.know *v.* prever.
fore.leg *s.* perna dianteira.
fore.man *s.* capataz.
fore.most *adj.* principal; dianteiro / *adv.* em primeiro lugar.
fore.name *s.* prenome.
fore.run.ner *s.* precursor(a).
fore.see *v.* prever, antever.
fore.sight *s.* previdência, prevenção; previsão.
fore.skin *s.* prepúcio.
for.est *s.* floresta, selva.
fore.stall *v.* prevenir, evitar.
for.est.er *s.* guarda-florestal.
for.est.ry *s.* silvicultura.
fore.tell *v.* profetizar, predizer.
for.ev.er *adv.* para sempre, eternamente / *s.* eternidade.
fore.warn *v.* prevenir, precaver.
fore.went *v. pret.* do *v. to forego*.
fore.word *s.* prefácio, introdução.
for.feit *v.* perder direito / *s.* prevaricação; penalidade, pena.
for.gave *v. pret.* do *v. to forgive*.
forge *s.* fornalha / *v.* forjar; falsificar.

forg.er *s.* falsificador(a), falsário(a); forjador, ferreiro.
for.ger.y *s.* falsificação.
for.get *v.* esquecer.
for.get.ful *adj.* esquecido(a).
for.get.ful.ness *s.* esquecimento.
for.give *v.* perdoar, desculpar.
for.give.ness *s.* perdão.
for.got *v. pret.* do *v. to forget*.
for.got.ten *v. pp.* do *v. to forget*.
fork *s.* garfo; bifurcação / *v.* bifurcar.
forked *adj.* bifurcado(a).
for.lorn *adj.* desolado(a); abandonado(a).
form *s.* formulário, forma, formato / *v.* formar, moldar.
for.mal *adj.* formal. cerimônia.
for.mal.i.ty *s.* formalidade.
for.mal.ly *adv.* formalmente, cerimoniosamente.
for.mat *s.* formato; formatar (informática).
form.er *adj.* anterior.
for.mer.ly *adv.* anteriormente, antigamente, outrora.
for.mi.da.ble *adj.* formidável, tremendo.
for.mu.la *s.* fórmula.

for.sake v. abandonar, renunciar a.
fort s. forte, fortificação, castelo.
forth adv. adiante; para frente.
for.ti.fy v. fortalecer, fortificar.
for.ti.tude s. fortaleza, coragem, resistência.
fort.night s. quinzena.
for.tress s. fortaleza, castelo forte.
for.tu.nate adj. felizardo(a), afortunado(a), venturoso(a).
for.tu.nate.ly adv. felizmente, afortunadamente.
for.tune s. fortuna; sina, sorte.
for.tune.tell.er s. adivinho(a), cartomante.
for.ty num. quarenta.
for.ward adj. para frente, dianteiro; avançado / v. enviar; avançar.
fos.sil s. fóssil.
fought v. pret. do v. to fight.
foul s. infração, falta / adj. desonesto(a), ilícito(a).
found v. fundar; v. pret. do v. to find.
foun.da.tion s. fundação; fundamento, alicerce.
found.er s. fundador(a).
found.ing s. exposto(a); enjeitado(a).
foun.dry s. fundição.

foun.tain s. chafariz, fonte, bebedouro.
foun.tain-pen s. caneta-tinteiro.
four num. quatro.
four.teen num. catorze.
four.th num. quarto(a).
fox s. raposa.
frac.tion s. fração.
frac.ture s. fratura / v. fraturar.
frag.ile adj. frágil, quebradiço, delicado.
frag.ment s. fragmento / v. fragmentar.
fra.grant adj. perfumado(a), fragrante.
frame s. estrutura; moldura; armação / v. emoldurar.
frame of mind s. estado de espírito, disposição.
frame.work s. armação; treliça.
France s. França.
fran.chise s. concessão, franquia.
frank adj. franco, honesto / v. franquear.
frank.ly adv. francamente.
frank.ness s. franqueza, sinceridade.
fran.tic adj. frenético; furioso; desesperado.
fra.ter.ni.ty s. fraternidade.

fraud

fraud *s.* fraude, embuste; impostor(a), embusteiro.
fray *s.* rixa, briga / *v.* esfiapar, desfiar.
freak *s.* anormal, excentricidade, aberração / *adj.* esquisito(a), grotesco(a).
freck.le *s.* sarda (na pele).
freck.led *adj.* sardento(a).
free *adj.* livre; grátis / *v.* livrar; libertar.
free.dom *s.* liberdade.
free gift *s.* brinde.
free.hand *s.* carta branca, plenos poderes / *adj.* a mão livre.
free.lance *s.* colaborador, trabalhador independente.
free.ly *adv.* livremente.
Free.ma.son *s.* maçom, membro da maçonaria.
free.ma.son.ry *s.* maçonaria.
free.post *s.* porte pago.
free trade *s.* comércio livre.
free.way *s.* autoestrada, rodovia.
free-will *s.* livre arbítrio.
freeze *s.* congelamento / *v.* congelar.
freez.er *s.* congelador.
freez.ing *s.* congelação / *adj.* glacial, frio.
freight *s.* frete, carga.

frightening

French *s.* francês (esa) / *adj.* francês (esa).
French fries *s.* batatas fritas.
fren.zy *s.* frenesi, furor.
fre.quent *adj.* frequente / *v.* frequentar.
fre.quent.ly *adv.* frequentemente.
fresh *adj.* fresco.
fresh.en up *v.* refrescar-se.
fresh.ly *adv.* com aspecto sadio, juvenil; recentemente.
fresh.man *s.* calouro; estudante novato.
fresh.ness *s.* frescor, frescura.
fresh water *adj.* de água doce.
fret *s.* lamúria, choradeira, aborrecimento / *v.* amofinar-se, irritar-se.
fri.ar *s.* frade, monge.
fric.tion *s.* fricção, atrito.
Fri.day *s.* sexta-feira.
fridge *s.* geladeira.
fried *adj.* frito / *v. pret.* e *pp.* do *v.* to fry.
friend *s.* amigo(a).
friend.ly *adj.* amigável / *adv.* amigavelmente.
friend.ship *s.* amizade; afeição.
fright.en *v.* assustar, amedrontar.
fright.ened *adj.* com medo, aterrorizado(a).
fright.en.ing *adj.* assustador(a).

fright.ful *adj.* assustador(a), espantoso(a).
frill *s.* franja de tecido; franja de cabelo; enfeite.
fringe *s.* franja.
frisk *s.* pulo, cambalhota / *v.* saltar, pular.
frisk.y *adj.* animado(a), brincalhão(ona), travesso(a).
frizz.y *adj.* crespo(a), encrespado(a).
frog *s.* rã.
frol.ic *s.* brincadeira, travessura / *v.* brincar, traquinar.
from *prep.* de; proveniente de.
front *s.* frente; dianteira.
front.age *s.* fachada.
fron.tier *s.* fronteira.
frost *s.* geada / *v.* gear.
frost.ed *adj.* fosco; coberto de geada.
frost.ing *s.* glacê para cobertura de bolos.
frost.y *adj.* coberto de geada; gelado(a).
froth *s.* espuma / *v.* espumar.
froze *v. pret.* do *v. to freeze.*
fro.zen *v. pp.* do *v. to freeze* / *adj.* congelado(a).
fruit *s.* fruto, fruta, produto.
fruit.er.er *s.* fruteiro, vendedor de frutas.

fruit.ful *adj.* proveitoso(a); frutífero(a); fecundo(a).
frus.tate *v.* frustrar; malograr.
fry *s.* fritada / *v.* fritar.
fry.ing pan *s.* frigideira.
fud.dy-dud.dy *s.* careta.
fuel *s.* combustível / *v.* abastercer com combustível.
fu.gi.tive *s.* fugitivo(a), foragido(a) / *adj.* fugitivo(a), fugaz.
ful.fil *v.* cumprir a palavra, satisfazer um desejo.
ful.fill.ment *s.* satisfação; cumprimento; realização.
full *adj.* cheio(a), lotado(a).
full age *s.* maioridade.
full grown *adj.* maduro(a); adulto(a).
full moon *s.* lua cheia.
full.name *s.* nome completo.
full.ness *s.* plenitude, abundância.
full-time *adj.* por tempo integral / *adv.* por tempo integral.
ful.ly *adv.* completamente, inteiramente.
ful.some *adj.* enjoativo(a), grosseiro(a), repugnante.
fume *s.* fumo / *v.* fumegar.
fumes *s.* gases.

fun s. diversão, brincadeira / adj. engraçado.
func.tion s. função / v. funcionar.
func.tion.al adj. prático(a), funcional.
fund s. fundo, capital, valor disponível.
fun.da.men.tal adj. fundamental.
fun.da.men.tal.ist s. fundamentalista.
fu.ner.al s. funeral, enterro.
fun.fair s. parque de diversões.
fun.gus s. fungo; cogumelo.
funk s. medo, pavor / v. atemorizar, intimidar.
fun.nel s. funil.
fun.ny adj. divertido(a), engraçado(a); esquisito(a), estranho(a).
fur s. pelo de animal; pele, peliça.
fur-coat s. casaco de peles.
fu.ri.ous adj. furioso(a), irado(a).
fur.lough s. licença / v. licenciar, conceder licença a.
fur.nace s. forno, fornalha.
fur.nish v. mobiliar, suprir.
fur.nish.ings s. pl. mobília; guarnições.
fur.ni.ture s. móveis, mobília.
fur.row s. sulco; ranhura / v. sulcar, entalhar.
fur.ry adj. peludo(a).
fur.ther adj. adicional, outro / adv. além disso, demais / v. promover.
fur.ther.more adv. além disso, outrossim, demais.
fu.ry s. fúria.
fuse s. fusível / v. fundir.
fuse-box s. caixa de fusíveis.
fu.se.lage s. fuselagem.
fuss s. escândalo, espalhafato, alvoroço; preocupação exagerada.
fuss.y adj. espalhafatoso(a); exigente; meticuloso(a).
fu.ture adj. futuro(a) / s. futuro.
fuzz s. flocos, penugem, felpa.
fuzzy adj. flocoso(a), felpudo(a).

G, g *s.* sétima letra do alfabeto inglês; sol (nota musical); *abrev.* de *gram*.
gab.ble *v.* tagarelar / *s.* conversa, tagarelice.
gab.by *adj.* conversador, falador.
gadg.et *s.* invenção, coisa engenhosa.
gag *s.* mordaça / *v.* amordaçar.
gai.ly *adv.* alegremente, felizmente.
gain *s.* ganho, lucro / *v.* ganhar, obter.
gain.ful *adj.* vantajoso, lucrativo.
gait *s.* modo de andar, andadura.
ga.la *s.* gala, pompa / *adj.* de gala, de festa.
Ga.lap.a.gos *s.* Galápagos.
gal.ax.y *s.* galáxia.
gale *s.* ventania, vento forte.
gall *s.* assadura; bílis.
gal.lant *adj.* galante, garboso.
gall blad.der *s.* vesícula biliar.
gal.ler.y *s.* galeria.
gal.ley *s.* galera; baleeira; barco grande.
gal.lon *s.* galão.
gal.lop *s.* galope / *v.* galopar.
gal.lows *s.* forca.
gall.stone *s.* cálculo biliar.
ga.lore *adv.* em abundância / *s.* abundância.
gal.va.nize *v.* galvanizar.
gam.bit *s.* gambito (no jogo de xadrez).
gam.ble *s.* risco / *v.* apostar em jogos de azar.
gam.bling *s.* jogo / *adj.* referente ao jogo.
gam.bol *s.* cambalhota / *v.* pular, dar saltos.
game *s.* jogo, partida.

237

game.keep.er s. guarda-caça.
gan.der s. ganso macho.
gang s. bando, gangue.
gang.ster s. gângster, facínora, bandido.
gang.way s. corredor, passagem.
gaol v. prender / s. cadeia.
gap s. brecha, abertura, lacuna.
gape s. bocejo / v. ficar boquiaberto.
gap.ing adj. muito aberto, escancarado.
ga.rage s. garagem.
garb s. traje, roupa, veste / v. vestir.
gar.bage s. lixo.
gar.ble v. deturpar, falsificar, adulterar.
gar.den s. jardim, quintal; horta / v. cuidar de jardim.
gar.den.er s. jardineiro.
gar.den.ing s. jardinagem; horticultura.
gar.gle v. gargarejar / s. gargarejo.
gar.ish adj. berrante; extravagante.
gar.land s. guirlanda, grinalda.
gar.lic s. alho.
gar.ment s. peça de roupa, vestuário.
gar.net s. granada; vermelho-escuro.
gar.nish v. enfeitar / s. guarnição, enfeite.
gar.ri.son s. guarnição (tropas).
gas s. gás; gasolina (coloquial).
gas cook.er s. fogão a gás.
gas cyl.in.der s. botijão de gás.
gash s. talho, corte, ferida profunda / v. talhar.
gas.ket s. junta, vedação.
gas mask s. máscara contra gases.
gas-me.ter s. medidor de gás.
gas.o.line s. gasolina.
gas sta.tion s. posto de gasolina.
gas.works s. fábrica de gás.
gas.sy adj. gasoso.
gate s. portão, porta, cancela.
gate.way s. porta, entrada ou saída; passagem.
gath.er s. prega, dobra / v. reunir, juntar.
gath.er.ing s. reunião, encontro; ato de reunir.
gauche adj. desajeitado.
gaud.y adj. afetado, exagerado; ostentoso.
gaunt adj. magro, descarnado, esquelético.
gauze s. gaze.
gave v. pret. do v. give.
gay adj. homossexual; alegre / s. homossexual.
gaze s. olhar fixo / v. olhar fixamente, fitar.

gaz.et.teer s. dicionário geográfico.
gear s. engrenagem; equipamento / v. engrenar.
gear.box s. caixa de câmbio.
gear-wheel s. roda dentada.
gel s. gel.
geld v. castrar.
geld.ing s. castração.
gem s. joia, gema, pedra preciosa.
Gem.i.ni s. Gêmeos (astrologia).
gen.der s. gênero.
gen.er.al s. general / adj. geral.
gen.er.al.ly adv. geralmente.
gen.er.ate v. gerar, causar.
gen.er.a.tor s. gerador.
gen.er.ous adj. generoso.
ge.ne.tic en.gin.eer.ing s. engenharia genética.
Ge.ne.va s. Genebra.
ge.ni.al adj. cordial, amável.
gen.i.tals s. órgãos genitais.
ge.ni.us s. gênio, capacidade.
gen.teel adj. distinto, cavalheiresco.
gen.tle adj. suave, brando.
gen.tle.man s. cavalheiro.
gen.tle.ness s. meiguice; doçura.
gen.tly adv. gentilmente, suavemente.
gen.try s. pequena nobreza.
gents s. banheiro masculino.
gen.u.ine adj. autêntico.
ge.og.ra.phy s. geografia.
ge.ol.o.gy s. geologia.
ge.om.e.try s. geometria.
ge.ra.ni.um s. gerânio.
ger.i.at.ric adj. geriátrico / s. geriátrico.
germ s. micróbio, germe.
Ger.man adj. alemão(ã) / s. alemão(ã).
Ger.man.y s. Alemanha.
get v. tornar, receber, obter, ganhar.
get a.bout v. espalhar-se; circular; viajar muito.
get a.long v. entender-se com, lidar com; progredir.
get a.round v. rodear, viajar de lugar em lugar.
get at v. alcançar, certificar-se.
get a.way v. partir, ir embora, escapar / s. fuga.
get back v. voltar, receber de volta, regressar.
get by v. passar despercebido.
get down v. abaixar, descer.
get in v. entrar.
get off v. sair, decolar / s. decolagem.
get on v. subir.
get out v. sair.
get-to.geth.er v. reunir-se / s. reunião informal.
get up v. levantar da cama.
get-up s. enfeite, arranjo.

ghast.ly *adj.* horrível, medonho.
ghost *s.* fantasma, alma.
gi.ant *s.* gigante / *adj.* gigantesco.
gid.dy *adj.* com tontura, zonzo.
gift *s.* presente; dom, dádiva / *v.* presentear.
gift.ed *adj.* dotado, talentoso.
gilt *s.* dourado / *adj.* dourado.
gim.mick *s.* macete, truque.
gin *s.* gim.
gin.ger *s.* gengibre; pessoa ruiva.
gin.ger.ly *adv.* cuidadosamente, cautelosamente.
gip.sy *s.* cigano(a).
gi.raffe *s.* girafa.
gir.der *s.* viga mestra, suporte principal.
girl *s.* menina, garota.
girl.friend *s.* namorada; amiga.
gist *s.* essência, ponto principal.
give *v.* dar.
give back *v.* devolver.
give in *v.* ceder.
give up *v.* desistir; renunciar.
giz.zard *s.* moela.
gla.ci.er *s.* geleira.
glad *adj.* contente, alegre.
glade *s.* clareira.
glad.ly *adv.* com muito prazer.
glam.our *s.* encanto, deslumbramento.
glam.or.ous *adj.* glamoroso, deslumbrante.

glance *s.* relance, olhadela / *v.* dar uma olhada rápida, lançar os olhos.
glanc.ing *adj.* oblíquo.
gland *s.* glândula.
glare *s.* luminosidade, clarão; olhar penetrante / *v.* olhar com raiva.
glass *s.* vidro; copo.
glass-house *s.* estufa; fábrica de vidros.
glass-ware *s.* objetos de vidro.
glaze *s.* verniz; esmalte / *v.* envidraçar, vitrificar.
glazed *adj.* vitrificado.
gla.zi.er *s.* vidraceiro.
gleam *v.* brilhar, reluzir / *s.* lampejo, vislumbre.
glean *v.* colher aos poucos, obter.
glee *s.* regojizo, alegria.
glen *s.* vale estreito e profundo.
glib *adj.* lisonjeiro, volúvel.
glide *s.* deslizamento / *v.* planar, deslizar.
glid.er *s.* planador (piloto ou avião).
glid.ing *s.* voo sem motor.
glim.mer *s.* lampejo, luz trêmula / *v.* vislumbrar.
glint *s.* raio de luz, lampejos / *v.* cintilar; reluzir.

glisten — gold mine

glis.ten *v.* brilhar / *s.* brilho, resplendor.
glit.ter *s.* brilho / *v.* reluzir.
glob.al *adj.* mundial; total, integral.
globe *s.* globo, esfera.
gloom *s.* escuridão; tristeza / *v.* escurecer, estar triste.
gloom.y *adj.* escuro; sombrio, triste.
glo.ri.fy *v.* glorificar, honrar.
glo.ri.ous *adj.* glorioso, ilustre.
glo.ry *s.* glória; beleza.
gloss *s.* brilho, lustro; brilho para os lábios (cosmético) / *v.* polir, lustrar.
glos.sa.ry *s.* glossário.
gloss.y *adj.* lustroso, reluzente.
glove *s.* luva.
glove com.part.ment *s.* porta-luvas.
glow-worm *s.* pirilampo, vaga-lume.
glu.cose *s.* glicose.
glue *s.* cola / *v.* colar.
glum *adj.* carrancudo, de mau humor.
glut *s.* fartura, abundância / *v.* fartar, saturar.
glut.ton *s.* glutão(ona), comilão(ona).
glut.ton.y *s.* gula, glutonaria.
gnarled *adj.* retorcido; áspero.
gnat *s.* mosquito.
gnaw *v.* roer algo; atormentar alguém.
go ahead *v.* ir em frente, avançar.
go away *v.* ir embora.
go back *v.* voltar.
go on *v.* continuar.
goal *s.* meta, objetivo; gol.
goal.keep.er *s.* goleiro(a).
goal.post *s.* trave de gol.
goat *s.* cabra, bode; Capricórnio (astrologia).
gob.ble down *v.* devorar.
go-be.tween *s.* intermediário(a).
gob.let *s.* cálice, taça.
god *s.* deus, ídolo.
God *s.* Deus.
god.child *s.* afilhado(a).
god.daughter *s.* afilhada.
god.dess *s.* deusa.
god.fa.ther *s.* padrinho.
god.like *adj.* divino.
god.moth.er *s.* madrinha.
god.send *s.* dádiva do céu.
god.son *s.* afilhado.
go.ing *s.* andamento; curso da vida / *adj.* andante, em movimento.
gold *s.* ouro.
gold.en *adj.* dourado, de ouro.
gold.fish *s.* peixe-dourado.
gold mine *s.* mina de ouro.

gold.smith s. ourives.
golf s. golfe.
golf.er s. jogador de golfe.
gone v. pp. do v. to go.
gong s. gongo.
good adj. bom, boa.
good-bye interj. até logo! adeus!
Good Fri.day s. Sexta-feira Santa.
good-for-noth.ing s. pessoa inútil.
good-hu.moured adj. bem--humorado.
good-look.ing adj. bonito.
good-na.tured adj. de boa índole.
good.ness s. bondade
/ interj. céus!
goods s. pl. mercadorias; bens, posses.
good.will s. boa vontade, benevolência.
good.y s. velhinha; beata; gulodice.
goof s. bobo, pateta (coloquial).
goon s. pessoa estúpida (coloquial).
goose s. (pl. geese) ganso.
goose.ber.ry s. groselha espinhosa.
gorge s. garganta, goela (anatomia); desfiladeiro, garganta (geografia).
gor.geous adj. magnífico, deslumbrante.
go.ril.la s. gorila.
gorse s. tojo.
go.ry adj. sangrento, ensanguentado.

gosh interj. Deus!; caramba!
go-slow s. operação tartaruga; greve branca.
gos.pel s. evangelho
/ adj. evangélico.
gos.sip s. fofoca, fofoqueiro(a)
/ v. fofocar.
got v. pret. do v. to get.
got.ten v. pp. do v. to get.
gout s. gota (doença).
gov.ern v. governar, administrar.
gov.er.ness s. governanta.
gov.ern.ment s. governo, administração.
gov.er.nor s. governador(a).
gown s. vestido longo; beca, toga.
grab v. agarrar.
grace s. graça, elegância
/ v. adornar.
grace.ful adj. gracioso, elegante.
gra.cious adj. afável; elegante, luxuoso.
grade s. classe; grau
/ v. classificar.
grade cross.ing s. passagem de nível.
grade school s. escola primária.
gra.di.ent s. declive, inclinação.
grad.u.al adj. gradual.
grad.u.al.ly adv. gradualmente, paulatinamente.

grad.u.ate s. graduado, diplomado / v. formar-se, graduar-se.
grad.u.a.tion s. formatura, graduação, colação de grau.
graf.fi.ti s. pichação, grafite.
graft s. enxerto / v. enxertar.
grain s. grão.
grained adj. granulado.
gram s. grama (unidade de massa).
gram.mar s. gramática.
gram.mat.i.cal adj. gramatical.
grand adj. esplêndido, formidável.
grand.child s. neto(a).
grand.daugh.ter s. neta.
gran.deur s. grandeza.
grand.fa.ther s. avô.
gran.di.o.se adj. grandioso, imponente.
grand.ness s. grandeza.
grand.moth.er s. avó.
grand.par.ents s. avós.
grand pi.a.no s. piano de cauda.
grand.son s. neto.
gran.ger s. granjeiro.
gran.ite s. granito.
gran.ny s. vovó, vó.
grant v. conceder / s. subsídio, subvenção.
gran.u.lat.ed adj. granulado.
grape s. uva; videira.
grape.fruit s. toranja.
graph s. gráfico.

graph.ic adj. gráfico.
graph.ic arts s. artes gráficas.
grap.ple s. agarramento, luta / v. atracar-se com.
grasp v. agarrar, pegar.
grasp.ing adj. avaro; ganancioso.
grass s. grama, gramado.
grass.hop.per s. gafanhoto.
grass roots s. povo comum, zonas rurais.
grate v. ralar; ranger.
grate.ful adj. agradecido, grato.
grat.er s. ralador.
grat.ing adj. rangedor, rilhador / s. grade, barras de ferro.
grat.i.tude s. gratidão.
gra.tu.i.ty s. gratificação, gorjeta.
grave s. cova, sepultura / adj. sério, grave / v. gravar, esculpir.
grav.el s. cascalho, pedregulho.
grave.stone s. lápide, túmulo.
grave.yard s. cemitério.
grav.i.ty s. gravidade (física), seriedade (formal).
gra.vy s. molho ou caldo de carne.
gray, grey adj. cinzento, cinza / s. cinza.
grease s. gordura, banha; graxa / v. engraxar; lubrificar.
greas.y adj. gorduroso, oleoso.

great *adj.* genial; grande, vasto; formidável.
great grand.daugh.ter *s.* bisneta.
great grand.father *s.* bisavô.
great grand.mother *s.* bisavó.
great grand.son *s.* bisneto.
great.ly *adv.* imensamente, muito.
great.ness *s.* grandeza.
Greece *s.* Grécia.
greed *s.* ganância; gula.
Greek *s.* grego / *adj.* grego.
green *adj.* verde; imaturo, inexperiente / *s.* verde.
green card *s.* autorização de residência nos EUA.
green.gro.cer *s.* verdureiro, quitandeiro.
green.ery *s.* verdura, hortaliças.
green.house *s.* estufa.
green.ish *adj.* esverdeado.
Green.land *s.* Groenlândia.
greens *s. pl.* verduras.
greet *v.* acolher; saudar, cumprimentar.
greet.ing *s.* saudação, cumprimento.
greet.ing(s) card *s.* cartão comemorativo; saudação.
gre.nade *s.* granada.
grew *v. pret.* do *v. to grow.*
grey *adj.* cinzento, cinza / *s.* cinza.
grey-haired *adj.* grisalho.

grid *s.* grade; grelha; linhas (de coordenadas).
grid.dle *s.* forma redonda para bolo.
grief *s.* pesar, aflição.
griev.ance *s.* queixa, mágoa.
grieve *v.* afligir; chorar a perda de alguém.
grill *s.* grelha / *v.* grelhar.
grille *s.* grade (de proteção).
grim *adj.* desagradável, carrancudo, severo.
grim.y *adj.* encardido.
grind *v.* moer, triturar.
grip *s.* aderência, cabo, alça / *v.* agarrar.
gripe *s.* aperto, agarramento.
gripp.ing *adj.* fascinante.
gris.ly *adj.* medonho, terrível.
gris.tle *s.* nervo; cartilagem.
griz.zly bear *s.* urso-pardo (EUA).
groan *s.* gemido / *v.* gemer.
gro.cer *s.* dono de mercearia.
gro.cer.ies *s.* mantimentos.
gro.cer.y *s.* mercearia.
grog.gy *adj.* grogue, embriagado; tonto, zonzo.
groin *s.* virilha.
groom *s.* noivo.
groove *s.* ranhura, entalhe, sulco / *v.* entalhar, sulcar.
gross *s.* grosa (doze dúzias) / *adj.* inteiro, total, bruto / *v.* totalizar.

grossly — guffaw

gross.ly *adv.* inteiramente, extremamente; grosseiramente.
gro.tesque *adj.* grotesco.
grot.to *s.* gruta, caverna.
grot.ty *adj.* repugnante.
ground *s.* terreno, terra, chão, solo; fundamento / *v.* fundamentar, basear.
ground-floor *s.* andar térreo.
ground.ing *s.* base, fundamentos; primeira demão (pintura).
ground.work *s.* preparação; base, princípio fundamental.
grouse *s.* galo silvestre / *v.* resmungar.
grout *s.* reboco / *v.* rebocar.
grove *s.* arvoredo, bosque.
grov.el *v.* abaixar-se, humilhar-se, rastejar.
grow *v.* crescer; cultivar; aumentar.
grow up *v.* tornar-se adulto, desenvolver-se.
grow.ing *adj.* crescente / *s.* crescimento.
growl *v.* rosnar, rugir / *s.* rosnado, rugido.
grown *v. pp.* do *v. to grow* / *adj.* crescido, adulto.
growth *s.* crescimento, aumento.
grub *s.* larva, lagarta; boia (comida) (coloquial).
grub.by *adj.* sujo, imundo.
grudge *v.* ter rancor; invejar alguém / *s.* rancor, ressentimento.
gru.el.ing *adj.* árduo, cansativo, penoso.
grue.some *adj.* horrível, medonho.
gruff *adj.* rude, brusco; áspero.
grum.ble *v.* resmungar / *s.* queixa.
grump.y *adj.* rabugento, resmungão.
grunt *s.* grunhido / *v.* grunhir, resmungar.
guar.an.tee *s.* garantia / *v.* garantir.
guard *s.* guarda, vigia / *v.* vigiar, proteger.
guard.ed *adj.* cauteloso, precavido.
guard.i.an *s.* tutor(a), guardiã(o).
guard.i.an.ship *s.* tutela.
guard-rail *s.* trilho ou grade de segurança.
Gua.te.ma.la *s.* Guatemala.
gua.va *s.* goiaba.
guer.ril.la *s.* guerrilheiro(a).
guess *v.* adivinhar, imaginar / *s.* suposição.
guest *s.* convidado(a); hóspede.
guest.room *s.* quarto de hóspedes.
guf.faw *v.* gargalhar / *s.* gargalhada.

guid.ance s. orientação; supervisão.
guide s. guia (pessoa ou livro) / v. guiar, orientar.
guide-book s. guia (livro).
guider s. guia, condutor.
guide.line s. orientação, diretriz.
guile s. astúcia, malícia, fraude.
guile.less adj. sincero, sem malícia, ingênuo.
guilt s. culpa.
guilt.less adj. inocente.
guilt.y adj. culpado (a).
guinea pig s. porquinho-da-índia.
gui.tar s. violão, guitarra.
gulf s. golfo.
gull s. gaivota / v. enganar.
gul.let s. esôfago, garganta, goela.
gul.ly s. rego, bueiro.
gulp v. engolir, tragar / s. trago, gole.
gum s. goma, chiclete; gengiva (geralmente no plural *gums*).
gum.boots s. galochas.
gump.tion s. juízo; bom senso.
gun s. arma, pistola, espingarda / v. atirar.
gun.fire s. tiroteio.
gun.man s. pistoleiro.

gun.point s. ponta ou mira de arma.
gun.pow.der s. pólvora.
gurk s. arroto / v. arrotar.
gu.ru s. guru.
gust s. rajada de vento; gosto, gozo, deleite.
gus.to s. garra, entusiasmo (coloquial).
gut s. intestino, tripa ♦ ~s coragem (coloquial).
gut.ter s. calha; sarjeta; rego.
guy s. cara, sujeito, rapaz (coloquial).
Guy.an.a s. Guiana.
guz.zle s. bebedeira / v. empaturrar-se, encher a cara de.
gym s. *abrev.* de *gymnasium*
gym.na.sium s. ginástica; ginásio de esporte.
gym.nast s. ginasta.
gym.nas.tics s. ginástica.
gy.ne.col.ogist s. ginecologista.
gyp s. trapaceiro (coloquial) / v. lograr, enganar.
gyve s. algema (geralmente no plural *gyves*) / algemar.

H, h *s.* oitava letra do alfabeto inglês.
ha *v.* zumbir / *interj.* ai!, ah!
hab.er.dash.er.y *s.* loja de armarinho; loja de roupas masculinas.
hab.it *s.* hábito, costume.
ha.bit.u.al *adj.* habitual.
hack *s.* corte / *v.* cortar; invadir algo ilegalmente (coloquial).
hack.er *s.* pirata de computador (coloquial).
hack.neyed *adj.* corriqueiro; vulgar.
had *v. pret.* e *pp.* do *v. to have.*
had.dock *s.* hadoque.
hadn't contração de *had not.*
hail *s.* granizo; saudação / *v.* chover granizo; saudar.
hail.stone *s.* pedra de granizo.
hair *s.* cabelo; pelo.
hair.brush *s.* escova de cabelo.
hair.cut *s.* corte de cabelo.
hair.do *s.* penteado de mulher (coloquial).
hair.dress.er *s.* cabeleireiro(a).
hair.pin *s.* grampo de cabelo.
hair-rais.ing *adj.* horripilante, de arrepiar os cabelos.
hair spray *s.* laquê.
hair.y *adj.* peludo; cabeludo.
hale *adj.* vigoroso, são / *v.* puxar, levantar.
half *s. (pl. halves)* metade, meio / *adj.* meio, metade de / *adv.* pela metade.
half-baked *adj.* meio assado (pão); inexperiente.

half-bred *adj.* raça mista, bastardo.
half.caste *s.* mestiço(a).
half-mast *s.* meio-mastro; pôr a bandeira a meio-mastro.
half.moon *s.* meia-lua.
hall *s.* saguão; entrada.
hall.mark *s.* marca de qualidade (de metais preciosos).
hal.lowed *adj.* sagrado.
Hal.low.een *s.* dia das bruxas.
hall.way *s.* corredor, entrada.
halt *s.* parada, interrupção; descanso / *v.* deter-se, parar.
hal.ter *s.* cabresto / *v.* amarrar com corda.
halve *v.* dividir ao meio.
ham *s.* presunto.
ham.burg.er *s.* hambúrguer; almôndega.
ham.let *s.* lugarejo; vilarejo.
ham.mer *s.* martelo / *v.* martelar.
ham.mock *s.* rede (de dormir).
ham.per *s.* cesto grande; empecilho, estorvo / *v.* impedir, tolher.
ham.ster *s.* hamster.
hand *s.* mão / *v.* dar, entregar.
hand.bag *s.* bolsa (de mulher); maleta.
hand.bill *s.* folheto.
hand.book *s.* manual.

hand.brake *s.* freio de mão.
hand.cuff *s.* algema / *v.* algemar.
hand.ful *s.* punhado.
hand.i.cap *s.* incapacidade, deficiência / *v.* prejudicar.
hand.i.craft *s.* artesanato; habilidade manual.
hand.i.work *s.* obra, trabalho manual.
hand.ker.chief *s.* lenço de bolso.
han.dle *s.* maçaneta, asa, alça, cabo da xícara / *v.* manusear, lidar com.
han.dle bars *s.* guidão de bicicleta.
hand.made *adj.* feito à mão.
hand.out *s.* doação, donativo; folheto.
hand.rail *s.* corrimão.
hand.shake *s.* aperto de mão.
hand.some *adj.* atraente, bonito; generoso.
hand.writ.ing *s.* caligrafia.
hand.y *adj.* habilidoso, prático; à mão.
hand.y.man *s.* biscateiro.
hang *v.* pendurar; enforcar.
hang on *v.* esperar, aguardar.
han.gar *s.* hangar, galpão.
hang.er *s.* cabide.
hang.ing *s.* enforcamento.
hang.man *s.* carrasco.

hang.o.ver *s.* ressaca.
hang-up *s.* problema, grilo (coloquial).
hap.haz.ard *adj.* por acaso / *adv.* casualmente.
hap.pen *v.* acontecer, ocorrer.
hap.pen.ing *s.* acontecimento, ocorrência.
hap.pi.ly *adv.* felizmente, alegremente.
hap.pi.ness *s.* felicidade, alegria.
hap.py *adj.* feliz, alegre.
ha.rass *v.* importunar, molestar, incomodar.
har.ass.ment *s.* perseguição, assédio, tormento.
har.bor *s.* porto; abrigo, refúgio / *v.* abrigar, proteger.
hard *adj.* duro; difícil.
hard disk *s.* disco rígido (informática).
hard.en *v.* endurecer.
hard.ly *adv.* dificilmente.
hard.ness *s.* dureza.
hard.ship *s.* privação, dificuldade.
hard up *adj.* sem dinheiro; em apuros.
hard.ware *s.* ferragens; *hardware* (informática).
hard-wear.ing *adj.* resistente, durável.

hard-working *adj.* trabalhador(a), aplicado.
hard.y *adj.* resistente, robusto.
hare *s.* lebre.
hare-brained *adj.* maluco.
har.lot *s.* prostituta.
harm *s.* dano / *v.* prejudicar.
harm.ful *adj.* prejudicial.
harm.less *adj.* inofensivo.
har.mon.i.ca *s.* gaita; harmônio.
har.mo.ni.ous *adj.* harmonioso.
har.mo.ny *s.* harmonia.
har.ness *s.* correia, arreios / *v.* arrear (cavalo).
harp *s.* harpa / *v.* tocar harpa.
har.poon *s.* arpão.
har.row *s.* rastelo, ancinho.
harsh *adj.* desarmonioso; áspero; estridente; duro.
har.vest *s.* colheita / *v.* colher.
has *v.* 3ª pess. sing. pres. do *v. to have.*
hash *s.* picadinho, guisado.
hash.ish *s.* haxixe.
hasn't contração de *has not.*
has.sle *s.* complicação, trabalhão (coloquial).
haste *s.* pressa / *v.* apressar.
has.ten *v.* acelerar, apressar-se.
hast.i.ly *adv.* depressa, apressadamente.

hasty / heartache

hast.y *adj.* ligeiro, rápido, apressado; precipitado.
hat *s.* chapéu.
hatch *s.* ninhada; escotilha; abertura / *v.* sair do ovo; chocar, incubar.
hatch.et *s.* machadinha.
hate *s.* ódio / *v.* odiar.
hate.ful *adj.* odioso, detestável.
ha.tred *s.* ódio, aversão.
haul *v.* puxar, arrastar.
haunt *v.* assombrar / *s.* abrigo, lugar preferido.
have *v.* ter, possuir.
ha.ven *s.* porto, ancoradouro; refúgio / *v.* abrigar.
haven't contração de *have not.*
hav.er.sack *s.* mochila; farnel.
hav.oc *s.* destruição, devastação / *v.* destruir, devastar.
Ha.wai.i *s.* Havaí.
hawk *s.* falcão, gavião.
hay *s.* feno.
hay-loft *s.* palheiro.
haystack *s.* monte de feno.
haz.ard *s.* perigo, risco / *v.* aventurar, arriscar (jogos).
haz.ard.ous *adj.* perigoso, arriscado.
haze *s.* neblina, cerração / *v.* enevoar, obscurecer; judiar, maltratar.

ha.zel.nut *s.* avelã.
haz.y *adj.* nebuloso; vago, confuso.
he *pron.* ele.
head *s.* cabeça / *v.* encabeçar.
head.ache *s.* dor de cabeça.
head.ing *s.* cabeçalho, título.
head.light *s.* farol de automóvel.
head.line *s.* título, manchete (de jornal).
head-on *adv.* de ponta-cabeça; de frente.
head.phone *s.* fone de ouvido.
head.quarters *s.* quartel-general; sede.
head.strong *adj.* teimoso, obstinado.
head.y *adj.* estonteante, inebriante; violento, irrefletido; forte.
heal *v.* curar, cicatrizar, sarar.
health *s.* saúde.
health.y *adj.* saudável, sadio(a).
heap *s.* pilha / *v.* empilhar.
hear *v.* ouvir, escutar.
hear.ing *s.* audição; interrogatório.
hear.ing aid *s.* aparelho para surdez.
hear.say *s.* boato, rumor.
hearse *s.* carro funerário.
heart *s.* coração.
heart.ache *s.* mágoa.

heart at.tack s. ataque cardíaco.
heart.beat s. batida do coração.
heart.break.ing adj. angustiante, de partir o coração.
heart.brok.en adj. angustiado, de coração partido.
heart.burn s. azia; inveja.
heart.en v. animar.
heart fail.ure s. parada cardíaca.
heart.felt adj. sincero, cordial.
heart.land s. área central.
heart.less adj. sem coração, insensível.
heat s. calor / v. aquecer.
heat.ed adj. aquecida.
heat.er s. aquecedor.
hea.then s. pagão(ã).
heat.ing s. aquecimento, calefação.
heat stroke s. insolação.
heat wave s. onda de calor.
heav.en s. paraíso, céu.
heav.en.ly adj. divino, celestial.
heav.i.ly adv. muito, em grande quantidade; pesadamente.
heav.y adj. pesado; cansativo.
heav.y.weight s. peso-pesado.
He.brew s. hebreu, hebraico, / adj. hebraico.
hec.tic adj. frenético; febril; corado / s. tísica.

hedge s. cerca viva, cerca, sebe / v. cercar, restringir.
heed s. cuidado, atenção / v. prestar atenção.
heel s. calcanhar; salto de sapato.
hef.ty adj. robusto, pesado, forte.
heif.er s. novilha, bezerra.
height s. altura, altitude.
height.en v. elevar, intensificar, levantar.
heir s. herdeiro.
heir.ess s. herdeira.
heir.loom s. relíquia de família, peça de herança.
held v. pret. e pp. do v. to hold.
hel.i.cop.ter s. helicóptero.
hel.i.port s. heliporto.
he.li.um s. hélio (química).
hell s. inferno; droga! (coloquial).
hell.ish adj. terrível, infernal.
hel.lo interj. olá! oi! alô!
helm s. leme, direção, timão (navio).
hel.met s. capacete.
help s. ajuda, auxílio, socorro / v. ajudar, auxiliar.
help.er s. ajudante.
help.ful adj. prestativo, útil.
help.ing s. porção (de comida); ajuda.
help.less adj. indefeso; desamparado.

help.mate *s.* ajudante.
hem *s.* bainha / *v.* fazer a bainha.
hem.i.sphere *s.* hemisfério.
hem.or.rhage *s.* hemorragia.
hem.or.rhoids *s.* hemorroidas.
hen *s.* galinha; fêmea de qualquer ave.
hence *adv.* portanto, por isso.
hence.forth *adv.* de agora em diante.
hench.man *s.* capanga.
hep.a.ti.tis *s.* hepatite.
her *adj. poss.* dela / *pron.* lhe, a ela, sua, seu, a.
her.ald *s.* precursor(a); mensageiro / *v.* anunciar, trazer notícias.
herb *s.* erva; forragem, capim.
herd *s.* rebanho, manada.
here *adv.* aqui, cá.
here.a.bout(s) *adv.* por aqui.
here.af.ter *adv.* daqui por diante, depois / *s.* futuro.
here.by *adv.* por este meio, por isto.
he.red.i.ty *s.* hereditariedade.
her.e.sy *s.* heresia.
her.e.tic *s.* herege / *adj.* herege.
her.i.tage *s.* patrimônio; herança.
her.met.ic.ally *adv.* hermeticamente.
her.mit *s.* eremita.

her.ni.a *s.* hérnia.
he.ro *s.* herói; protagonista.
her.o.in *s.* heroína (droga).
her.o.ine *s.* heroína (pessoa); protagonista.
he.ron *s.* garça.
her.ring *s.* arenque (peixe).
hers *pron. poss.* dela, seu, sua.
her.self *pron.* ela mesma, se, a si mesma.
hes.i.tant *adj.* indeciso, hesitante.
hes.i.tate *v.* hesitar, vacilar.
hes.i.ta.tion *s.* indecisão, hesitação.
het.e.ro.sex.u.al *adj.* heterossexual.
hew *v.* cortar com machado, derrubar.
hey.day *s.* auge, apogeu.
hi *interj.* oi!
hi.ber.nate *v.* hibernar.
hic.cough, hic.cup *v.* soluçar / *s.* soluço.
hick *s.* caipira (coloquial).
hid *v. pret.* do *v. to hide.*
hide *v.* esconder, ocultar.
hide-and-seek *s.* esconde-esconde.
hide.a.way *s.* esconderijo, refúgio.
hi.er.ar.chy *s.* hierarquia.

hi-fi *adj.* alta-fidelidade / *s.* aparelho (de alta-fidelidade) (coloquial).
high *adj.* alto, elevado, superior.
high.born *adj.* de alta linhagem; de nascimento ilustre.
high.brow *s.* intelectual, erudito.
high chair *s.* cadeira alta, cadeira de bebê.
higher ed.u.ca.tion *s.* ensino superior.
high-hat *adj.* grã-fino, arrogante.
high-heeled *adj.* de salto alto.
high.light *v.* realçar, ressaltar; iluminar / *s.* ponto alto, melhor momento.
high.ly *adv.* altamente, muito, extremamente.
High.ness *s.* alteza.
high school *s.* escola secundária.
high seas.on *s.* alta temporada.
high.way *s.* estrada, rodovia.
hi.jack *v.* sequestrar (avião).
hi.jack.er *s.* sequestrador (de avião).
hike *s.* caminhada / *v.* caminhar.
hik.er *s.* andarilho(a), aquele(a) que caminha bastante.
hi.lar.i.ous *adj.* hilário, hilariante, divertido.
hill *s.* colina, ladeira, morro.
hill.side *s.* encosta.
hill.y *adj.* montanhoso.
hilt *s.* cabo, punho (de faca ou de espada).
him.self *pron.* ele mesmo, se, a si mesmo.
hind *s.* corça (fêmea do veado) / *adj.* traseiro posterior.
hind.er *v.* retardar, atrapalhar.
hin.drance *s.* estorvo, obstáculo, impedimento.
hind.sight *s.* retrospecto; compreensão tardia.
Hin.du *adj.* hindu / *s.* hindu.
hinge *s.* dobradiça / *v.* colocar em dobradiças.
hip *s.* quadril; anca.
hip.po.pot.a.mus *s.* hipopótamo.
hire *s.* aluguel, arrendamento / *v.* alugar, arrendar, contratar.
his *adj. poss.* dele / *pron.* dele, seu(s), sua(s).
hiss *s.* assobio, silvo / *v.* assobiar, sibilar.
his.to.ri.an *s.* historiador(a).
his.tor.ic(al) *adj.* histórico(a).
his.to.ry *s.* história, narração.
hit *v.* bater, acertar, atingir / *s.* golpe, pancada.
hitch.hike *v.* pedir carona.
hi-tech *s.* alta tecnologia.

hive s. colmeia.
hoar.frost s. geada.
hoarse adj. rouco.
hob s. placa de aquecimento (de fogão).
hob.ble v. mancar; impedir.
hob.by s. passatempo preferido.
hock.ey s. hóquei.
hoe s. enxada.
hog s. porco capado.
hoist v. içar, levantar.
hold v. segurar, pegar.
hold.er s. recipiente, vasilhame; portador(a); titular, proprietário.
hold.ing s. participação
♦ ~ *company* sociedade teto.
hold on v. esperar; firmar, segurar.
hold up s. assalto à mão armada; atraso; engarrafamento.
hole s. buraco, orifício, toca / v. esburacar, furar.
hol.i.day s. folga, feriado, dia santo; férias.
ho.li.ness s. santidade.
Hol.land s. Holanda.
hol.low adj. oco, vazio / s. cavidade, buraco.
hol.ly s. azevinho (botânica).
hol.o.caust s. holocausto, destruição.
ho.ly adj. sagrado, santo.
hom.age s. homenagem.

home s. casa, lar / adv. para casa.
home ad.dress s. endereço residencial.
home com.put.er s. computador doméstico.
home.less adj. desabrigado, sem lar / s. mendigo.
home.made adj. caseiro, feito em casa.
home.town s. cidade natal.
home.work s. lição de casa.
ho.mo.ge.ne.ous adj. homogêneo.
ho.mo.sex.u.al adj. homossexual / s. homossexual.
Hon.du.ras s. Honduras.
hon.est adj. honesto, franco, sincero.
hon.est.ly adv. honestamente, francamente.
hon.es.ty s. honestidade, honradez, franqueza.
hon.ey s. mel; doçura, querido(a) (coloquial).
hon.ey.comb s. favo de mel.
hon.ey.moon s. lua de mel.
honk v. buzinar.
ho.nor v. honrar / s. honra, dignidade.
hon.or.a.ble adj. honrado, honesto, ilustre, decente.
hon.or.ar.y adj. honorário.

hood s. capuz; capô.
hood.wink v. tapear, enganar, lograr; vendar os olhos.
hoof s. casco, pata.
hook s. gancho; anzol (pesca); / v. prender, fisgar.
hoo.li.gan s. desordeiro(a), vândalo.
hoop s. arco (de barril), aro, argola.
hoot s. vaia; pio (coruja); barulho (de buzina) / v. piar; buzinar; vaiar.
hoot.er s. buzina, sirene.
hoo.ver s. aspirador de pó / v. aspirar (com o aspirador).
hop s. pulo / v. pular em um pé só.
hope v. esperar, ter esperança / s. esperança.
hope.ful adj. esperançoso, otimista.
hope.ful.ly adv. esperançosamente, com otimismo.
hope.less adj. desesperado; inútil; impossível.
horde s. multidão, horda.
ho.ri.zon s. horizonte
♦ ~s perspectiva.
hor.i.zon.tal adj. horizontal.
hor.mone s. hormônio.
horn s. chifre, corno; buzina (carro); trompa, corneta (música).
hor.net s. vespão.

horn.y adj. córneo, caloso; excitado sexualmente (coloquial).
hor.o.scope s. horóscopo.
hor.ri.ble adj. horrível.
hor.rid adj. terrível, antipático.
hor.ri.fy v. horrorizar.
hor.ror s. horror, pavor.
horse s. cavalo.
horse.back s. garupa de cavalo / adv. a cavalo.
horse.fly s. mutuca.
horse.hair s. crina de cavalo.
horse.shoe s. ferradura.
hor.ti.cul.ture s. horticultura.
hose s. mangueira.
hos.pice s. asilo; hospício.
hos.pi.ta.ble adj. hospitaleiro.
hos.pi.tal s. hospital.
hos.pi.tal.i.ty s. hospitalidade.
host s. anfitrião; apresentador; hóstia (religião) / v. hospedar, receber.
hos.tage s. refém.
hos.tel s. albergue, hospedaria.
host.ess s. anfitriã; recepcionista.
hos.tile adj. hostil, inimigo.
hos.til.i.ty s. hostilidade.
hot adj. quente; ardente, picante.
hot-blood.ed adj. de sangue quente, fogoso.
hot dog s. cachorro-quente.

hotel | hunchback

ho.tel s. hotel.
ho.tel.i.er s. hoteleiro(a).
hot.house s. estufa de plantas.
hot line s. linha direta.
hot.ly adv. ardentemente, calorosamente.
hot.plate s. chapa elétrica.
hound s. cão de caça / v. caçar, perseguir.
hour s. hora.
hour.ly adj. de hora em hora / adv. de hora em hora.
house s. casa, residência / v. alojar, acomodar.
house ar.rest s. prisão domiciliar.
house.break.ing s. arrombamento, furto.
house.keep.er s. governanta.
house.maid s. doméstica, arrumadeira.
house.warm.ing s. festa de inauguração de uma casa nova.
housewife (pl. housewives) s. dona de casa.
house.work s. trabalhos domésticos.
hous.ing s. alojamento, moradia.
hov.el s. cabana, choupana.
how adv. como, de qual maneira.
how.ev.er adv. de qualquer modo / conj. contudo, porém, todavia.

howl s. uivo, urro, grito / v. uivar, berrar.
hub s. cubo (da roda); centro.
hub.bub s. algazarra, tumulto.
hub.cap s. calota.
huff s. raiva; mau humor / v. gritar, xingar.
hug s. abraço / v. abraçar; acariciar.
huge adj. enorme, imenso.
huge.ness s. vastidão, imensidão.
hull s. casco (de navio); casca (de ervilha, vagem) / v. descascar.
hu.man s. humano / adj. humano.
hu.man be.ing s. ser humano.
hu.man.i.tar.i.an adj. humanitário.
hu.man.i.ty s. humanidade.
hum.ble v. humilhar / adj. humilde, modesto; submisso.
hum.ble.ness s. humildade, modéstia.
hu.mid adj. úmido.
hu.mid.i.ty s. umidade.
hu.mil.i.ate v. humilhar.
hu.mil.i.ty s. humildade.
hum.ming.bird s. beija-flor.
hu.mor s. humor, graça.
hump s. corcunda, corcova, giba / v. corcovar, curvar.
hunch s. pressentimento, palpite; corcova, corcunda / v. corcovar.
hunch.back s. corcunda.

hun.dred *num.* cem, cento
hung *v. pret.* e *pp.* do *v. to hang*.
Hun.ga.ri.an *s. adj.* húngaro.
hun.ger *s.* fome.
hun.ger strike *s.* greve de fome.
hun.gry *adj.* faminto, com fome.
hunt *s.* caça, caçada / *v.* caçar, perseguir.
hunt.er *s.* caçador(a).
hunt.ing *s.* caça.
hur.dle *s.* barreira (no esporte); obstáculo.
hur.ri.cane *s.* furacão, tufão.
hur.ried *adj.* apressado.
hur.ry *s.* pressa / *v.* apressar.
hurt *s.* ferida, dor / *v.* ferir, machucar, ofender.
hurt.ful *adj.* ofensivo.
hus.band *s.* marido.
hush *s.* silêncio / *v.* silenciar / *interj.* quieto! silêncio!
husk *s.* casca; exterior.
husk.y *adj.* rouco; forte, robusto / *s.* cão esquimó; idioma dos esquimós.
hut *s.* cabana; barraca.
hy.brid *s.* híbrido.
hy.drant *s.* hidrante.
hy.draul.ic *adj.* hidráulico.
hy.dro.e.lec.tric *adj.* hidroelétrico.
hy.dro.gen *s.* hidrogênio.
hy.e.na *s.* hiena.
hy.giene *s.* higiene.
hymn *s.* hino, cântico.
hype *s.* exageração (coloquial).
hy.per.mar.ket *s.* hipermercado.
hyp.no.sis *s.* hipnose.
hyp.no.tist *s.* hipnotizador(a).
hyp.no.tize *v.* hipnotizar.
hyp.o.crite *s.* hipócrita.
hy.po.ther.mi.a *s.* hipotermia.
hy.poth.e.sis *s.* hipótese.
hys.ter.i.cal *adj.* histérico.
hys.ter.ics *s.* histeria.

I, i *s.* nona letra do alfabeto inglês; representa o número um em algarismos romanos.
I *pron.* eu.
ice *s.* gelo / *v.* gelar.
ice.berg *s. iceberg.*
ice.box *s.* geladeira.
ice cream *s.* sorvete.
ice cube *s.* cubo de gelo.
iced *adj.* gelado.
Ice.land *s.* Islândia.
ice lol.ly *s.* picolé.
ice rink *s.* rinque de patinação, pista de gelo.
ice-skate *v.* patinar no gelo.
ic.ing *s.* glacê.
ic.y *adj.* gelado.
I'd contração de *I should, I had, I would.*
i.de.a *s.* ideia, plano.
i.de.al *s.* ideal / *adj.* ideal.
i.deal.ize *v.* idealizar.
i.den.ti.cal *adj.* idêntico.
i.den.ti.fi.ca.tion *s.* identificação.
i.den.ti.fy *v.* identificar.
i.den.ti.ty *s.* identidade.
id.i.om *s.* idioma; expressão idiomática.
id.i.ot *s.* idiota.
id.i.ot.ic *adj.* idiota.
i.dle *adj.* ocioso; fútil; desempregado; à toa.
i.dol *s.* ídolo.
i.dyl *s.* idílio; amor poético.
if *conj.* se.
if so *loc.* neste caso, se assim for.
ig.nite *v.* acender, incendiar.
ig.ni.tion *s.* ignição; combustão.

ig.ni.tion key s. chave de ignição.
ig.no.rance s. ignorância.
ig.no.rant adj. ignorante.
ig.nore v. ignorar.
I'll contração de *I will, I shall*.
ill adj. doente, indisposto
/ s. mal, desgosto.
ill-ad.vised adj. imprudente, mal-aconselhado.
ill-affected adj. mal-intencionado.
ill bred adj. malcriado, mal--educado.
il.le.gal adj. ilegal, ilegítimo.
il.leg.i.ble adj. ilegível.
il.le.git.i.mate adj. ilegítimo, bastardo.
ill feeling s. má vontade; rancor.
il.lit.er.ate adj. analfabeto, iletrado, ignorante.
ill-luck s. desgraça, infortúnio.
ill-man.nered adj. mal-educado, rude, grosseiro.
ill.ness s. doença.
il.lo.gi.cal adj. ilógico, incoerente.
ill-tem.pered s. mal-humorado, resmungão.
ill-treat.ment s. maus tratos.
il.lu.mi.nate v. iluminar
/ adj. iluminado, culto.
il.lu.mi.na.tion s. iluminação.
il.lu.sion s. ilusão.
il.lu.so.ry adj. ilusório, enganador.

il.lus.tra.te v. ilustrar, esclarecer
/ adj. renomado, ilustre.
il.lus.tra.tion s. ilustração; esclarecimento.
I'm contração de *I am*.
im.age s. imagem.
i.ma.gine v. imaginar, supor.
im.bal.ance s. desequilíbrio.
im.bibe v. absorver, embeber.
im.bue v. embeber.
im.i.tate v. imitar, copiar.
im.i.ta.tion s. imitação, cópia.
im.mac.u.late adj. impecável, imaculado.
im.ma.te.ri.al adj. irrelevante.
im.ma.ture adj. imaturo.
im.me.di.ate adj. imediato, urgente.
im.me.di.ate.ly adv. imediatamente; diretamente.
im.mense adj. imenso, enorme.
im.merse v. submergir.
im.mer.sion s. imersão.
im.mi.grant s. imigrante
/ adj. imigrante.
im.mi.gra.tion s. imigração.
im.mi.nent adj. iminente.
im.mo.bile adj. imóvel.
im.mo.bi.lize v. imobilizar.
im.mor.al adj. imoral.
im.mor.tal adj. imortal.
im.mune adj. imune.

im.mu.ni.ty s. imunidade.
im.mu.nize v. imunizar.
imp s. criança levada.
im.pact s. impacto, colisão, choque.
im.pair v. prejudicar, deteriorar.
im.part v. dar, conceder.
im.par.tial adj. imparcial, neutro.
im.pass.a.ble adj. impraticável.
im.pas.sive adj. impassível.
im.pa.tience s. impaciência.
im.pay.a.ble adj. impagável.
im.peach v. acusar, contestar; impedir.
im.peach.ment s. impedimento legal de exercer mandato; contestação.
im.pen.e.tra.ble adj. impenetrável.
im.per.a.tive s. imperativo / adj. premente.
im.per.fect adj. imperfeito, defeituoso / s. imperfeito.
im.per.me.a.ble adj. impermeável.
im.pe.ri.al adj. imperial.
im.per.son.al adj. impessoal.
im.per.son.ate v. personificar, representar.
im.per.ti.nent adj. impertinente.
im.pet.u.ous adj. impetuoso.
im.pi.e.ty s. impiedade.
im.plac.a.ble adj. implacável.

im.ple.ment v. executar, implementar / s. instrumento.
im.pli.cate s. implicante / v. implicar, envolver.
im.pli.ca.tion s. implicação, envolvimento.
im.plore v. implorar, suplicar.
im.ply v. inferir, deduzir.
im.po.lite adj. indelicado, grosseiro.
im.port v. importar / s. importação.
im.por.tance s. importância.
im.por.tant adj. importante.
im.por.ter s. importador(a).
im.por.tune v. importunar.
im.pose v. impor.
im.pos.ing adj. imponente, grandioso.
im.po.si.tion s. imposição.
im.pos.si.ble adj. impossível.
im.pos.si.bil.ity s. impossibilidade.
im.po.tent adj. impotente, incapaz.
im.pound v. confiscar; encerar.
im.pov.er.ished adj. empobrecido.
im.prac.ti.ca.ble adj. impraticável.
im.prac.ti.cal adj. pouco prático.
im.pre.cise adj. impreciso.
im.preg.nate v. impregnar; emprenhar / adj. impregnado; prenhe.

im.press *v.* impressionar; imprimir; incutir.
im.pres.sion *s.* impressão.
im.pres.sion.ist *s.* impressionista.
im.press.ive *adj.* impressionante.
im.print *s.* impressão; marca; carimbo / *v.* imprimir, carimbar.
im.pris.on *v.* encarcerar, prender.
im.prop.er *adj.* impróprio, inconveniente.
im.prove *v.* melhorar, progredir, aperfeiçoar.
im.prove.ment *s.* melhora, melhoria; progresso.
im.pro.vise *v.* improvisar.
im.pru.dent *adj.* imprudente.
im.pulse *s.* impulso.
im.pu.ni.ty *s.* impunidade.
im.pure *adj.* impuro.
in *prep* em, dentro de / *abrev.* de *inch*.
in.a.bil.i.ty *s.* incapacidade.
in.ac.ces.si.ble *adj.* inacessível.
in.ac.cu.rate *adj.* impreciso, inexato.
in.ad.e.quate *adj.* inadequado, insuficiente.
in.an.i.mate *adj.* inanimado.
in.ap.pro.pri.ate *adj.* inadequado, impróprio.
in.apt *adj.* inapto, incapaz.
in.ar.tic.u.late *adj.* inarticulado.

in.as.much as *adv.* na medida em que, visto que.
in.at.ten.tive *adj.* desatento.
in.au.gu.ration *s.* inauguração.
in-be.tween *adj.* intermediário.
in.born *adj.* inato, inerente.
in.bred *adj.* congênito.
in.cal.cu.la.ble *adj.* incalculável.
in.can.ta.tion *s.* encantamento, feitiçaria.
in.ca.pa.ble *adj.* incapaz; incapacitado.
in.ca.pa.ci.tate *v.* incapacitar, desqualificar.
in.cense *s.* incenso / *v.* enraivecer; perfumar.
in.cen.tive *s.* incentivo, estímulo.
in.ces.sant *adj.* incessante.
in.ces.sant.ly *adv.* incessantemente, sem parar.
inch *s.* polegada (equivalente a 2,54 cm).
in.ci.dence *s.* incidência.
in.ci.dent *s.* incidente, acontecimento.
in.ci.den.tal.ly *adv.* a propósito; incidentalmente.
in.cite *v.* provocar, incitar.
in.cli.na.tion *s.* tendência, inclinação.
in.cline *s.* inclinação, declive / *v.* inclinar.

include   indicator

in.clude *v.* incluir.
in.clud.ing *adj.* inclusivo.
in.clu.sive *adj.* incluído.
in.co.her.ent *adj.* incoerente.
in.come *s.* renda, rendimento, salário.
income tax *s.* imposto de renda.
in.com.ing *adj.* de chegada; de entrada, entrante.
in.com.pa.ra.ble *adj.* incomparável.
in.com.pe.tent *adj.* incompetente.
in.com.plete *adj.* incompleto.
in.con.sid.er.ate *adj.* sem consideração.
in.con.sis.tent *adj.* inconsistente.
in.con.ve.ni.ence *s.* inconveniência / *v.* incomodar.
in.con.ve.ni.ent *adj.* inconveniente, inoportuno.
in.cor.po.rate *v.* incorporar, unir / *adj.* incorporado, unido.
in.cor.po.rat.ed com.pa.ny *s.* sociedade anônima.
in.cor.rect *adj.* incorreto, errado.
in.crease *s.* aumento / *v.* aumentar.
in.creas.ing *adj.* crescente.
in.creas.ing.ly *adv.* progressivamente, de modo crescente.
in.cred.i.ble *adj.* incrível, inacreditável.
in.cred.u.lous *adj.* incrédulo.

in.cre.ment *s.* aumento, incremento.
in.crim.i.nate *v.* incriminar.
in.cu.ba.tor *s.* incubadora, chocadeira (elétrica).
in.cum.bent *s.* titular; beneficiado.
in.cur *v.* incorrer; atrair sobre si.
in.da.gate *v.* indagar.
in.debt.ed *adj.* em dívida com alguém, endividado.
in.de.ci.sive *adj.* indeciso, hesitante.
in.deed *adv.* certamente, de fato, realmente.
in.def.i.nite *adj.* indefinido, vago.
in.def.i.nite.ly *adv.* indefinidamente.
in.de.pen.dence *s.* independência.
in.de.pen.dent *adj.* independente.
in.de.scrib.a.ble *adj.* indescritível.
in.de.struc.ti.ble *adj.* indestrutível.
in.dex *s. (pl. indexes)* índice / *v.* indexar.
In.di.a *s.* Índia.
In.di.an O.cean, the *s.* Oceano Índico.
in.di.cate *v.* indicar, sinalizar.
in.di.ca.tion *s.* indício, indicação.
in.dic.a.tive *s.* indicativo.
in.di.ca.tor *s.* indicador, pisca-pisca.

in.dict v. acusar, culpar.
in.dict.ment s. acusação, incriminação.
in.dif.fer.ence s. indiferença.
in.dif.fer.ent adj. indiferente.
in.di.ges.tion s. indigestão.
in.dig.nant adj. indignado.
in.dig.na.tion s. indignação.
in.dig.ni.ty s. indignidade, humilhação.
in.di.go s. anil; índigo / adj. azul--escuro.
in.di.rect adj. indireto.
in.dis.creet adj. indiscreto.
in.dis.crim.i.nate adj. indiscriminado.
in.dis.pu.ta.ble adj. incontestável, indisputável.
in.dis.tinct adj. indistinto, confuso.
in.di.vid.u.al s. indivíduo / adj. individual.
in.di.vid.u.al.ly adv. individualmente.
in.di.vid.u.al.ize v. individualizar.
in.di.vis.i.ble adj. indivisível.
in.doc.tri.nate v. doutrinar.
in.do.lent adj. preguiçoso, indolente.
In.do.ne.si.a s. Indonésia.
in.doors adv. no interior, dentro de casa, em lugar fechado.

in.duce v. induzir, persuadir.
in.duce.ment s. incentivo, persuasão.
in.duct v. introduzir; iniciar.
in.dus.tri.al adj. industrial / s. industrial.
in.dus.tri.ous adj. trabalhador(a), diligente.
in.dus.try s. indústria.
in.ef.fec.tive adj. ineficaz, ineficiente.
in.ef.fi.ciency s. ineficiência.
in.ef.fi.cient adj. ineficiente.
in.ept adj. inepto.
in.e.qual.i.ty s. desigualdade.
in.ert adj. inerte.
in.ev.i.ta.ble adj. inevitável.
in.ev.i.ta.bly adv. inevitavelmente.
in.ex.cus.a.ble adj. imperdoável, indesculpável.
in.ex.pen.sive adj. barato, econômico.
in.fal.li.ble adj. infalível.
in.fa.mous adj. infame.
in.fan.cy s. infância.
in.fant s. criança pequena.
in.fan.tile adj. infantil.
in.fan.try s. infantaria.
in.fant school s. pré-escola.
in.fect v. contagiar, infectar.
in.fec.tion s. infecção.

| infectious | initiate |

in.fec.tious *adj.* contagioso, infeccioso.
in.fer *v.* deduzir, inferir.
in.fer.ence *s.* dedução, conclusão, inferência.
in.fe.ri.or *adj.* inferior / *s.* subalterno(a).
in.fe.ri.or.i.ty *s.* inferioridade.
in.fe.ri.or.i.ty com.plex *s.* complexo de inferioridade.
in.fight.ing *s.* conflitos internos.
in.fil.trate *v.* infiltrar, penetrar.
in.fi.nite *adj.* infinito.
in.fin.i.tive *s.* infinitivo.
in.fin.i.ty *s.* infinito, infinidade.
in.firm *adj.* enfermo, débil.
in.fir.ma.ry *s.* enfermaria.
in.fir.mi.ty *s.* fraqueza, enfermidade.
in.flamed *adj.* inflamado.
in.flam.ma.ble *adj.* inflamável.
in.flam.ma.tion *s.* inflamação.
in.flat.a.ble *adj.* inflável.
in.flate *v.* inflar, encher de ar.
in.fla.tion *s.* inflação.
in.flex.i.ble *adj.* inflexível.
in.flu.ence *s.* influência / *v.* influenciar.
in.flu.en.tial *adj.* influente.
in.flu.en.za *s.* gripe, influenza.
in.flux *s.* afluxo; influxo.
in.form *v.* informar.

in.for.mal *adj.* informal.
in.for.mal.i.ty *s.* informalidade.
in.form.ant *s.* informante.
in.for.ma.tion *s.* informação, conhecimento.
in.for.ma.tive *adj.* informativo.
in.form.er *s.* informante, delator(a).
in.fringe.ment *s.* violação, infração.
in.fu.ri.at.ing *adj.* enfurecedor.
in.ge.ni.ous *adj.* engenhoso.
in.ge.nu.i.ty *s.* engenho, talento, habilidade.
in.gen.u.ous *adj.* ingênuo, simples.
in.gest *v.* ingerir.
in.gre.di.ent *s.* ingrediente.
in.gress *s.* ingresso, entrada.
in.grown *adj.* encravado.
in.hab.it *v.* habitar.
in.hab.i.tant *s.* habitante.
in.hale *v.* inalar, tragar.
in.her.ent *adj.* inerente, inato.
in.her.it *v.* herdar.
in.her.i.table *adj.* hereditário.
in.her.i.tance *s.* herança.
in.hu.man *adj.* desumano, cruel.
in.iq.ui.ty *s.* injustiça, maldade.
i.ni.tial *adj.* inicial / *s.* inicial.
i.ni.tial.ly *adv.* inicialmente.
i.ni.ti.ate *v.* iniciar.

in.i.ti.ation *s.* iniciação, começo.
in.i.tia.tive *s.* iniciativa.
in.ject *v.* injetar.
in.jec.tion *s.* injeção.
in.junc.tion *s.* injunção, determinação.
in.jure *v.* ferir, machucar.
in.jured *s.* ferido, machucado.
in.ju.ry *s.* ferimento, lesão.
in.jus.tice *s.* injustiça.
ink *s.* tinta de escrever.
ink.pot *s.* tinteiro.
in-laws *s.* parentes por afinidade.
in.let *s.* enseada, baía.
in.most *adj.* íntimo, interno.
inn *s.* hospedaria, estalagem.
in.nate *adj.* inato.
in.ner *adj.* íntimo, interior.
in.ner ci.ty *s.* metrópole.
in.ner tube *s.* câmara de ar.
in.nings *s.* turno, a vez de jogar.
in.no.cence *s.* inocência.
in.no.cent *adj.* inocente.
in.no.va.tion *s.* inovação, novidade.
i.noc.u.lation *s.* inoculação, vacinação.
in-pa.tient *s.* paciente interno.
in.put *s.* entrada; contribuição, produção.
in.quest *s.* inquérito, sindicância.
in.quire *v.* perguntar, investigar.

in.quir.y *s.* inquérito, investigação, inquirição.
in.sane *adj.* insano, demente.
in.san.i.ty *s.* insanidade, loucura.
in.scrip.tion *s.* inscrição; dedicatória.
in.scru.ta.ble *adj.* impenetrável, inescrutável.
in.sect *s.* inseto.
in.sec.ti.cide *s.* inseticida.
in.se.cure *adj.* inseguro.
in.se.cu.ri.ty *s.* insegurança.
in.sem.i.na.tion *s.* inseminação.
in.sen.si.ble *adj.* inconsciente.
in.sen.si.tive *adj.* insensitivo, insensível.
in.sert *v.* inserir, introduzir.
in.ser.tion *s.* inserção, anúncio.
in-ser.vice *adj.* contínuo; relativo a cursos de treinamento na empresa.
in.side *s.* interior / *adj.* interior / *adv.* dentro.
in.sight *s.* discernimento; perspicácia, argúcia; percepção.
in.sig.ni.a *s.* insígnias, emblemas.
in.sig.nif.i.cant *adj.* insignificante.
in.sin.cere *adj.* falso.
in.sin.u.ate *v.* insinuar.
in.sip.id *adj.* insípido, sem graça.
in.sist *v.* insistir, persistir.
in.sis.tent *adj.* insistente.

in.sole *s*. palmilha.
in.so.lent *adj*. insolente.
in.som.ni.a *s*. insônia.
in.spect *v*. inspecionar.
in.spec.tion *s*. inspeção, fiscalização.
in.spec.tor *s*. inspetor(a), fiscal.
in.spi.ra.tion *s*. inspiração.
in.spire *v*. inspirar.
in.stall *v*. instalar, empossar.
in.stal.la.tion *s*. instalação, emposse.
in.stall.ment *s*. prestação, parte; fascículo, capítulo.
in.stance *s*. exemplo, caso.
in.stant *s*. instante, momento / *adj*. imediato, instantâneo.
in.stant.ly *adv*. instantaneamente, imediatamente.
in.stead *adv*. em vez, em lugar (de).
in.step *s*. dorso do pé.
in.sti.gate *v*. instigar.
in.stinct *s*. instinto.
in.sti.tute *s*. instituto, associação / *v*. instituir, iniciar.
in.sti.tu.tion *s*. instituição, instituto; costume.
in.struct *v*. instruir, ensinar.
in.struc.tion *s*. instrução, instruções (para fazer algo); ensino.
in.struc.tive *adj*. instrutivo.
in.struc.tor *s*. instrutor.
in.stru.ment *s*. instrumento.
in.stru.men.tal *adj*. instrumental.
in.suf.fe.ra.ble *adj*. insuportável.
in.suf.fi.cient *adj*. insuficiente.
in.suf.flate *v*. insuflar, encher de ar.
in.su.lar *adj*. estreito, bitolado.
in.su.late *v*. isolar; separar.
in.su.la.tion *s*. isolamento.
in.su.lin *s*. insulina.
in.sult *s*. ofensa, insulto / *v*. insultar.
in.sult.ing *adj*. ofensivo, insultante.
in.su.pe.ra.ble *adj*. insuperável.
in.sur.ance *s*. seguro.
in.sur.ance pol.i.cy *s*. apólice de seguro.
in.sure *v*. segurar; assegurar.
in.tact *adj*. intato, ileso.
in.take *s*. quantidade que entra, consumo.
in.te.gral *adj*. integral, integrante, essencial / *s*. integral, total.
in.te.grate *v*. integrar, incorporar.
in.teg.ri.ty *s*. integridade, honestidade, totalidade.
in.tel.lect *s*. intelecto, inteligência.
in.tel.lec.tu.al *adj*. intelectual, inteligente / *s*. intelectual.
in.tel.li.gence *s*. inteligência.
in.tel.li.gent *adj*. inteligente.

in.tel.li.gi.ble *adj.* inteligível, compreensível.
in.tend *v.* pretender, planejar, ter a intenção de.
in.tend.ed *adj.* pretendido / *s.* futuro marido, futura esposa, pretendente.
in.tense *adj.* intenso.
in.tense.ly *adv.* extremamente, intensamente.
in.ten.si.fy *v.* intensificar.
in.ten.sive *adj.* intensivo.
in.tent *s.* intenção, intento / *adj.* intencionado, atento.
in.ten.tion *s.* intenção.
in.ten.tion.al *adj.* intencional.
in.ten.tion.al.ly *adv.* de propósito, intencionalmente.
in.tent.ly *adv.* atentamente.
in.ter *v.* enterrar, sepultar; entre.
in.ter.act *v.* interagir.
in.ter.ac.tion *s.* interação, relacionamento.
in.ter.ac.tive *adj.* interativo.
in.ter.cept *v.* interceptar.
in.ter.change *s.* intercâmbio, troca / *v.* intercambiar.
in.ter.change.a.ble *adj.* permutável, intercambiável.
in.ter.com *s.* interfone (coloquial).
in.ter.course *s.* relações sexuais.

in.terest *s.* interesse; vantagem; juros / *v.* interessar-se.
in.terest.ing *adj.* interessante.
in.ter.face *s.* interface.
in.ter.fere *v.* interferir, intervir.
in.ter.fer.ence *s.* intromissão, interferência.
in.ter.im *adj.* interino, provisório / *s.* ínterim.
in.te.ri.or *s.* interior / *adj.* interno, interior.
in.ter.jec.tion *s.* interjeição.
in.ter.lace *v.* entrelaçar-se.
in.ter.lock *v.* engrenar.
in.ter.lop.er *s.* intruso(a).
in.ter.lude *s.* interlúdio (música), intervalo.
in.ter.me.di.ate *adj.* intermediário / *v.* intermediar.
in.ter.mi.na.ble *adj.* interminável.
in.ter.mis.sion *s.* intervalo, intermissão.
in.ter.mit.tent *adj.* intermitente.
in.ter.mix *v.* misturar.
in.tern *v.* internar / *s.* médico interno.
in.ter.nal *adj.* interno.
in.ter.na.tion.al *adj.* internacional.
in.tern.ment *s.* internação, internamento.
in.ter.play *s.* interação.
in.ter.pose *v.* interpor.

in.ter.pret v. interpretar, traduzir.
in.ter.pret.er s. intérprete, tradutor.
in.ter.re.lated adj. inter-relacionado, ligado.
in.ter.ro.gate v. interrogar.
in.ter.ro.ga.tion s. interrogatório.
in.ter.rog.a.tive adj. interrogativo.
in.ter.rupt v. interromper.
in.ter.rup.tion s. interrupção.
in.ter.sect v. cruzar, dividir.
in.ter.sec.tion s. cruzamento, intersecção.
in.ter.twine v. entrelaçar.
in.ter.val s. intervalo.
in.ter.vene v. intervir, interpor.
in.ter.ven.tion s. intervenção.
in.ter.view s. entrevista / v. entrevistar.
in.ter.view.er s. entrevistador(a).
in.tes.tine s. intestino.
in.ti.ma.cy s. intimidade.
in.ti.mate v. insinuar, sugerir; intimar, notificar / adj. íntimo, familiar.
in.tim.i.date v. intimidar.
in.to prep. em; dentro; para dentro.
in.tol.er.a.ble adj. intolerável.
in.tol.er.ant adj. intolerante / s. intolerante.
in.to.na.tion s. entonação.
in.tox.i.cat.ed adj. embriagado.

in.tox.i.cation s. intoxicação, embriaguez.
in.trac.ta.ble adj. intratável.
in.tran.si.tive adj. intransitivo.
in.tra.ven.ous adj. intravenoso.
in.tri.cate adj. complicado, complexo.
in.trigue s. intriga / v. intrigar.
in.tro.duce v. introduzir; apresentar alguém.
in.tro.duc.tion s. introdução, apresentação.
in.tro.duc.to.ry adj. introdutório.
in.tro.vert s. introvertido(a) / v. introverter / adj. introvertido.
in.trud.er s. intruso.
in.tu.i.tion s. intuição, percepção.
in.un.date v. inundar.
in.vade v. invadir.
in.vader s. invasor.
in.va.lid s. inválido(a) / adj. nulo.
in.val.ua.ble adj. inestimável.
in.var.i.a.bly adv. invariavelmente.
in.va.sion s. invasão.
in.veigh v. injuriar, censurar.
in.vent v. inventar.
in.ven.tion s. invenção, invento.
in.ven.tor s. inventor(a).
in.ven.tory s. inventário; estoque.
in.vert v. inverter.
in.vert.ed com.ma s. aspas.
in.vest v. investor.

in.ves.ti.gate *v.* investigar.
in.ves.ti.ga.tion *s.* investigação.
in.vest.ment *s.* investimento.
in.ves.tor *s.* investidor(a).
in.vid.i.ous *adj.* invejoso; hostil; odioso.
in.vi.gi.la.tor *s.* fiscal (de exame), vigilante.
in.vig.or.at.ing *adj.* revigorante.
in.vin.ci.ble *adj.* invencível.
in.vis.i.ble *adj.* invisível.
in.vi.ta.tion *s.* convite.
in.vite *v.* convidar.
in.vit.ing *adj.* convidativo, tentador.
in.voice *s.* fatura / *v.* faturar.
in.voke *v.* invocar, chamar.
in.vol.un.ta.ry *adj.* involuntário.
in.volve *v.* envolver, incluir, implicar, comprometer.
in.volved *adj.* complexo, complicado; envolvido, incluído.
in.volve.ment *s.* envolvimento, comprometimento.
in.ward *adj.* íntimo, interior.
i.o.dine *s.* iodo.
I.ran *s.* Irã.
I.raq *s.* Iraque.
i.rate *adj.* irado, colérico.
ire *s.* ira, raiva.
Ire.land *s.* Irlanda.
i.ris *s.* íris.

I.rish *adj.* irlandês(esa) / *s.* irlandês(esa).
i.ron *s.* ferro / *v.* passar roupa / *adj.* de ferro.
i.ron.ic(al) *adj.* irônico, sarcástico.
i.ron.ing *s.* roupa passada / *v.* passar (a ferro).
i.ron.ing board *s.* tábua de passar roupa.
iron.mon.ger *s.* ferreiro, ferrageiro.
iron.ware *s.* ferragens.
i.ron.y *s.* ironia, sarcasmo.
ir.ra.tion.al *adj.* irracional.
ir.rec.on.cil.a.ble *adj.* irreconciliável.
ir.reg.u.lar *adj.* irregular.
ir.rel.e.vant *adj.* irrelevante.
ir.re.place.a.ble *adj.* insubstituível.
ir.re.pres.si.ble *adj.* irrefreável, irreprimível.
ir.re.sis.ti.ble *adj.* irresistível.
ir.re.spon.si.ble *adj.* irresponsável.
ir.rev.e.rent *adj.* irreverente.
ir.ri.gate *v.* irrigar.
ir.ri.gation *s.* irrigação.
ir.ri.ta.ble *adj.* irritável.
ir.ri.tate *v.* irritar, provocar.
ir.ri.tat.ing *adj.* irritante.
ir.ri.ta.tion *s.* irritação.

is v. 3ª pess. sing. pres. indic. do v. *to be*.
Is.lam s. islã, islamismo.
is.land s. ilha.
isle s. ilhota, ilha.
isn't contração de *is not*.
i.so.lat.ed adj. isolado.
i.so.la.tion s. isolamento.
Is.rael s. Israel.
Is.rae.li s. israelense / adj. israelense.
is.sue s. questão; edição; tema, assunto / v. distribuir; emitir.
it pron. o, a, lhe, ele, ela (substitui um animal ou um objeto).
I.tal.ian s. italiano / adj. italiano.
i.tal.ics s. itálico (tipografia).
It.a.ly s. Itália.
itch s. comichão, coceira / v. coçar, desejar.
itch.y adj. que coça.
i.tem s. item; assunto.
i.tem.ize v. especificar, relacionar.
i.tin.e.rant adj. itinerante.
i.tin.e.ra.ry s. itinerário.
it'll contração de *it will*.
its adj. poss. dele(s), dela(s) / pron. dele(a).
it's contração de *it is*.
it.self pron. ele(a) mesmo(a), a si mesmo(a).
I've contração de *I have*.
i.vo.ry s. marfim / adj. de marfim.
i.vy s. hera (botânica).

J. j s. décima letra do alfabeto inglês.
jab s. golpe, estocada, espetada / v. cutucar, espetar, ferir com a ponta de algo.
jack s. macaco (mecânica); valete (baralho).
jack.al s. chacal.
jack.ass s. asno, burro.
jack.et s. jaqueta, casaco curto.
jack-in-the-box s. caixa de surpresa.
jack.pot s. bolada, sorte grande.
jack-straw s. boneco de palha, espantalho.
jail s. cadeia, prisão / v. encarcerar.
jam s. geleia; congestionamento, engarrafamento / v. amontoar, apinhar-se.
Ja.mai.ca s. Jamaica.
jamb s. ombreira, jamba, batente.
jan.i.tor s. zelador.
Jan.u.a.ry s. janeiro.
Ja.pan s. Japão.
Jap.a.nese s. japonês(esa) / adj. japonês(esa).
jar s. jarro, pote, frasco / v. destoar; irritar.
jar.gon s. jargão / v. tagarelar.
jas.min(e) s. jasmim.
jaunt s. excursão, caminhada / v. perambular, vaguear.
jaun.ty adj. animado, vivo.
jave.lin s. dardo de arremesso, lança.
jaw s. maxilar, mandíbula.
jay.walk.er s. pedestre imprudente.
jazz s. jazz.
jazz up v. animar.
jeal.ous adj. ciumento(a).

271

jeal.ous.y s. ciúme.
jean s. fustão de algodão.
jeans s. pl. calças de brim.
jeep s. jipe.
jeer s. zombaria, vaia / v. zombar, vaiar.
jel.ly s. gelatina, geleia.
jel.ly.fish s. água-viva.
jerk s. empurrão; sacudida; idiota (coloquial) / v. sacudir.
jer.kin s. jaqueta.
jerk.y adj. aos trancos; idiota (coloquial).
jer.sey s. suéter de lã; jérsei (tecido).
jest s. gracejo / v. gracejar.
Je.sus s. Jesus.
jet s. jato, jorro, esguicho.
jet.ty s. molhe, quebra-mar.
Jew s. judeu / adj. judaico.
jew.el s. joia, pedra preciosa, gema.
jew.el.er s. joalheiro.
jew.el.er's s. joalheria.
jew.el.ry s. joias, joalheria.
Jew.ess s. judia / adj. judia.
Jew.ish adj. judaico, hebreu.
jif.fy s. instante, momento (coloquial).
jig.saw s. quebra-cabeça.
jilt v. namorar, flertar.
jim.my s. pé de cabra, alavanca.

jin.gle s. música de propaganda / v. tilintar, soar.
job s. emprego; tarefa.
job.ber.y s. agiotagem, especulação.
job.cen.ter s. agência de emprego.
job.less adj. desempregado.
jock.ey s. jóquei; impostor.
joc.und adj. alegre, divertido.
jog s. sacudida / v. cutucar, empurrar; correr.
jog.ging s. corrida.
join s. ligação; junção / v. juntar, ligar.
join.er s. marceneiro.
joint s. junta, articulação, união / adj. articulado; conjunto.
joint ac.count s. conta conjunta.
joke s. piada, gracejo, brincadeira / v. brincar.
jok.er s. curinga (cartas); brincalhão.
jol.ly adj. alegre, divertido / adv. muito, bastante (coloquial).
Jor.dan s. Jordânia.
jos.tle s. colisão, choque / v. acotovelar, empurrar.
jour.nal s. jornal especializado, revista, diário.
jour.nal.is.m s. jornalismo.
jour.nal.ist s. jornalista.

jour.ney s. viagem, jornada.
jowl s. mandíbula.
joy s. alegria, felicidade.
joy.ful adj. alegre, jovial.
joy-ride s. passeio temerário (de automóvel).
joy.stick s. alavanca de controle.
ju.bi.lee s. jubileu.
judge s. juiz, árbitro / v. julgar, avaliar, criticar.
judge.ment s. julgamento, crítica.
ju.di.cial adj. judicial, forense.
ju.di.ci.ar.y s. poder judiciário; comarca; jurisdição.
ju.do s. judô.
jug s. jarro, jarra; moringa; canto do rouxinol.
jug.gler s. malabarista.
juice s. suco, sumo.
juic.y adj. suculento; picante; interessante.
juke.box s. máquina que toca música quando põe-se dinheiro nela.
Ju.ly s. julho.
jum.ble s. desordem, confusão / v. remexer, confundir.
jum.ble sale s. bazar, venda de artigos em saldos.
jum.bo s. colosso (coloquial) / adj. colossal, gigantesco.
jump s. salto, pulo / v. saltar, pular.

jump.er s. saltador; avental; suéter.
jump.ing-board s. trampolim.
jump-leads s. cabo para bateria.
junc.tion s. cruzamento, entroncamento.
junc.ture s. conjuntura, momento.
June s. junho.
jun.gle s. selva; bagunça.
ju.ni.or s. jovem / adj. mais novo; subalterno.
ju.ni.or school s. escola primária.
junk s. sucata, refugo.
junk food s. comida sem valor nutritivo.
junk.ie adj. drogado(a), viciado(a).
Ju.pi.ter s. Júpiter.
ju.ror s. jurado.
ju.ry s. júri.
just adj. justo, correto / adv. justamente, exatamente, quase, apenas.
just right adj. perfeito.
jus.tice s. justiça.
jus.ti.fi.ca.tion s. justificativa, causa.
jus.ti.fy v. justificar.
jut v. sobressair.
jute s. juta.
ju.ve.nile s. jovem, menor / adj. juvenil, imaturo.

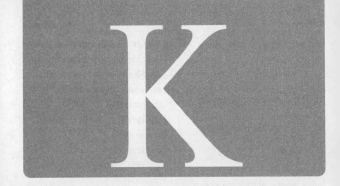

K, k s. décima primeira letra do alfabeto inglês.
Kam.pu.che.a s. Camboja.
kan.ga.roo s. canguru (zoologia).
ka.ra.te s. caratê.
ke.bab s. espetinho, churrasquinho.
keek s. olhadela / v. olhar, mirar.
keen adj. entusiasmado, muito interessado; penetrante; intenso.
keep v. guardar; manter, conservar; ficar, permanecer.
keep.er s. guardião(ã), zelador(a).
keep.ing s. cuidado, custódia; manutenção, sustento.
keep.sake s. lembrança, dádiva, presente.
ken.nel s. canil; casinha de cachorro.
Ken.ya s. Quênia.
kept v. pret. e pp. do v. to keep.

kerb s. meio-fio.
ker.nel s. amêndoa (o miolo comestível de uma semente); parte central.
ketch.up s. molho picante de tomate.
ket.tle s. chaleira; caldeira.
key s. chave; tecla / adj. essencial, fundamental.
key.board s. teclado.
key.hole s. buraco da fechadura.
key.ring s. chaveiro (porta-chaves).
kha.ki adj. cáqui (cor) / s. caqui.
kick v. chutar, dar pontapé, espernear / s. pontapé, chute.
kick.off s. chute inicial (futebol).
kid s. criança; cabrito / v. brincar.

kiddy   knife-grinder

kid.dy *s.* criança pequena.
kid.nap *v.* sequestrar, raptar.
kid.nap.per *s.* sequestrador(a).
kid.nap.ping *s.* sequestro, rapto.
kid.ney *s.* rim.
kill *v.* matar, abater.
kill.er *s.* assassino(a).
kill.ing *s.* assassinato; matança.
kil.o.gram *s.* quilograma.
kil.o.me.ter *s.* quilômetro.
kil.o.watt *s.* quilowatt.
kilt *s.* saiote escocês.
kin *s.* parente.
kind *adj.* generoso, amável / *s.* espécie, classe, tipo.
kin.der.gar.ten *s.* jardim de infância.
kind-heart.ed *adj.* bom coração, bondoso.
kin.dle *v.* acender, iluminar; dar cria (ninhada).
kind.ly *adv.* amavelmente, gentilmente.
kind.ness *s.* bondade, gentileza.
kin.dred *s.* família, parentes / *adj.* aparentado, afim.
king *s.* rei.
king.dom *s.* reino, monarquia; domínio.
king.ly *adj.* real, majestoso / *adv.* majestosamente, regiamente.
king-size *adj.* tamanho grande, maior do que o tipo comum.
kin.less *adj.* sem parentes.
kin.ship *s.* parentesco, afinidade.
ki.osk *s.* quiosque.
kip.per *s.* arenque defumado.
kir.mess *s.* quermesse.
kiss *s.* beijo / *v.* beijar.
kit *s.* estojo; equipamento (de soldado ou de viagem).
kitch.en *s.* cozinha.
kitch.en sink *s.* pia de cozinha.
kitch.en.ware *s.* utensílios de cozinha.
kite *s.* papagaio de papel, pipa.
kit.ten *s.* gatinho.
kit.ty *s.* gatinho; montante em dinheiro arrecadado para um fim (vaquinha).
km *abrev.* de *kilometer*.
knee *s.* joelho.
knee.cap *s.* rótula (anatomia).
kneel *v.* ajoelhar-se.
knelt *v. pret.* e *pp.* do *v. to kneel*.
knew *v. pret.* do *v. to know*.
knick.ers *s.* calcinha.
knick-knack *s.* bagatela; bugiganga.
knife *s. (pl. knives)* faca / *v.* esfaquear.
knife-grinder *s.* amolador de faca.

275

knight s. cavaleiro; cavalo do xadrez.
knight.hood s. fidalguia, nobreza.
knit v. tricotar; entrelaçar.
knit.ting s. tricô.
knit.ting ma.chine s. máquina de tricotar.
knit.ting nee.dle s. agulha de tricô.
knit.wear s. roupa de malha.
knob s. maçaneta, puxador.
knock s. pancada, batida / v. bater.
knock.out s. nocaute / v. nocautear.
knock over v. atropelar.
knot s. nó, laço; grupo de pessoas / v. atar, amarrar.
knot.ty adj. cheio de nós, nodoso.
know v. saber, conhecer, entender.
know-all s. sabichão(ona).
know-how s. experiência, prática, conhecimento.
knowl.edge s. conhecimento, instrução.
knowl.edge.a.ble adj. versado, instruído.
known v. pp. do v. to know.
knuck.le s. nó dos dedos, junta, articulação.
Ko.ran s. Alcorão.
Ko.re.a s. Coreia.

L, l *s.* décima segunda letra do alfabeto inglês; *abrev.* de *liter*; representa o número 50 em algarismos romanos.
lab *abrev.* de *laboratory*.
la.bel *s.* etiqueta, rótulo / *v.* rotular, etiquetar.
la.bor *s.* trabalho / *v.* trabalhar.
la.bor.a.tory *s.* laboratório.
la.bored *adj.* forçado; elaborado.
la.bor.er *s.* operário, trabalhador.
lace *s.* renda; cadarço / *v.* amarrar (sapatos).
lack *s.* falta, carência / *v.* faltar.
lack.a.dai.si.cal *adj.* apático; lânguido.
lacquer *s.* fixador; verniz.
lad *s.* rapaz, moço.
lad.der *s.* escada de mão.
lad.die *s.* rapazinho.
lad.en *adj.* carregado, onerado / *v. pp.* do *v. to lade*.
lad.ing *s.* carregamento.
ladle *s.* concha de sopa.
la.dy *s. (pl. ladies)* senhora; dama.
la.dy.bird, la.dy.bug *s.* joaninha.
la.dy.like *adj.* refinado, elegante.
la.dy.love *s.* amada.
la.dy.ship *s.* senhoria.
lag *s.* atraso, demora / *v.* ficar para trás, retardar-se, demorar-se.
lag.gard *s.* retardatário / *adj.* vagaroso.
la.goon *s.* lagoa, laguna.
laid-back *adj.* descontraído.
lain *v. pp.* do *v. to lie*.
lair *s.* covil, toca.

277

lake — lash

lake s. lago.
lamb s. cordeiro.
lame adj. manco, coxo / v. mancar.
la.ment s. lamento, queixa / v. lamentar-se.
lam.i.nate s. laminado / v. laminar / adj. laminado.
lamp s. lâmpada, lanterna.
lamp.post s. poste de iluminação.
lamp.shade s. abajur.
lance s. lança / v. lançar.
land s. terra; região; terras, solo / v. pousar, desembarcar.
land-holder s. proprietário (de terras).
land.ing s. aterrissagem; desembarque.
land.la.dy s. proprietária (de estalagem), senhoria.
land.lord s. proprietário (de estalagem), senhorio.
land.mark s. lugar conhecido, marco, baliza.
land.own.er s. latifundiário(a).
land.scape s. paisagem, cenário.
land.slide s. desmoronamento, deslizamento de terra.
lane s. caminho, raia, pista.
lan.guage s. língua, linguagem, idioma.
lan.guid adj. lânguido.
lan.guish v. debilitar, adoecer, definhar.
lank adj. liso; magro, delgado / v. decair.
lank.y adj. magro, esbelto.
lan.tern s. lanterna.
lap s. volta; colo; regaço; lambida / v. marulhar; beber algo às lambidas.
la.pel s. lapela.
Lap.land s. Lapônia.
lapse s. lapso de tempo; erro, deslize / v. escoar, decorrer.
lap.top s. computador portátil.
lar.ce.ny s. apropriação indébita.
lard s. banha de porco.
lar.der s. despensa.
large adj. grande, abundante, amplo.
large.ly adv. em grande parte, amplamente.
large-scale adj. em grande escala.
lar.gess s. presente, dádiva.
lark s. brincadeira, travessura; cotovia.
lar.yn.gi.tis s. laringite.
lar.ynx s. laringe.
la.ser s. raio *laser*.
la.ser print.er s. impressora a *laser*.
lash s. chicotada / v. chicotear.

278

lass s. moça.
last adj. último / adv. em último lugar / v. durar.
last.ing adj. duradouro, durável.
last.ly adv. finalmente, por último.
last min.ute s. última hora / adj. última hora.
latch s. trinco / v. trancar.
late adj. atrasado / adv. tarde, tardio.
late.com.er s. retardatário(a).
late.ly adv. ultimamente, recentemente.
lat.er adj. posterior / adv. mais tarde.
la.test adj. último.
lathe s. torno mecânico.
lath.er s. espuma (de sabão) / v. ensaboar.
Lat.in s. latim / adj. latino.
Lat.in A.mer.i.ca s. América Latina.
Lat.in A.mer.i.can adj. latino-americano.
lat.i.tude s. latitude; largura.
lat.tice s. treliça.
laud s. louvor, elogio / v. louvar, elogiar.
lau.da.ble adj. louvável.
laugh s. riso, risada / v. rir, gargalhar.

laugh.a.ble adj. ridículo, risível.
laugh.ing s. riso, risada / adj. risonho.
laugh.ing.stock s. alvo de riso.
laugh.ter s. risada, riso.
launch s. lancha; lançamento, inauguração / v. lançar.
laun.der v. lavar e passar (roupa).
laun.dress s. lavadeira.
laun.dry s. lavanderia, roupa para lavar.
lav.a.to.ry s. lavatório, banheiro, vaso sanitário.
lav.en.der s. lavanda.
lav.ish adj. generoso, abundante.
law s. lei, direito, regra.
law court s. tribunal de justiça.
law.ful adj. lícito, legal.
law.less adj. ilegal; sem lei.
lawn s. gramado, relvado.
lawn mow.er s. cortador de grama.
law school s. faculdade de direito.
law.suit s. ação judicial, processo.
law.yer s. advogado(a).
lax s. diarreia / adj. relaxado, frouxo.
lax.a.tive s. laxante / adj. laxativo.

lay *adj.* leigo / *v.* colocar, pôr, derrubar.
lay.a.bout *s.* vadio(a).
lay-by *s.* acostamento.
lay.er *s.* camada; estrato (geologia).
lay.ette *s.* enxoval de bebê.
lay.man *s.* leigo.
lay.out *s.* desenho, plano, esquema.
laze *v.* vadiar / *s.* ócio.
la.zy *adj.* preguiçoso.
lb. *abrev.* de *pound*.
lead *s.* chumbo; dianteira; conduta / *v.* liderar; conduzir.
lead.en *adj.* cinzento; feito de chumbo.
lead.er *s.* líder; guia.
lead.er.ship *s.* liderança, comando.
lead-free *adj.* sem chumbo.
lead.ing *adj.* principal.
lead.ing light *s.* destaque.
lead singer *s.* vocalista.
leaf *s. (pl. leaves)* folha (de planta, livro).
leaf through *v.* folhear rapidamente.
leaf.less *adj.* desfolhado.
leaf.let *s.* folheto.
leaf.y *adj.* frondoso.
league *s.* liga, aliança; légua.

leak *s.* vazamento, goteira, escape / *v.* vazar, gotejar, escapar.
lean *adj.* magro, delgado (animal, pessoa) / *s.* inclinação / *v.* inclinar.
lean.ing *s.* inclinação, propensão.
leap *s.* salto / *v.* pular.
leap.frog *s.* jogo de pular sela.
leap year *s.* ano bissexto.
learn *v.* aprender.
learn.ed *adj.* instruído / *v. pret.* e *pp.* do *v. to learn*.
learn.er *s.* principiante, discípulo, aprendiz.
learn.ing *s.* saber, erudição; aprendizagem.
lease *s.* arrendamento / *v.* arrendar.
leash *s.* correia, trela.
least *adj.* menor, mínimo / *adv.* pelo menos, menos / *s.* menor, mínimo.
leath.er *s.* couro.
leave *v.* deixar, partir, abandonar / *s.* licença, permissão.
leave be.hind *v.* deixar para trás.
leav.en *s.* levedura, fermento.
leave out *v.* omitir.
Leb.a.non *s.* Líbano.
lech.er.ous *adj.* lascivo, luxurioso.
lec.ture *s.* palestra, preleção / *v.* dar uma palestra.

lec.tur.er *s.* palestrante, conferencista, professor.

ledge *s.* peitoril, saliência, orla.

led.ger *s.* lápide.

leech *s.* sanguessuga.

leek *s.* alho-poró.

lee.way *s.* liberdade de ação, deriva.

left *v. pret.* do *v. leave* / *s.* esquerda / *adj.* esquerdo / *adv.* à esquerda.

left-hand.ed *adj.* canhoto.

left.o.ver *s.* sobra, resto.

left-wing *s.* ala esquerdista / *adj.* esquerdista.

leg *s.* perna.

leg.a.cy *s.* legado, herança.

le.gal *adj.* legal, legítimo.

le.gal.ize *v.* legalizar.

leg.al.ly *adv.* legalmente.

le.gend *s.* lenda; legenda.

le.gen.da.ry *adj.* legendário.

le.gis.la.tion *s.* legislação.

le.gis.la.ture *s.* legislatura, assembleia legislativa.

le.git.i.mate *adj.* legítimo, autêntico / *v.* legitimar, legalizar.

leg.room *s.* espaço para as pernas.

lei.sure *s.* lazer, prazer.

lei.sure.ly *adj.* calmo, vagaroso / *adv.* vagarosamente.

lem.on *s.* limão.

lem.on.ade *s.* limonada.

lend *v.* emprestar para.

length *s.* comprimento; duração.

lens *s.* lente.

Lent *s.* quaresma.

lent *v. pret.* e *pp.* do *v. to lend.*

len.til *s.* lentilha.

Leo *s.* Leão (astrologia).

leop.ard *s.* leopardo.

lep.er *s.* leproso, hanseniano.

lep.ro.sy *s.* lepra, mal de Hansen.

les.bi.an *s.* lésbica / *adj.* lésbico.

less *s.* inferior, menor, menos / *adj.* inferior, menor, menos / *adv.* menos / *prep.* sem, menos.

less.en *v.* diminuir, reduzir.

less.er *adj.* menor, inferior / *adv.* menos.

les.son *s.* aula, lição.

let *v.* deixar, permitir; alugar.

let down *v.* baixar, humilhar.

let.down *s.* desapontamento, humilhação.

le.thal *adj.* letal, mortal.

let's go contração de *let us go* (vamos).

let.ter *s.* letra; carta.

let.ter bomb *s.* carta bomba.

let.ter.box *s.* caixa de correio.

let.ter.head *s.* cabeçalho.

let.ter.ing *s.* letras; inscrição.

let.tuce *s.* alface.

let-up s. diminuição, pausa, intervalo.
leu.ke.mia s. leucemia.
lev.el s. nível; superfície plana / adj. plano, nivelado / v. nivelar.
lev.er s. alavanca.
lev.i.ty s. leviandade, inconstância.
lev.y s. coleta, taxação.
li.a.bil.i.ty s. responsabilidade; obrigação.
li.a.ble adj. responsável.
li.aise v. estabelecer contato, ligação.
li.ar s. mentiroso(a).
li.bel s. difamação, calúnia / v. difamar.
lib.e.ral s. liberal / adj. liberal.
lib.e.rate v. libertar, liberar.
lib.e.ration s. liberação, libertação.
lib.er.ty s. liberdade.
Li.bra s. Libra (astrologia).
li.brar.i.an s. bibliotecário(a).
li.brar.y s. biblioteca.
Lib.y.a s. Líbia.
li.cense s. licença, autorização.
li.censed adj. licenciado, autorizado.
li.cense plate s. placa (de carro).
lick s. lambida / v. lamber.
lid s. tampa.
lie s. mentira / v. jazer, deitar-se; mentir.

lieu.ten.ant s. tenente.
life s. (pl. lives) vida.
life.belt s. cinto de segurança.
life.boat s. barco salva-vidas.
life.guard s. salva-vidas.
life in.sur.ance s. seguro de vida.
life.jacket s. colete salva-vidas.
life.less adj. sem vida, morto.
life.like adj. natural; tal como a vida.
life.long adj. que dura a vida toda, vitalício.
life sen.tence s. pena de prisão perpétua.
life.span s. duração de vida.
life.style s. estilo de vida.
life.time s. tempo de vida, existência.
lift v. levantar, suspender / s. elevador; carona.
light s. luz / v. acender, iluminar / adj. claro, leve, delicado.
lights s. semáforo.
light.en v. iluminar, acender; tornar mais leve; relampejar.
light.er s. isqueiro; barcaça, chata.
light.ing s. iluminação, ignição.
light.ly adv. ligeiramente, levemente.
light.ness s. leveza, claridade.
light.ning s. relâmpago; raio.
light.ning bug s. vaga-lume.

light.ning rod s. para-raios.
light-year s. ano-luz.
like v. gostar / prep. como / adj. parecido, semelhante / s. igual, semelhante.
like.a.ble adj. simpático(a), agradável, amável.
like.li.hood s. probabilidade; semelhança.
like.ly adj. provável, plausível.
like mad adj. como louco.
like.ness s. semelhança, aparência.
like.wise adv. igualmente, do mesmo modo, também, outrossim.
lik.ing s. simpatia; preferência.
li.lac s. lilás / adj. lilás.
lil.y s. lírio; flor-de-lis.
limb s. membro.
lim.ber up v. fazer aquecimento.
lime s. limeira, limão, lima; cal.
lime.light s. centro das atenções; publicidade.
lime.stone s. pedra calcária.
lim.it s. limite / v. limitar.
lim.it.ed s. trem ou ônibus expresso / adj. limitado.
lim.it.ed com.pa.ny s. sociedade anônima.
limp v. mancar / adj. frouxo; flexível; manco.
line s. linha, corda; fila, reta; linho / v. enfileirar-se; riscar.

lin.e.age s. linhagem, estirpe.
lined adj. pautado; enrugado.
lin.en s. linho; roupa (branca) de cama.
lin.er s. navio ou avião de linha regular.
lines.man s. juiz de linha, bandeirinha.
line up v. enfileirar / s. alinhamento.
lin.ger v. demorar, perdurar(-se); persistir.
lin.ge.rie s. *lingerie*, roupa íntima feminina.
lin.guis.tics s. linguística.
link s. elo, conexão, ligação / v. unir, conectar, ligar.
link.up s. conexão, acoplamento; fusão.
li.on s. leão.
li.on.ess s. leoa.
lip s. lábio, beiço.
lip.stick s. batom.
liq.ue.fier s. liquidificador.
li.queur s. licor.
liq.uid s. líquido, fluido / adj. líquido, fluido.
liq.ui.date v. liquidar, saldar.
liq.uor s. licor, bebida alcoólica.
liquor store s. loja de bebidas.

Lisbon | loch

Lis.bon *s.* Lisboa.
lisp *s.* falar com a língua presa.
list *v.* listar / *s.* lista; inclinação (de um navio).
list.ed *adj.* tombado; registrado.
lis.ten *v.* escutar.
lis.ten.er *s.* ouvinte.
list.less *adj.* indiferente, desatento.
lit *v. pret.* e *pp.* do *v. light.*
li.ter, li.tre *s.* litro.
lit.e.ra.cy *s.* alfabetização.
lit.e.ral *adj.* literal.
lit.e.ra.ry *adj.* literário.
lit.e.rate *adj.* alfabetizado.
lit.e.ra.ture *s.* literatura; folhetos (coloquial).
lit.ter *s.* lixo; ninhada; palha ou feno espalhado para cama dos animais ou como cobertura para plantas.
lit.ter.bin *s.* lata de lixo.
lit.tle *adj.* pequeno, pouco; novo (de idade) / *adv.* pouco, escassamente.
lit.tle fin.ger *s.* dedo mindinho.
live *v.* viver, morar / *adj.* vivo; ao vivo.
live.li.hood *s.* meio de vida, sustento.
live.long *adj.* durável.
live.ly *adj.* vivo, vigoroso, animado.
li.ven up *v.* animar.
liv.er *s.* fígado; vivente.
live.stock *s.* gado.
liv.ing *adj.* vivo / *s.* sustento, modo de vida.
liv.ing con.di.tions *s.* condições de vida.
liv.ing-room *s.* sala de estar.
liv.ing stan.dard *s.* padrão de vida.
living wage *s.* salário mínimo.
liz.ard *s.* lagarto.
load *s.* peso, carga / *v.* carregar.
load.ed *adj.* carregado.
loaf *s.* filão de pão, pão (de forma, redondo); vadiagem, ociosidade / *v.* vadiar.
loaf.er *s.* vadio.
loan *s.* empréstimo / *v.* emprestar.
loan shark *s.* agiota.
lob.by *s.* saguão, vestíbulo; pressão / *v.* pressionar.
lob.ster *s.* lagosta.
lo.cal *adj.* local.
lo.cal.i.ty *s.* localidade.
lo.cal.ly *adv.* nos arredores, localmente.
lo.cate *v.* localizar, situar; fixar residência.
lo.ca.tion *s.* local, localização, posição, locação.
loch *s.* lago.

lock — lop-sided

lock s. fechadura, cadeado / v. trancar.
lock.er s. compartimento com chave.
lock.et s. medalhão.
lock.smith s. serralheiro.
lock.up s. local que serve como prisão / v. trancafiar.
lo.co.mo.tive s. locomotiva / adj. locomotivo.
lo.cust s. gafanhoto.
lodge s. guarita; residência temporária; alojamento / v. alojar.
loft s. sótão; apartamento pequeno e de luxo.
log s. tora, lenha; diário de bordo ou de voo / v. registrar.
log-book v. registrar / s. livro de registro, diário.
loge s. camarote de teatro.
lo.gic s. lógica.
lo.gic.al adj. lógico.
lo.go s. logotipo.
loin s. lombo.
loi.ter v. perder tempo, tardar.
loll v. refestelar-se; pôr a língua para fora.
lol.li.pop s. pirulito.
Lon.don s. Londres.
Lon.don.er s. londrino(a).
lone adj. solitário.
lone.li.ness s. solidão, isolamento.
lone.ly adj. só, solitário.
long adj. longo, comprido / adv. muito tempo / v. ansiar por algo, desejar.
long-distance adj. longa distância / adv. de longa distância.
long-haired adj. peludo, cabeludo.
long.hand s. escrita manual.
long.ish adj. um tanto longo.
long-life adj. longa vida.
long-range adj. de longo alcance.
long-term adj. a longo prazo.
loo s. banheiro.
look v. olhar; parecer / s. olhar; aparência.
look for v. procurar.
look out v. tomar cuidado.
look over v. examinar.
loom s. tear / v. assomar, surgir.
loon.y s. débil mental / adj. maluco (coloquial).
loop s. laço, laçada / v. enlaçar.
loose s. liberdade / adj. solto, folgado, vago / v. soltar, desamarrar.
loose.ly adv. folgadamente, livremente.
loos.en v. afrouxar, desatar, soltar.
loot v. saquear, pilhar / s. saque, pilhagem.
lop off v. podar, cortar.
lop-sid.ed adj. torto, distorcido.

Lord *s.* Deus.
lord *s.* o senhor, lorde.
lord.like *adj.* nobre, senhoril; arrogante.
lor.ry *s.* caminhão.
lose *v.* perder.
los.er *s.* perdedor(a).
loss *s.* perda, dano prejuízo.
lost *v.* pret. e pp. do *v. lose* / *adj.* perdido(a), desorientado(a).
lot *s.* porção; lote; destino / *v.* lotear, dividir.
lo.tion *s.* loção.
lot.ter.y *s.* loteria.
loud *adj.* alto; barulhento / *adv.* alto, em voz alta.
loud-hail.er *s.* megafone.
loud.ly *adv.* ruidosamente, em voz alta.
loud.speak.er *s.* alto-falante.
lounge *s.* saguão; bar social / *v.* espreguiçar-se, vadiar.
louse *s.* (*pl. lice*) piolho.
lous.y *adj.* piolhento; vil, torpe.
lov.e.ble *adj.* adorável, amável.
love *s.* amor / *v.* amar.
love a.ffair *s.* caso de amor.
love life *s.* vida sentimental.
love.less *adj.* sem amor.
love.ly *adj.* encantador(a), gracioso(a).
lov.er *s.* amante.
lov.ing *adj.* carinhoso(a).
low *adj.* baixo / *adv.* baixo.
low-cut *adj.* decotado.
low.er *adj.* inferior; mais baixo / *v.* reduzir, baixar.
low-fat *adj.* magro, de baixa caloria.
low.ing *s.* mugido.
low.land *s.* planície.
low.ly *adj.* humilde, modesto; vil, inferior.
low-spir.it.ed *adj.* deprimido.
low tide *s.* maré-baixa.
loy.al *adj.* leal, fiel.
loy.al.ty *s.* lealdade, fidelidade.
lu.bri.cate *v.* lubrificar.
luck *s.* sorte; acaso.
luck.i.ly *adv.* felizmente, afortunadamente.
luck.y *adj.* sortudo(a), afortunado(a).
lug *s.* puxão, arranco / *v.* puxar pelas orelhas.
lug.gage *s.* bagagem.
luggage rack *s.* porta-bagagem.
lull *s.* calmaria, bonança / *v.* acalmar, acalentar.
lul.la.by *s.* canção de ninar / *v.* ninar.
lum.ber *s.* restos de madeira / *v.* mover-se com dificuldade.
lum.ber.ing *adj.* pesado.

lum.ber.jack s. lenhador.
lu.mi.nous adj. luminoso.
lump s. torrão; inchação, inchaço.
lu.na.tic s. louco(a), lunático(a) / adj. louco(a), lunático(a).
lunch s. almoço / v. almoçar.
lunch time s. hora do almoço.
lung s. pulmão.
lurch s. desamparo; balanço brusco / v. dar uma guinada, cambalear.
lurk v. espreitar; emboscar.
lush adj. viçoso, exuberante.

lust s. luxúria / v. cobiçar.
lus.ter s. lustre, brilho.
lust.y adj. robusto, vigoroso.
Lux.em.bourg s. Luxemburgo.
lux.u.ry s. luxo / adj. de luxo.
ly.ing s. mentira / adj. mentiroso(a).
ly.ing-in s. resguardo, situação de estar deitado.
lynch v. linchar.
lyr.i.cal adj. lírico.
lyr.ics s. letra de música.

M

M, m *s.* décima terceira letra do alfabeto inglês; representa o número 1000 em algarismos romanos.

ma' am *abrev.* de *madam*.

mach.i.nate *v.* maquinar.

ma.chine *s.* máquina.

ma.chi.ne-gun *s.* metralhadora.

ma.chin.e.ry *s.* maquinaria; maquinismo.

mack.in.tosh *s.* capa impermeável, tecido impermeável.

mad *adj.* louco, demente, insensato; furioso.

mad.am *s.* senhora, madame.

mad.den *v.* enlouquecer, enfurecer.

made *adj.* feito, fabricado / *v. pret. pp.* do *v. to make*.

made-to-or.der *adj.* feito sob medida, sob encomenda.

mad-up *adj.* inventado, mentiroso.

mad.house *s.* hospício.

mad.ly *adv.* loucamente.

mad.man *s.* louco, alienado.

mad.ness *s.* loucura; raiva.

mag.a.zine *s.* revista, periódico.

ma.gic *s.* magia / *adj.* mágico.

mag.is.trate *s.* magistrado, juiz(íza).

mag.nate *s.* magnata.

mag.net *s.* ímã, magneto.

mag.net.ic *adj.* magnético.

maid *s.* criada, empregada; virgem.

maid.en *s.* solteirona, donzela.

maid.en.hood *s.* virgindade.

maid.en name s. nome de solteira.
maid.ser.vant s. criada.
mail s. correio; correspondência / v. mandar, expedir, enviar pelo correio.
mail.box s. caixa de correio.
mail.man s. carteiro.
maim s. lesão, mutilação / v. mutilar, desfigurar.
main s. condutor de gás / adj. principal, essencial.
main.te.nance s. sustento; manutenção.
maize s. milho.
ma.jes.tic adj. majestoso, grandioso.
ma.jor s. major; maior de idade / adj. muito importante.
ma.jor.i.ty s. maioria; maioridade.
make v. fazer, fabricar, produzir / s. marca, fabricação.
make-up s. maquiagem, composição; constituição.
mak.ing s. fabricação.
ma.laise s. mal-estar, indisposição.
male s. macho, varão / adj. masculino, macho.
mal.ice s. malícia.
ma.lign v. caluniar, difamar / adj. maligno.
mal.le.a.ble adj. maleável.
mal.treat v. maltratar.

mam.mal s. mamífero.
man s. (pl. men) homem.
man.a.cle s. algema; constrangimento / v. algemar; restringir.
man.age v. administrar, gerenciar, dirigir.
man.age.a.ble adj. manejável; controlável; dócil.
man.age.ment s. administração, gerência, direção; gestão, conduta.
man.ag.er s. gerente, diretor, administrador.
man.di.ble s. mandíbula, queixada.
mane s. crina, juba.
man.go s. manga (fruta).
man.hood s. humanidade; virilidade.
man.i.fest v. manifestar / adj. manifesto, evidente / s. manifesto.
ma.nip.u.late v. manipular, manejar.
man.kind s. gênero humano; humanidade.
man.ly adj. másculo, viril.
man.ner s. modo, maneira.
man.ner.less adj. sem modos, indelicado.

man.pow.er s. potencial humano, mão de obra.

man.u.al adj. manual, feito com as mãos / s. manual.

man.u.fac.ture v. manufaturar, fabricar / s. manufatura, fabricação.

man.u.fac.tur.er s. fabricante.

man.y pron. muito(s), muita(s) / adj. muito(s), muita(s).

map s. mapa / v. mapear; planejar.

mar v. frustar, arruinar.

mar.ble s. mármore ♦ ~s bolinha de gude.

March s. março.

march s. marcha / v. marchar.

mare s. égua.

mar.ga.rine s. margarina.

mar.gin s. margem (rio, papel).

mar.i.jua.na s. maconha, haxixe.

mar.i.ner s. marinheiro.

marish s. pântano / adj. pantanoso.

mark s. marca, sinal; nota escolar / v. marcar, assinalar, corrigir.

mar.ket s. mercado.

mar.ket.ing s. ação de comprar e vender, *marketing*.

mar.quis s. marquês.

mar.quise s. marquesa.

mar.riage s. casamento, matrimônio.

mar.ried adj. casado(a).

Mars s. Marte.

marsh s. pântano, brejo.

mar.shal s. marechal.

mar.tyr s. mártir.

mar.vel s. maravilha / v. maravilhar-se.

mar.vel.ous adj. maravilhoso.

mash s. purê de batatas, mistura, papa (coloquial) / v. triturar, espremer.

mask s. máscara; disfarce / v. mascarar.

masked ball s. baile de máscaras.

ma.son s. pedreiro; maçom.

mass s. multidão, massa; missa / v. juntar-se, amontoar-se.

mas.sage s. massagem / v. fazer massagem em.

mass me.di.a s. meios de comunicação de massa.

mas.ter s. mestre, dono, senhor / v. dominar, controlar.

mas.ter.piece s. obra-prima.

mat s. esteira, capacho, tapete.

match s. fósforo; jogo, partida; igual; companheiro / v. combinar.

match.box s. caixa de fósforo.

mate s. companheiro, colega / v. dar xeque-mate no xadrez.

ma.te.ri.al s. matéria; material, substância; tecido / adj. material, essencial.
ma.trix s. matriz.
ma.tron s. matrona.
matt adj. fosco, sem brilho.
mat.ter s. questão, assunto, matéria / v. importar, significar.
mat.tress s. colchão.
ma.ture adj. maduro / v. amadurecer.
ma.tu.ri.ty s. maturidade.
mawk.ish adj. enjoativo, repugnante.
max.im s. máxima.
May s. maio.
may v. modal poder, ter permissão.
may.be adv. talvez, possivelmente.
mayor s. prefeito.
maze s. labirinto.
me pron. me, mim, comigo.
mead.ow s. prado, campina.
meal s. refeição.
mean adj. avarento; médio / s. meio, média / v. significar, querer dizer.
mean.ing s. sentido, significado / adj. expressivo, significativo.
mean.ing.less adj. sem sentido.
mean.time adv. entretanto, enquanto isso.
mean.while adv. entretanto, enquanto isso.
mea.sles s. sarampo.
meas.ly adj. miserável, vil; atacado de sarampo.
meas.ure v. medir; comparar; tirar as medidas / s. medida.
meat s. carne (alimento).
me.chan.ic s. mecânico / adj. mecânico.
med.al s. medalha.
med.dle v. intrometer-se.
me.di.a s. meios de comunicação, mídia.
me.dic.a.ment s. medicamento.
medi.cine s. medicina, remédio.
me.di.o.cre adj. medíocre.
me.di.um adj. médio, moderado / s. meio.
med.ley s. mistura, miscelânea, confusão / v. misturar / adj. misturado.
meek adj. manso, submisso, meigo.
meet v. encontrar; reunir-se; conhecer.
meet.ing s. reunião; encontro.
meg.a.phone s. megafone.
mel.o.dy s. melodia.
mel.on s. melão.
mem.ber s. membro; sócio, associado.

mem.o s. memorando, circular.
mem.o.ra.ble adj. memorável, notável.
mem.o.rize v. memorizar, decorar.
mem.o.ry s. memória, lembrança, recordação.
men.ace s. ameaça / v. ameaçar.
mend v. remendar, consertar, reparar / s. remendo, conserto, reparo.
men.tal adj. mental.
men.u s. cardápio, *menu*.
mer.ce.nar.y adj. mercenário; interesseiro.
mer.chan.dise s. mercadoria(s).
mer.ci.ful adj. misericordioso, piedoso, clemente.
mer.ci.less adj. impiedoso.
Mercury s. Mercúrio (planeta); Mercúrio (deus dos romanos).
mer.cu.ry s. mercúrio.
mer.cy s. piedade, misericórdia.
mere s. lago, lagoa, charco / adj. mero, simples.
me.rid.i.an s. meridiano / adj. meridiano.
mer.it s. mérito / v. merecer.
mer.maid s. sereia.
mer.ry adj. alegre.
merry-go-round s. carrossel.

mess s. confusão, desordem, bagunça / v. bagunçar, sujar, desarrumar (coloquial).
mes.sage s. mensagem, recado.
mes.sen.ger s. mensageiro(a).
mess.y adj. sujo, desarrumado, bagunçado.
met.al.lur.gy s. metarlugia.
me.ter s. metro, medidor / v. medir.
meth.od s. método.
me.trop.o.lis s. metrópole.
met.tle s. ânimo, vigor.
mew s. gaivota; miado / v. miar.
Mex.i.can s. mexicano. / adj. mexicano.
mi.crobe s. micróbio.
mid adj. meio, meados; semi.
mid.day s. meio-dia.
mid.dle s. meio, centro, metade / adj. médio, central.
mid.dle age s. meia-idade / adj. de meia-idade.
midge s. mosquito.
midg.et s. anão(ã); pigmeu.
mid.night s. meia-noite.
mid.wife s. parteira.
might s. força, poder / v. *pret.* de *may*.
might.y adj. poderoso, potente.
mi.graine s. enxaqueca.
mi.grate v. migrar, emigrar.

mild *adj.* brando, meigo; ameno, suave.
mil.den *v.* abrandar, suavizar.
mild.ness *s.* suavidade, brandura.
mile *s.* milha.
mil.i.tant *adj.* militante, combativo / *s.* militante.
mil.i.ta.ry *adj.* militar.
milk *s.* leite / *v.* ordenhar.
milk.y *adj.* leitoso, com bastante leite.
Milky Way *s.* Via Láctea.
mill *s.* moinho, engenho, fábrica / *v.* moer, triturar.
mil.len.ni.um *s.* milênio.
mill.ing *s.* moagem, moedura.
mil.lion *s.* milhão / *adj.* milhão.
mill.stone *s.* mó, pedra de moinho; carga pesada.
mime *s.* mímica / *v.* imitar, fazer mímicas.
mim.ic *s.* mímico, imitador / *adj.* mímico, imitativo / *v.* imitar.
mince *s.* picadinho de carne / *v.* moer, picar.
mind *s.* mente, intelecto / *v.* concentrar-se, dedicar-se.
mine *s.* mina / *pron. poss.* meu(s), minha(s) / *v.* minerar, extrair.
min.er *s.* mineiro.
min.ia.ture *s.* miniatura / *adj.* miniatura.
min.im *s.* mínima.
min.is.ter *s.* ministro; sacerdote, pastor.
min.is.try *s.* ministério; clero.
mi.nor *adj.* menor, secundário, de pouca importância / *s.* menor (de idade).
mint *s.* hortelã, menta; casa da moeda.
mi.nus *s.* sinal de menos (-) / *adj.* menos, negativo.
min.ute *s.* minuto.
minx *s.* rapariga, mulher à toa.
mir.a.cle *s.* milagre.
mi.rage *s.* miragem.
mire *s.* lodo, lama / *v.* atolar; envolver-se em dificuldades.
mir.ror *s.* espelho / *v.* espelhar, refletir.
mis.ad.ven.ture *s.* desgraça, infelicidade, infortúnio.
mis.ap.ply *v.* empregar mal, desviar.
mis.cel.la.ne.ous *adj.* variado, misto.
mi.ser *s.* avarento, sovina / *adj.* avarento, sovina.
mis.e.ra.ble *adj.* triste, infeliz, desgraçado, miserável.
mis.e.ry *s.* miséria, penúria; tristeza, aflição.

mis.fit *s.* traje que não veste bem / *v.* assentar mal.
mis.for.tune *s.* infortúnio, desgraça, infelicidade.
mis.giv.ing *s.* apreensão; pressentimento.
mis.guide *v.* desencaminhar.
mis.han.dle *v.* maltratar, manejar mal.
Miss *s.* senhorita, moça.
miss *s.* falha, erro / *v.* perder (não acertar, não compreender); sentir falta.
mis.sile *s.* míssil, projétil.
miss.ing *adj.* ausente, extraviado, que falta, desaparecido.
mis.sion *s.* missão.
mis.sive *s.* missiva, carta.
mis.take *s.* erro / *v.* errar.
Mis.ter *s.* senhor.
mis.treat *v.* maltratar.
Mis.tress *s.* senhora, título dado à mulher casada.
mis.tress *s.* ama, dona de casa; amante, concubina.
mis.trust *s.* desconfiança / *v.* desconfiar.
mist.y *adj.* nebuloso.
mis.un.der.stand *v.* entender mal, interpretar mal.
mis.un.der.stand.ing *s.* equívoco, mal-entendido, desavença.

mix *v.* misturar, mesclar / *s.* mistura, mescla.
mixed-up *s.* confusão / *adj.* confuso.
mix.er *s.* batedeira, misturador.
mo.bile *adj.* móvel.
mo.bil.i.ty *s.* mobilidade.
mode *s.* modo, maneira, meio.
mod.el *s.* modelo, maquete / *v.* modelar, moldar.
mod.e.rate *adj.* moderado, módico / *v.* moderar.
mod.ern *adj.* moderno.
mod.est *adj.* modesto.
moist *s.* umidade.
moist.en *v.* umedecer.
mole *s.* verruga, pinta; porto, dique; toupeira / *v.* cavar, escavar.
mol.e.cule *s.* molécula.
mo.lest *v.* molestar, importunar; agredir.
mol.ten *adj.* fundido.
mo.ment *s.* momento, instante.
mon.arch *s.* monarca.
Mon.day *s.* segunda-feira.
mon.e.ta.ry *adj.* monetário.
mon.ey *s.* dinheiro.
mon.eyed *adj.* endinheirado.
monk *s.* monge, frade.

mon.key s. macaco.
monkey busi.ness s. macaquice; trapaça.
mon.ster s. monstro.
mon.tage s. montagem.
month s. mês.
mon.u.ment s. monumento.
mood s. humor, disposição.
moon s. lua.
moon.light s. luar / *adj.* iluminado pela lua, enluarado.
moot s. debate, disputa / *v.* debater.
mop.pet s. boneca de pano.
mor.al s. moral.
mo.ral.i.ty s. moralidade.
mor.al.ize *v.* moralizar.
mor.bid *adj.* doentio, mórbido.
more *adj.* mais / *adv.* além do mais; ainda.
more.o.ver *adv.* além disso, além do mais.
morgue s. necrotério.
morn.ing s. manhã / *adj.* matinal, da manhã.
mor.tar s. argamassa; morteiro (militar); pilão.
mort.gage s. hipoteca / *v.* hipotecar.
mo.sa.ic s. mosaico.
moss s. musgo.

most s. maior parte de, maioria de / *adv.* o(a) mais, muito / *adj.* mais.
mote s. partícula (de pó), molécula.
moth s. traça; mariposa.
moth.er s. mãe; madre, freira.
moth.er.hood s. maternidade.
moth.er-in-law s. sogra.
moth.er.land s. pátria.
mo.tive s. motivo, razão.
mot.ley *adj.* variado, multicolor / s. roupa colorida usada pelos bufões.
mo.tor s. motor.
mould s. mofo, bolor, fungo; molde, modelo, forma / *v.* mofar; moldar.
mould.y *adj.* mofado, bolorento.
moun.tain s. montanha.
moun.tain range s. cordilheira, cadeia de montanhas.
mouse s. (*pl. mice*) camundongo.
mouse.trap s. ratoeira.
mouth s. boca; foz.
mouth.ful s. bocado.
move s. movimento / *v.* mover.
mov.ie s. filme.
mov.ies s. cinema.
mov.ing *adj.* comovente, tocante / *adj.* de mudança.
mow s. celeiro / *v.* aparar, cortar, ceifar.

Mr. *abrev.* de *Mister.*
Mrs. *abrev.* de *Mistress.*
Ms. *abrev.* de *Miss.*
much *adv.* muito / *s.* grande quantidade.
muck *s.* sujeira, porcaria; esterco.
muck.y *adj.* imundo, sujo; vil.
muff *s.* pessoa desajeitada.
muf.fle *s.* focinho.
muf.fler *s.* luva de boxe; amortecedor.
mug *s.* caneca; otário (coloquial).
mug.gy *adj.* abafado.
mul.ber.ry *s.* amora; amoreira.
mulct *v.* multar / *s.* multa, penalidade.
mule *s.* mula; chinelo de quarto.
mul.ti.ple *s.* múltiplo / *adj.* múltiplo.
mul.ti.ply *v.* multiplicar.

mum.my *s.* múmia; mamãe (coloquial).
mumps *s.* cachumba.
mur.der *s.* assassinato, homicídio / *v.* assassinar, matar.
mus.cle *s.* músculo.
mu.se.um *s.* museu.
mush.room *s.* cogumelo.
mu.sic *s.* música.
must *s.* obrigação, dever, necessidade / *v. aux.* dever, ter que, ser obrigado a.
must.y *adj.* mofado, bolorento.
my *pron.* meu(s), minha(s).
my.self *pron.* me, eu mesmo, mim mesmo, a mim.
mys.te.ri.ous *adj.* misterioso.
mys.tic *s.* místico / *adj.* místico.
myth *s.* mito; fábula.

N, n s. décima quarta letra do alfabeto inglês.
nail s. unha; prego / v. pregar, cravar.
na.ked adj. nu(a), exposto, despido.
na.ked.ness s. nudez.
name s. nome / v. nomear, dar nome a.
nap s. soneca, sesta; penugem / v. cochilar, dormitar.
nape s. nuca.
nap.kin s. guardanapo.
nap.py s. fralda.
nar.cot.ic s. narcótico / adj. narcótico.
nar.rate v. narrar, contar.
nar.ra.tor s. narrador.
nar.row adj. estreito; limitado / v. estreitar, apertar; limitar.
nar.row.ness s. estreiteza.
nas.ty adj. vil, sórdido, repugnante.
na.tion s. nação.
na.tion.al adj. nacional.
na.tive s. natural, nativo(a) / adj. natural, nativo(a).
nat.u.ral adj. natural; nato, inato.
na.ture s. natureza, universo; caráter, índole.
naugh.ty adj. malcriado(a); travesso; malicioso(a).
na.vy s. marinha; frota / adj. marinho.
near adj. próximo(a); vizinho(a). / adv. perto, a pouca distância / prep. junto a.

ne.ces.sa.ry *adj.* necessário.
ne.ces.si.ty *s.* necessidade; pobreza; artigo de primeira necessidade.
neck *s.* pescoço.
neck.lace *s.* colar.
need *s.* necessidade, precisão / *v.* precisar, necessitar.
need.ful *adj.* necessário, indispensável.
nee.dle *s.* agulha (de costura, de bússola).
need.less *adj.* desnecessário.
neg.a.tive *s.* negativo / *adj.* negativo.
ne.glect *s.* negligência, desleixo / *v.* negligenciar.
neg.li.gence *s.* negligência, descuido.
neigh.bor *s.* vizinho, próximo / *adj.* vizinho, próximo.
nei.ther *pron.* nenhum / *conj.* nem / *adv.* tampouco.
neph.ew *s.* sobrinho.
Nep.tune *s.* Netuno.
nerve *s.* nervo; ousadia.
ner.vous *adj.* nervoso.
nest *s.* ninho.
nes.tle *v.* aninhar-se, acomodar-se.
net *s.* rede; armadilha / *adj.* líquido / *v.* obter um lucro líquido de; apanhar.
Neth.er.lands *s.* Holanda, Países Baixos.
net.work *s.* rede, cadeia.
neu.tral *adj.* neutro.
nev.er *adv.* nunca, jamais.
new *adj.* novo; recente; outro.
new.born *s.* recém-nascido.
news *s.* notícia(s), novidade(s); informação ♦ *the* ~ o noticiário.
news.pa.per *s.* jornal.
next *s.* o próximo; o seguinte / *adj.* próximo, ao lado de, a seguir.
nib.ble *v.* beliscar, mordiscar.
nice *adj.* simpático, agradável, bonito.
nick *s.* pequeno corte, entalhe ♦ *the* ~ a prisão / *v.* cortar, entalhar.
nick.name *s.* apelido, alcunha / *v.* apelidar.
niece *s.* sobrinha.
night *s.* noite.
night.fall *s.* anoitecer.
night.mare *s.* pesadelo.
night-walker *s.* sonâmbulo.
nine *num.* nove.
nine.teen *num.* dezenove.
nine.ty *num.* noventa.
ninth *num.* nono.
nip.per *s.* garra; pinça; alicate; aquele que belisca.
Nip.pon *s.* Japão.

no *adv.* não, nenhum / *adj.* nenhum / *s.* não, recusa / *pron.* nenhum, nenhuma.
no.bil.i.ty *s.* nobreza.
no.bod.y *pron.* ninguém.
no.how *adv.* de modo algum.
noise *s.* ruído, barulho.
none *adv.* de modo algum / *pron.* ninguém, nenhum, nada / *adj.* nenhum.
non.sense *s.* absurdo, besteira.
non-stop *adj.* contínuo, direto, sem parada.
noon *s.* meio-dia.
nor *conj.* nem, também não / *adv.* nem, também não.
north *s.* norte / *adj.* do norte.
north.east *adj.* nordeste / *adv.* em direção ao nordeste / *s.* nordeste.
nose *s.* nariz; focinho; faro.
nos.tril *s.* narina.
not *adv.* não ♦ ~ *yet* ainda não.
no.ta.ble *adj.* notável / *s.* celebridade, pessoa notável.
note *s.* nota (bilhete, música, dinheiro); tom / *v.* notar, observar.
note.book *s.* caderno; computador portátil.
noth.ing *s.* nada, ninharia, nulidade / *adv.* de modo algum, em vão.

no.tice *s.* anúncio, notificação, aviso / *v.* notar, perceber; avisar, notificar.
nought *s.* nada, zero.
noun *s.* substantivo.
No.vem.ber *s.* novembro.
now *adv.* agora, já, presentemente / *conj.* assim sendo.
now.a.days *adv.* hoje em dia, atualmente.
no.way *adv.* de modo algum.
nude *adj.* nu(a) (artístico ou erótico).
nud.ist *s.* nudista / *adj.* nudista.
num.ber *s.* número; algarismo / *v.* numerar.
num.er.ous *adj.* numeroso, abundante.
nurse *s.* enfermeiro(a) / *v.* cuidar de.
nur.se.ry *s.* berçário, creche, escola maternal; viveiro de plantas.
nut *s.* noz; porca (de parafuso); maluco(a) (coloquial).
nut.meg *s.* noz-moscada.
nu.tri.ent *s.* nutriente / *adj.* nutritivo, nutriente.
nymph *s.* ninfa.

O, o *s.* décima quinta letra do alfabeto inglês.
oak *s.* carvalho.
oar *s.* remo / *v.* remar.
oars.man *s.* remador.
oat *s.* aveia.
oath *s.* juramento; praga.
oat.meal *s.* farinha ou mingau de aveia.
o.be.di.ence *s.* obediência.
o.be.si.ty *s.* obesidade.
o.bey *v.* obedecer.
ob.ject *s.* objeto; propósito / *v.* objetar, ser contra.
ob.li.ga.tion *s.* obrigação, compromisso.
ob.li.ga.to.ry *adj.* obrigatório.
ob.scene *adj.* obsceno.
ob.scure *adj.* obscuro / *v.* obscurecer.
ob.serve *v.* observar, cumprir; notar, reparar.
ob.ses.sion *s.* obsessão.
ob.sta.cle *s.* obstáculo, empecilho.
ob.sti.nate *adj.* teimoso, obstinado.
ob.tain *v.* obter, conseguir, alcançar.
ob.vi.ous *adj.* óbvio, evidente.
oc.cult *adj.* oculto, secreto / *v.* ocultar, esconder.
oc.cu.pa.tion *s.* ocupação, profissão.
oc.cu.py *v.* ocupar.
oc.cur *v.* ocorrer, acontecer.
o.cean *s.* oceano.
Oc.to.ber *s.* outubro.
odd *adj.* estranho; esquisito; ímpar.
odd.ness *s.* extravagância, esquisitice.
of *prep.* de, do.

off *adj.* desligado, apagado, livre / *adv.* embora / *prep.* fora, fora de / *interj.* saia!

of.fense *s.* ofensa, insulto, afronta, delito.

of.fen.sive *adj.* ofensivo, agressivo, insultante / *s.* ofensiva, ataque.

of.fer *s.* oferta / *v.* ofertar.

of.fer.ing *s.* oferecimento, oferenda.

of.fice *s.* escritório.

of.fi.cial *adj.* autorizado, oficial / *s.* funcionário(a) público(a).

off.set *s.* compensação, equivalência / *v.* compensar, equiparar.

off.side *s.* impedimento / *adj.* impedido (esporte).

of.ten *adv.* frequentemente, muitas vezes.

oil *s.* óleo; petróleo / *v.* lubrificar.

O.K., okay *adj.* certo, correto / *adj.* bem / *interj.* tudo certo!

old *adj.* velho, antigo, idoso.

old age *s.* velhice.

old- fash.ioned *adj.* antiquado, fora de moda.

ol.ive *s.* azeitona; oliveira.

o.lym.pic *adj.* olímpico.

O.lym.pic games *s.* olimpíadas, jogos olímpicos.

o.mit *v.* omitir.

on *prep.* sobre, em cima de; no, na, nos, nas / *adv.* sobre, em cima de, a partir de.

once *s.* uma vez / *conj.* uma vez que / *adv.* outrora, uma vez.

once again *adv.* mais uma vez.

one *num.* um, uma.

on.ly *adv.* somente, apenas / *adj.* único, só / *conj.* só que, exceto.

onus *s.* responsabilidade, carga, peso.

o.pen *adj.* aberto; livre, desimpedido / *v.* abrir.

o.pen.ing *s.* abertura; início; inauguração.

op.e.rate *v.* fazer funcionar, operar.

op.e.ra.tion *s.* operação, funcionamento.

op.e.ra.tor *s.* operador; telefonista.

o.pin.ion *s.* opinião, parecer.

op.por.tune *adj.* oportuno, conveniente.

op.por.tu.ni.ty *s.* oportunidade.

op.pose *v.* opor-se, resistir.

op.po.site *adj.* oposto, contrário / *s.* oposto, oponente.

op.tion *s.* opção, alternativa.

op.u.lent *adj.* opulento, farto.

or *conj.* ou, senão.

or.a.cle s. oráculo.
or.ange s. laranja / *adj.* alaranjado.
or.ange.ade s. laranjada.
or.chard s. pomar.
or.ches.tra s. orquestra.
or.chid s. orquídea.
or.der s. ordem, comando; pedido / *v.* encomendar, pedir, ordenar.
or.gan.i.za.tion s. organização.
o.ri.ent s. oriente / *v.* orientar.
o.rig.i.nal *adj.* original, primeiro, primitivo / s. original.
os.cil.late *v.* oscilar; vibrar.
os.trich s. avestruz.
oth.er *pron.* outro(s), outra(s) / *adv.* de outra maneira.
oth.er.wise *adv.* de outra maneira, por outro lado / *conj.* senão.
ot.ter s. lontra.
ought s. dever, obrigação / *v.* ♦ ~ to dever, convir.
ounce s. onça (animal); onça (medida de peso equivalente a 28, 35 gramas).
our(s) *adj.* nosso(s), nossa(s).
out *adv.* fora, para fora / *interj.* fora! saia!
out.back s. interior, área distante, cafundó.
out.door *adj.* ao ar livre.
out.line s. contorno, esboço / *v.* delinear, esboçar.
out.side s. exterior / *adj.* externo / *adv.* lá fora, para fora / *prep.* fora de.
out.size *adj.* de tamanho extra grande.
ov.en s. forno.
o.ver *prep.* por cima de, sobre / *adj.* excedente, acabado / *adv.* de novo.
o.ver.all *adj.* geral, absoluto.
o.ver.coat s. sobretudo, capote.
o.ver.do *v.* exceder, exagerar.
o.ver.dose s. dose excessiva.
o.ver.flow s. inundação / *v.* transbordar, inundar.
o.ver.head s. gastos gerais / *adj.* elevado, suspenso / *adv.* em cima.
o.ver.lay s. revestimento / *v.* revestir.
o.ver.night *adv.* durante a noite / *adj.* noturno.
o.ver.shad.ow *v.* eclipsar, ofuscar, ensombrecer, obscurecer.
owe *v.* dever, ter dívidas.
owl s. coruja.
own *v.* possuir, ter / *adj.* próprio.
ox s. (*pl.* oxen) boi.
ox.y.gen s. oxigênio.
oy.ster s. ostra.
o.zone s. ozônio.

P, p s. décima sexta letra do alfabeto inglês; *abrev.* de *penny*.
pace s. passo; compasso.
pace up and down v. andar de um lado para o outro.
pa.cif.ic *adj.* pacífico, sossegado.
Pacific Ocean, the s. Oceano Pacífico.
pac.i.fist s. pacifista / *adj.* pacifista.
pac.i.fy v. acalmar, pacificar.
pack v. empacotar / s. pacote, embrulho; bando, quadrilha; matilha.
pack.age s. pacote, embrulho.
pack.ing case s. caixa de embalagem.
pact s. pacto, trato.
pad s. almofada (de carimbo).
pad.dle s. remo curto / v. remar.

pad.dock s. cercado para cavalos.
pad.lock s. cadeado.
pae.di.at.rics s. pediatria.
pa.gan s. pagão.
page s. página; mensageiro; pajem.
pag.eant s. cortejo; desfile alegórico.
page boy s. mensageiro.
pa.go.da s. pagode (templo pagão).
paid v. *pret., pp.* do v. *pay* / *adj.* pago.
pail s. balde.
pain s. dor, sofrimento.
pain.ful *adj.* doloroso.
pain.less *adj.* sem dor.
paint s. pintura, tinta / v. pintar.

pair *s.* par, dupla / *v.* juntar, unir.
pair of shoes *s.* par de sapatos.
Pa.kis.tan *s.* Paquistão
/ *adj.* paquistanês.
pal *s.* camarada, companheiro.
pal.ace *s.* palácio.
pale *adj.* pálido / *v.* empalidecer.
pale.face *s.* cara pálida.
Pal.es.tine *s.* Palestina.
pal.ette *s.* palheta.
pal.ing *s.* estaca; cerca.
palm *s.* palma da mão; palmeira; palmo (medida).
pal.sied *adj.* paralítico, paralisado.
pam.per *v.* mimar.
pan *s.* panela, caçarola.
Pan.a.ma *s.* Panamá.
pan.cake *s.* panqueca.
pan.de.mo.ni.um *s.* pandemônio, confusão, caos.
pan.der *v.* favorecer.
pan.ic *s.* pânico.
pan.o.ram.a *s.* panorama.
pan.ther *s.* pantera.
pants *s. pl.* calças.
pa.per *s.* papel; jornal; exame (escrito).
pa.per-mill *s.* fábrica de papel.
pap.ri.ka *s.* páprica (condimento), pimentão.
par.a.chute *s.* paraquedas.

pa.rade *s.* desfile, parada
/ *v.* desfilar.
par.a.dise *s.* paraíso.
par.a.dox *s.* paradoxo.
par.a.graph *s.* parágrafo.
par.al.lel *s.* paralela, linha paralela; semelhança / *adj.* paralelo.
par.a.lyse *v.* paralizar.
pa.ral.y.sis *s.* paralisia.
par.a.mount *adj.* primordial; de suma importância.
par.a.ple.gic *s.* paraplégico(a).
par.a.site *s.* parasita.
par.a.troop.er *s.* paraquedista.
par.cel *s.* pacote, embrulho
/ *v.* embrulhar.
parch *v.* secar, ressecar; tostar.
par.don *s.* perdão / *v.* perdoar.
par.ent *s.* pai ou mãe ♦ ~s pais.
pa.ren.the.sis *s.* parêntese.
Pa.ris *s.* Paris.
par.ish *s.* paróquia.
Pa.ris.i.an *s.* parisiense
/ *adj.* parisiense.
par.i.ty *s.* paridade, igualdade.
park *s.* parque / *v.* estacionar.
parking lot *s.* estacionamento.
par.lia.ment *s.* parlamento.
par.lor, par.lour *s.* sala de visitas, salão.

parochial — patrol

pa.ro.chi.al *adj.* paroquial, paroquiano.
par.o.dy *s.* paródia / *v.* parodiar.
par.rot *s.* papagaio.
par.ry *v.* desviar (de golpes), evitar, evadir.
pars.ley *s.* salsa, salsinha.
par.son *s.* pároco, vigário.
part *s.* parte, pedaço / *v.* partir, repartir; ir-se embora.
par.tial *adj.* parcial.
par.tic.i.pant *s.* participante. / *adj.* pacifista.
par.ti.ci.ple *s.* particípio.
par.ti.cle *s.* partícula, pequena parte.
par.tic.u.lar *adj.* particular, específico, próprio.
part.ing *s.* divisão, separação / *adj.* de despedida.
par.ti.san *adj.* partidário, sectário.
par.ti.tion *s.* divisão.
part.ly *adv.* em parte, parcialmente.
part.ner *s.* sócio, parceiro.
part.ner.ship *s.* parceria, associação; sociedade.
part-time *adv.* de meio expediente, de meio período / *adj.* de meio expediente, de meio período.
par.ty *s.* festa; partido, grupo.

pas.quin *s.* sátira afixada em lugar público, pasquim.
pass *s.* passagem / *v.* passar, ser aprovado.
pas.sage *s.* passagem, corredor; citação.
pas.sen.ger *s.* passageiro, viajante.
pass.ing *adj.* passageiro, fugaz.
pas.sive *adj.* passivo.
pass.port *s.* passaporte.
pass.word *s.* senha.
past *adj.* passado, antigo / *s.* passado.
pas.ta *s.* macarrão, massa.
pas.try *s.* pastelaria.
patch *s.* retalho; remendo / *v.* remendar.
pa.tent *s.* patente; direito, licença / *adj.* patente; óbvio / *v.* patentear.
pa.ter.nal *adj.* paternal, paterno.
path *s.* caminho, trajetória, trilha.
pa.thet.ic *adj.* patético.
pa.thol.o.gist *s.* patologista.
path.way *s.* caminho, atalho.
pa.tience *s.* paciência.
pa.tient *s.* paciente / *adj.* paciente.
pat.ri.ot *s.* patriota / *adj.* patriota.
pa.trol *s.* patrulha / *v.* patrulhar.

pause *s.* pausa, intervalo
/ *v.* pausar, parar.
pave.ment *s.* pavimento, calçada.
pa.vil.ion *s.* pavilhão.
paw *s.* pata, pé (de animal).
pay *s.* pagamento, salário
/ *v.* pagar.
pay.a.ble *adj.* pagável, a pagar.
pay.day *s.* dia de pagamento.
PC *abrev.* de *Personal Computer*.
pea *s.* ervilha.
peace *s.* paz.
peach *s.* pêssego.
pea.cock *s.* pavão.
peak *s.* pico, cume, auge.
peaked *adj.* pontudo, pontiagudo.
pea.nut *s.* amendoim.
pear *s.* pera.
pearl *s.* pérola.
peas.ant *s.* camponês, agricultor.
peck *v.* bicar / *s.* bicada.
pe.cu.li.ar *adj.* peculiar, específico; próprio.
ped.al *s.* pedal / *v.* pedalar.
ped.dler *s.* mascate, vendedor ambulante.
ped.es.tal *s.* pedestal.
pe.des.tri.an *s.* pedestre.
ped.i.gree *s.* raça (de animal), linhagem.
peek *v.* espiar, espreitar.

peel *s.* casca (de fruta)
/ *v.* descascar.
peel.ing *s.* casca.
peev.ed *adj.* irritado.
pee.vish *adj.* rabugento, teimoso.
peg *s.* pregador (de roupa).
pe.jo.ra.tive *adj.* depreciativo (coloquial).
pel.i.can *s.* pelicano.
pen *s.* caneta.
pe.nal *adj.* penal, punível.
pen.al.ty *s.* penalidade (esporte); pênalti (futebol); multa, pena.
pen.ance *s.* penitência.
pen.cil *s.* lápis.
pen.du.lum *s.* pêndulo.
pen.e.trate *v.* penetrar, infiltrar.
pen.guin *s.* pinguim.
pen.i.cil.lin *s.* penicilina.
pe.nin.su.la *s.* península.
pe.nis *s.* pênis.
pen.i.tence *s.* penitência.
pen.knife *s.* canivete.
pen.nant *s.* flâmula.
pen.ni.less *adj.* sem dinheiro.
pen.ny (*pl. pence*) *s.* moeda divisionária inglesa (1/100 da libra); centavo (EUA) (coloquial).
pen.sion *s.* pensão, aposentadoria.
pen.sive *adj.* pensativo.

pen.ta.gon s. pentágono (geometria).
pent.house s. cobertura (apartamento).
pent-up adj. reprimido, contido.
peo.ple s. povo; gente; multidão.
pep.per s. pimenta.
per prep. por (por dia, por cento).
per.ceive v. perceber, compreender.
per.cen.tage s. porcentagem.
per.cep.tion s. percepção, ideia, noção.
per.cus.sion s. percussão.
pe.ren.ni.al adj. perene.
per.fect adj. perfeito / v. aperfeiçoar.
per.form v. realizar, fazer, desempenhar; interpretar.
per.fume s. perfume.
per.haps adv. talvez.
pe.rim.e.ter s. perímetro.
pe.ri.od s. período, época; menstruação; ponto final.
pe.riph.e.ral adj. periférico.
per.i.scope s. periscópio.
per.ish v. perecer, falecer; estragar.
per.jure v. prestar falso testemunho, perjurar.
per.ju.ry s. perjúrio.
perk s. benefício, adicional.
per.ma.nent adj. permanente, duradouro.

per.mis.sion s. permissão, autorização.
per.mis.sive adj. permissivo.
per.mu.ta.tion s. permutação, troca.
per.ni.cious adj. pernicioso, nocivo, maligno.
per.pen.dic.u.lar adj. perpendicular.
per.pet.u.al adj. perpétuo, eterno.
per.plex.i.ty s. perplexidade, atordoamento.
per.se.cute v. perseguir.
per.se.vere v. perseverar, persistir.
Per.sian s. persa, pérsico (natural da Pérsia, atual Irã) / adj. persa, pérsico.
per.sist v. persistir; subsistir.
per.son s. pessoa, indivíduo.
per.so.nal com.put.er s. computador pessoal.
per.spec.tive s. perspectiva.
per.spi.ra.tion s. transpiração, suor.
per.suade v. persuadir, convencer.
pert adj. atrevido(a), ousado(a).
per.tain.ings s. pl. pertences.
per.ti.nent adj. pertinente, adequado.
pert.ness s. atrevimento, ousadia.
per.turb v. perturbar.

Pe.ru s. Peru.
Pe.ru.vi.an s. peruano / *adj.* peruano(a).
per.verse *adj.* perverso, maldoso.
per.vert s. pervertido / *v.* perverter, corromper.
pes.si.mis.m s. pessimismo.
pest s. peste, praga.
pes.ter *v.* incomodar, importunar / s. importuno.
pes.ti.cide s. pesticida.
pet s. animal de estimação.
pet.al s. pétala.
pe.ti.tion s. petição.
pet.ri.fied *adj.* petrificado, paralisado.
pet.rol s. gasolina.
pe.tro.le.um s. petróleo.
pet shop s. loja de venda de animais de estimação.
phan.tom s. fantasma.
phar.aoh s. faraó.
phar.ma.cist s. farmacêutico(a).
phase s. fase, etapa.
phe.nom.e.non s. (*pl. phenomena*) fenômeno.
phi.lan.thro.pist s. filantropo(a).
phi.lat.e.ly s. filatelia.
Phil.ip.pine s. filipino / *adj.* filipino.
phi.los.o.pher s. filósofo.
pho.bi.a s. fobia.

phone s. *abrev.* de *telephone* (coloquial) / *v.* telefonar.
pho.net.ics s. fonética.
phos.phate s. fosfato (química).
pho.to s. foto, fotografia.
phrase s. frase.
phys.i.cal *adj.* físico.
phys.ics s. física.
phys.i.ol.o.gy s. fisiologia.
pi.a.nist s. pianista.
pi.an.o s. piano.
pick *v.* apanhar, pegar.
pick.er s. colhedor, apanhador.
pick.et s. piquete, estaca.
pick.le s. picles.
pick.up s. caminhonete.
pic.nic s. piquenique.
pic.ture s. quadro, pintura, tela; retrato.
pie s. torta, pastelão, empadão.
piece s. pedaço, fatia; peça.
pier s. cais, embarcadouro.
pierce *v.* penetrar, furar; romper.
pierc.ing *adj.* penetrante; perfurante, cortante.
pi.e.ty s. piedade; abnegação.
pig s. porco, leitão.
pi.geon s. pombo.
pig.ment s. pigmento.
pig.sty s. chiqueiro, pocilga.
pike s. posto de pedágio; pico (de montanha).

pile s. pilha, montão.
piles s. hemorroidas (coloquial).
pil.fer v. furtar; afanar.
pil.grim s. peregrino, romeiro.
pill s. pílula.
pil.lar s. pilar, coluna.
pil.low s. travesseiro.
pi.lot s. piloto / v. pilotar, conduzir.
pim.ple s. espinha (na pele).
pin s. alfinete; broche; pino.
pin.a.fore s. avental para crianças.
pin.ball s. fliperama.
pin.cers s. pinça; alicate.
pinch s. beliscão.
pin.cush.ion s. alfineteira, pregadeira.
pine s. pinheiro.
pine.ap.ple s. abacaxi.
pink adj. cor-de-rosa; rosado / v. enrubescer.
pin.na.cle s. cume, pináculo, auge.
pi.o.neer s. pioneiro, precursor / adj. pioneiro, precursor.
pip s. caroço, semente.
pipe s. cano, tubo; encanamento; cachimbo.
pi.quant adj. picante; pungente.
pi.rate s. pirata.
Pis.ces s. Peixes (astrologia).
pis.tol s. pistola.
pis.ton s. pistão.
pit s. cova; fossa; mina de carvão.

pitch s. arremesso; tom (música).
pitch.er s. jarro, cântaro; arremessador.
pit.e.ous adj. lastimável, comovente.
pit.fall s. perigo; armadilha, cilada.
pit.i.ful adj. comovente, lamentável; deplorável.
pit.i.less adj. impiedoso, cruel.
pit.tance s. ninharia; miséria.
pit.y s. compaixão, pena, piedade.
piv.ot s. eixo; pino; pivô.
pix.ie s. duende, elfo.
plac.ard s. placar.
pla.cate v. apaziguar.
place s. lugar; posto; assento / v. pôr, colocar; encomendar.
plac.id adj. plácido, sereno.
plague s. praga, peste.
plain s. planície / adj. claro, evidente; simples; liso, plano.
plait s. dobra; trança / v. trançar.
plan s. plano, projeto, esquema / v. planejar, projetar.
plane s. avião; plano (geometria) / adj. plano, raso.
plan.et s. planeta.
plan.ner s. projetista, planejador.
plan.ning s. planejamento.

plant *s.* planta; fábrica, usina / *v.* plantar, semear.
plan.ta.tion *s.* plantação.
plas.ma *s.* plasma.
plas.tic *s.* plástico / *adj.* plástico.
plas.tic sur.ge.ry *s.* cirurgia plástica.
plat.i.num *s.* platina / *adj.* de platina.
pla.toon *s.* pelotão.
plat.ter *s.* travessa (de louça).
play *s.* jogo, partida; peça teatral / *v.* jogar, brincar, divertir-se; representar.
play.boy *s.* farrista, boêmio (coloquial).
plea *s.* apelo; petição; argumento.
plead *v.* defender, advogar; apelar, suplicar.
pleas.ant *adj.* agradável.
please *adv.* por favor / *v.* agradar, dar prazer a.
pleas.ing *adj.* agradável, gentil.
pleas.ure *s.* prazer, satisfação.
plen.ty *s.* abundância, fartura / *adj.* abundante.
pli.a.ble *adj.* flexível, maleável.
plight *s.* apuro, situação difícil; compromisso.
plot *s.* trama, conspiração; lote; enredo de uma história / *v.* tramar; traçar.
plug *s.* pino; tomada.
plum *s.* ameixa.
plum.age *s.* plumagem.
plumb.er *s.* encanador.
plume *s.* pluma, pena.
plump *adj.* roliço, rechonchudo.
plunge *s.* salto; mergulho.
plu.ral *s.* plural / *adj.* plural.
plus *s.* sinal de adição (+) / *prep.* mais / *adj.* positivo.
plush *adj.* de pelúcia.
p.m. *abrev.* de *post meridiem*.
pneu.mat.ic *adj.* pneumático.
pneu.mo.ni.a *s.* pneumonia.
pock.et *s.* bolso / *adj.* de bolso / *v.* embolsar.
pod *s.* vagem (de feijão); bando, cardume.
podg.y *adj.* atarracado.
po.em *s.* poema.
po.et *s.* poeta.
po.e.try *s.* poesia.
poi.gnant *adj.* comovente, pungente.
point *s.* ponto; objetivo; relevância / *v.* indicar, evidenciar.
poise *s.* equilíbrio, estabilidade.
poi.son *s.* veneno / *v.* envenenar.
poi.son.ing *s.* envenenamento.
poke *v.* atiçar; cutucar.
Po.land *s.* Polônia.
po.lar *adj.* polar.

po.lar.ize v. polarizar.
po.lice s. polícia / v. policiar.
po.li.o s. poliomielite, pólio.
Pol.ish s. polonês / adj. polonês.
po.lite adj. gentil, cortês, educado.
pol.i.tic adj. político, astuto.
poll s. votação; pesquisa, sondagem.
pol.len s. pólen.
pol.lute v. poluir, contaminar.
pol.y.es.ter s. poliéster.
po.lyg.a.my s. poligamia.
pol.y.tech.nic s. politécnica / adj. politécnico.
pom.e.gran.ate s. romã.
pomp s. pompa, ostentação.
pom.pous adj. pomposo, empolado.
pon.der v. ponderar, refletir, considerar.
pon.tiff s. pontífice.
pon.tif.i.cate v. pontificar / s. pontificado, papado.
po.ny s. pônei.
pool s. poça, charco; tanque, reservatório; piscina.
poor adj. pobre.
poor.ness s. pobreza.
pop s. ruído seco; estouro (som), estalo / v. estalar, saltar.
pop.corn s. pipoca.

pope s. papa.
pop.eyed adj. com os olhos arregalados.
pop.py s. papoula.
pop.u.lar adj. popular; familiar; na moda.
pop.u.late v. povoar.
pop.u.lous adj. populoso.
porce.lain s. porcelana / adj. de porcelana.
porch s. pórtico; varanda, sacada.
por.cu.pine s. porco-espinho.
pork.chop s. costeleta de porco.
por.nog.ra.phic adj. pornográfico.
po.rous adj. poroso.
por.poise s. toninha, boto.
port s. porto, ancoradouro.
por.ta.ble adj. portátil.
por.ter s. porteiro; carregador, bagageiro.
por.tion s. porção, parcela.
port.ly adj. corpulento; imponente.
por.trait s. retrato.
Por.tu.gal s. Portugal.
Por.tu.guese s. português(esa) / adj. português(esa).
pose s. postura; pose / v. posar; propor; fazer posar.
posh adj. requintado, de luxo, chique.

po.si.tion s. posição; situação / v. posicionar.
pos.i.tive adj. positivo; certo; definitivo.
pos.si.bil.i.ty s. possibilidade.
post v. pôr no correio, postar / s. poste, pilar.
post.er s. cartaz, pôster.
pos.ter.i.ty s. posteridade.
post.grad.u.ate s. pós--graduado(a) / adj. pós-graduado.
post me.rid.i.e.m adj. loc. entre o meio-dia e a meia noite.
post of.fice s. agência do correio.
pot s. panela, caçarola, pote.
po.ta.to s. batata.
po.tent adj. potente, poderoso, forte.
po.ten.tial s. potencial / adj. potencial.
po.tion s. poção.
pound s. libra (0,454 quilograma); libra *(£)* / v. golpear, socar.
pov.er.ty s. pobreza; escassez.
pow.der s. pó / v. polvilhar.
pow.dered milk s. leite em pó.
pow.er s. poder; força.
pow.er.ful adj. poderoso; influente.
prac.ti.cal adj. prático.
prag.mat.ic adj. pragmático.

praise s. louvor, elogio / v. elogiar, louvar.
pram s. carrinho de bebê (coloquial).
prank s. travessura, brincadeira / v. brincar, traquinar.
pray v. rezar, orar.
preach v. pregar, fazer sermão.
pre.car.i.ous adj. precário.
pre.cau.tion s. precaução, prevenção.
pre.cious adj. precioso, valioso.
pre.ci.pice s. precipício.
pre.cip.i.tate adj. precipitado, apressado / v. precipitar; apressar.
pre.cise adj. exato, preciso.
pref.ace s. prefácio; introdução / v. prefaciar.
pre.fect s. monitor escolar.
pre.fer v. preferir.
pre.fix s. prefixo.
preg.nan.cy s. gravidez.
prel.ude s. prelúdio (música); introdução.
pre.ma.ture s. prematuro.
prem.i.er s. primeiro-ministro / adj. principal.
prem.ise s. premissa.
pre.mi.um s. prêmio; recompensa.
pre.oc.cu.pa.tion s. preocupação.
prep.a.ra.tion s. preparação.
pre.par.a.to.ry adj. preparatório.

pre.pare v. preparar.
prep.o.si.tion s. preposição.
pre.rog.a.tive s. prerrogativa; privilégio.
pre.scribe v. prescrever, receitar.
pres.ence s. presença, comparecimento.
pres.ent s. presente, atualidade; presente, oferta / v. apresentar; presentear.
pres.er.va.tion s. preservação, conservação.
pre.ser.va.tive s. preservativo / adj. preservativo, conservante.
pre.serve v. preservar, proteger, conservar.
pre.side v. presidir.
pres.i.den.cy s. presidência.
press s. imprensa, jornalismo (meio de comunicação) / v. apertar, pressionar.
pres.sure s. pressão.
pres.tige s. prestígio, influência.
pre.sume v. presumir, supor; inferir, deduzir.
pre.sup.pose v. pressupor, conjeturar.
pre.tend v. fingir, simular.
pre.tend.er s. pretendente, pretensor; embusteiro, simulador.
pre.ten.sion s. pretensão; ostentação.

pre.text s. pretexto.
pret.ty adj. bonito, atraente / adv. bastante.
pre.vail v. prevalecer, imperar.
pre.vent v. prevenir, evitar, impedir.
pre.view s. antecipação, pré-estreia.
pre.vi.ous adj. prévio, anterior; apressado, prematuro.
price s. preço / v. fixar o preço.
prick s. picada, ferroada / v. picar, furar.
prick.le s. espinho, ferrão.
pride s. orgulho, soberba; brio.
priest s. padre, sacerdote.
pri.ma.ry s. primário; principal; fundamental / adj. primário; principal; fundamental.
pri.mate s. primaz; primata.
prim.i.tive s. primitivo, aborígene / adj. primitivo, rudimentar.
prince s. príncipe.
prin.cess s. princesa.
prin.ci.pal s. chefe, dirigente; diretor de colégio / adj. principal.
prin.ci.ple s. princípio; caráter.
print s. impressão; cópia; letra / v. imprimir; publicar.
pri.or.i.ty s. prioridade.
pris.on s. prisão, cárcere, cadeia.

priv.a.cy s. privacidade; isolamento, retiro.
pri.vate adj. particular, privado / s. soldado raso.
priv.i.lege s. privilégio.
prize s. prêmio, recompensa / adj. premiado.
prob.a.bil.i.ty s. probabilidade.
prob.lem s. problema.
pro.ce.dure s. procedimento, método; norma.
pro.ceed v. proceder; prosseguir, avançar.
proc.ess s. processo / v. tratar, processar.
pro.cure v. obter, conseguir.
prod.i.gy s. prodígio.
prod.uct s. produto.
pro.file s. perfil; contorno.
pro.found adj. profundo.
pro.gram s. programa / v. programar.
pro.gress s. progresso, avanço, desenvolvimento / v. progredir, evoluir.
proj.ect s. projeto, plano / v. projetar.
pro.jec.tor s. projetor.
pro.long v. prolongar, estender.
prom.e.nade s. passeio / v. passear.

prom.ise s. promessa / v. prometer.
pro.mote v. promover.
prompt adj. pronto, rápido, pontual / v. induzir, incitar.
pro.noun s. pronome.
pro.nounce v. pronunciar, declarar.
pro.nun.ci.a.tion s. pronúncia.
proof s. prova; evidência.
prop.er.ty s. propriedade; posses, bens.
proph.e.cy s. profecia, predição.
pro.pose v. propor; pedir em casamento.
pro.sa.ic adj. prosaico, trivial.
prose s. prosa.
pros.per v. prosperar, progredir.
pros.ti.tute s. prostituta, meretriz.
pro.tect v. proteger, amparar.
pro.tein s. proteína.
pro.test s. protesto / v. protestar.
pro.to.col s. protocolo / v. protocolizar.
proud adj. orgulhoso; imponente; soberbo.
prove v. testar; provar.
prov.erb s. provérbio.
pro.vide v. prover, munir, suprir.
prov.ince s. província; o interior.
prov.o.ca.tion s. provocação; estímulo; incitamento.

pro.voke *v.* provocar, desafiar, afrontar.
prow *s.* proa.
psy.chi.a.tric *adj.* psiquiátrico.
psy.cho.log.i.cal *adj.* psicológico.
psy.chol.o.gist *s.* psicólogo(a).
pub *abrev.* de *public house* (bar, botequim).
pub.lic *s.* público / *adj.* público, notório.
pub.li.ca.tion *s.* publicação.
pub.lic.i.ty *s.* publicidade.
pub.lish *v.* publicar, divulgar, difundir.
puff *s.* sopro; baforada / *v.* soprar, bufar.
puff.y *adj.* inchado(a); balofo.
pull *v.* puxar / *s.* puxão.
pull.o.ver *s.* pulôver.
pulp *s.* polpa (de fruta).
pul.sate *v.* palpitar, pulsar.
pul.ver.ize *v.* pulverizar, vaporizar.
pum.mel *v.* esmurrar, socar.
pump.kin *s.* abóbora.
punch *s.* soco, murro; ponche (bebida alcoólica) / *v.* socar, esmurrar.
pun.ish *v.* punir, castigar.

pu.ny *adj.* débil, fraco.
pup.pet *s.* marionete, fantoche; boneca.
pup.pet show *s.* teatro de marionetes.
pup.py *s.* filhote de cachorro.
purchase *s.* compra, aquisição / *v.* comprar.
pure *adj.* puro, imaculado.
pu.ri.fi.ca.tion *s.* purificação.
pur.ist *s.* purista.
pu.ri.tan *s.* puritano(a) / *adj.* puritano.
pu.ri.ty *s.* pureza.
pur.ple *adj.* roxo, purpúreo / *s.* roxo, púrpura.
pur.pose *s.* propósito, finalidade.
purse *s.* carteira de mulher; porta-moedas.
purs.er *s.* comissário(a) de bordo.
push *v.* empurrar / *s.* empurrão.
pus.sy *s.* bichano, gatinha.
put *v.* pôr, colocar.
pu.trid *adj.* podre, putrefato.
puz.zle *s.* charada, enigma; quebra-cabeça / *v.* confundir.
pyr.a.mid *s.* pirâmide.

Q, q s. décima sétima letra do alfabeto inglês.
quaint adj. curioso; esquisito, estranho.
quake v. tremer, estremecer / s. tremor.
qual.i.fi.ca.tion s. qualificação; habilitação.
qual.i.fy v. qualificar; capacitar.
qual.i.ty s. qualidade, propriedade.
quan.ti.ty s. quantidade, soma.
quar.rel s. disputa, rixa, briga / v. discutir, brigar.
quar.rel.some s. briguento.
quar.ter s. quarto, quarta parte, trimestre; quarteirão.
quartz s. quartzo.
quash v. anular (sentença).
queen s. rainha; dama (baralho).
queer adj. esquisito, estranho; pessoa que não se identifica com o gênero de nascimento.
quest s. busca, procura.
ques.tion s. pergunta, dúvida, questão / v. indagar, questionar.
quick adj. rápido, ágil, ligeiro.
quick.ly adv. rapidamente, depressa.
quick.ness s. rapidez.

quid *s.* libra esterlina (coloquial).
qui.et *adj.* calmo, tranquilo / *s.* tranquilidade.
quilt *s.* colcha de retalhos / *v.* forrar.
quit *v.* renunciar, desistir.

quite *adv.* totalmente, completamente; muito, um bocado.
quiz *s.* teste, competição (de conhecimento) / *v.* examinar oralmente.

R, r s. décima oitava letra do alfabeto inglês.
rab.bi s. rabino.
rab.bit s. coelho.
race s. corrida; competição; raça humana / v. competir.
ra.cial adj. racial.
ra.cist adj. racista / s. racista.
rack s. estante; prateleira; suporte.
rac.y adj. espirituoso(a); vivo(a), esperto(a), animado(a).
ra.dar s. radar.
ra.di.ate v. irradiar; emitir / adj. radiado.
ra.di.a.tion s. radiação.
rad.i.cal adj. radical, extremo.
ra.di.o s. rádio.
rad.ish s. rabanete.
raf.fle s. rifa; sorteio / v. rifar, sortear.
raft s. balsa / v. viajar (em balsa ou jangada).
rag s. trapo, farrapo.
rage s. raiva, furor, ira / v. enfurecer-se.
rag.ged adj. esfarrapado, maltrapilho.
raid s. ataque repentino; batida policial.
rail s. grade; corrimão; trilho.
rail.road, rail.way s. ferrovia, estrada de ferro.
rain s. chuva / v. chover.
rain.bow s. arco-íris.
rain.coat s. capa de chuva.
rain.drop s. pingo de chuva.
raise s. elevação, aumento, subida / v. surbir, levantar, erguer; criar, educar.

rai.sin s. passa, uva seca.
ram s. carneiro / v. bater, golpear.
ram.ble s. excursão a pé; caminhada / v. vaguear, perambular.
ramp s. rampa, ladeira.
ran v. pret. do v. to run.
ranch s. rancho, fazenda.
ran.dom adj. casual, ao acaso, aleatório / s. acaso; impetuosidade.
rand.y adj. excitado, sensual.
range s. extensão; alcance; cordilheira / v. agrupar, ordenar, estender-se.
rank s. linha, ordem, grau, fila, fileira / v. enfileirar, classificar, ordenar.
ran.som s. resgate.
rap s. batida breve e seca; estilo musical.
rape s. estupro; violação; rapto / v. estuprar, violar.
rap.id adj. rápido, ligeiro / s. rápido, correnteza.
rap.port s. harmonia, conformidade.
rare adj. raro; mal passado (carne).
rare.ly adv. raramente.
rar.i.ty s. raridade.
rash adj. impetuoso, precipitado / s. urticária, irritação na pele.
rasp.ber.ry s. framboesa.

rat s. rato / adj. pessoa de má índole, vil.
rate s. preço; taxa; razão, proporção / v. avaliar, estimar.
ra.ther adv. preferivelmente; bastante, muito.
rat.i.fy v. ratificar, endossar.
ra.tion.al adj. racional / s. racional.
rat trap s. ratoeira; casa velha e descuidada.
rav.age v. devastar; saquear / s. devastação.
rave s. delírio, desvario; fúria; festa louca e animada / v. delirar, enfurecer.
rav.el s. confusão.
ra.ven s. corvo.
rav.e.nous adj. faminto; voraz; ávido.
rav.ish v. arrebatar, cativar; raptar, violar.
ray s. raio (de luz, calor).
raze v. arrasar; aniquilar; demolir; riscar; apagar.
ra.zor s. navalha usada para remover barba.
reach v. alcançar, atingir, chegar a / s. alcance.
re.act s. reação / v. reagir.
read v. ler.

read.er s. leitor(a); livro (de leitura escolar).
read.i.ly adj. facilmente; prontamente.
read.ing s. leitura / adj. de leitura.
re.ad.just v. reajustar.
read.y adj. pronto, preparado, terminado, acabado.
re.af.firm v. reafirmar, reiterar.
real adj. real, autêntico, verdadeiro.
re.al.i.ty s. realidade, verdade.
rea.li.za.tion s. realização.
rea.lize v. realizar; dar-se conta de, imaginar, perceber.
real.ly adv. realmente, de fato; sem dúvida.
rea.son s. razão, motivo / v. raciocinar, pensar.
rea.so.na.ble adj. razoável, sensato.
reb.el s. rebelde / adj. revoltoso, rebelde / v. rebelar-se.
re.buff s. repulsa, recusa; esnobada / v. repelir; esnobar.
re.call v. recordar; convocar; chamar de volta / s. chamada de volta; recolha de produtos com defeitos.
re.cap v. recapitular / s. pneu recauchutado.
re.cede v. retroceder.

re.ceive v. receber; acolher.
re.cent adj. recente.
re.cep.tion s. recepção; audiência.
re.cep.tive adj. receptivo.
re.ci.pe s. receita.
re.cip.i.ent s. recipiente, recebedor, destinatário.
re.cite v. recitar, declamar; relatar, contar.
reck.less adj. despreocupado, descuidado; imprudente.
re.cline v. reclinar-se, recostar-se.
rec.og.nize v. reconhecer; aceitar, admitir.
re.coil v. retroceder; recuar.
rec.om.mend v. recomendar.
rec.om.pense s. recompensa / v. recompensar.
rec.on.cile v. reconciliar.
re.con.sid.er v. reconsiderar, reavaliar.
rec.ord s. registro, anotação / v. gravar; registrar; gravar em disco.
re.cre.ate v. recriar.
re.cre.a.tion s. recreação, passatempo, divertimento.
red adj. vermelho / s. vermelho.
Re.deem.er s. Redentor.
red-haired adj. ruivo.
red pep.per s. malagueta; pimentão.
re.duce v. reduzir; rebaixar.

red.wood s. pau-brasil, sequoia.
reel s. molinete; carretel, bobina / v. bobinar, enrolar.
re.fer v. referir-se, reportar; recorrer.
ref.er.ence s. referência, respeito, menção.
re.fill s. carga sobressalente para suprir outra, refil / v. reabastecer.
re.flex s. reflexo; reflexão / adj. reflexivo / v. recurvar.
re.form s. reforma, melhoria / v. reformar.
re.fresh v. refrescar, revigorar.
re.fresh.ment s. refresco; refeição ligeira; descanso, repouso.
re.fri.ge.ration s. refrigeração.
re.fri.ge.ra.tor s. geladeira.
ref.uge s. refúgio, asilo.
re.fuse v. recusar, rejeitar, negar / s. refugo.
re.fute v. refutar, contradizer.
re.gard s. consideração, atenção; estima / v. considerar, julgar, dizer respeito a.
re.gard.ing prep. relativo a, a respeito de, com referência a.
re.gards s. cumprimentos, saudações.
re.gent s. regente, reinante / adj. regente, reinante.
re.gion s. região, área, território.

re.gis.ter s. registro, arquivo, lista / v. registrar, inscrever.
re.gret s. arrependimento, remorso / v. arrepender, lastimar, lamentar.
reign s. reinado; domínio / v. reinar.
rein s. rédea.
rein.deer s. rena.
re.late v. contar; relacionar.
re.la.tion s. relação, relacionamento.
rel.a.tive s. parente / adj. relativo.
re.lax v. relaxar, descontrair, descansar.
re.lease v. liberar, soltar (nota, publicação) / s. soltura, exibição, lançamento.
re.li.a.ble adj. confiável, de confiança, seguro.
re.lief s. alívio; relevo, saliência.
re.li.gion s. religião.
re.main s. sobra, resto / v. permanecer, ficar, restar.
re.mark s. observação, comentário / v. comentar, observar.
rem.e.dy s. remédio / v. remediar.
re.mem.ber v. lembrar, recordar.
re.mind.er s. lembrança.
re.miss adj. remisso, preguiçoso, indolente, lento.
rem.nant s. resto; retalho.

re.mote *adj.* remoto, distante.
re.move *v.* tirar; remover.
re.new *v.* renovar, refazer, repetir; recomeçar.
re.new.al *s.* renovação, recomeço.
rent *s.* aluguel / *v.* alugar.
re.pair *s.* conserto / *v.* consertar.
re.peat *s.* repetição / *v.* repetir.
re.place *v.* repor, substituir.
re.place.ment *s.* reposição, substituição.
re.ply *s.* resposta / *v.* responder, replicar.
re.port *s.* relatório; reportagem; boletim de escola / *v.* informar, comunicar.
re.proach *s.* repreensão, censura / *v.* repreender.
re.prove *v.* reprovar, criticar.
re.pub.lic *s.* república.
re.pulse *v.* rejeitar, repelir, recusar / *s.* repulsa, recusa, rejeição.
re.pute *s.* reputação, fama, renome / *v.* reputar, julgar.
re.quest *s.* pedido, requerimento, solicitação / *v.* solicitar, requerer, pedir.
re.quire *v.* requerer, exigir, necessitar.
req.ui.site *s.* requisito.
re.sale *s.* revenda.

res.cue *s.* salvamento, resgate / *v.* resgatar, salvar, socorrer.
re.search *s.* pesquisa, busca / *v.* pesquisar, examinar, investigar.
re.sem.ble *v.* assemelhar-se, parecer-se com.
re.serve *s.* reserva, restrição / *v.* reservar, guardar.
re.side *v.* residir.
re.sist *v.* resistir, opor-se.
re.solve *s.* resolução / *v.* resolver, decidir, solucionar.
re.sort *s.* local turístico; refúgio.
re.source *s.* recurso, meio ♦ ~s riquezas.
re.spect *s.* respeito, consideração / *v.* respeitar.
re.spond *v.* responder, reagir.
rest *s.* descanso, repouso; resto, restante, sobra / *v.* descansar; sobrar.
re.start *v.* reiniciar, recomeçar / *s.* reinício, recomeço.
re.stless *adj.* impaciente.
re.sult *s.* resultado, consequência / *v.* resultar.
re.sume *v.* reatar, retomar, recuperar.
re.su.mé *s.* currículo profissional; resumo, sumário.
re.tail *v.* vender a varejo / *s.* varejo.

re.tain *v.* reter, manter.
re.tard *s.* demora, atraso
/ *v.* demorar-se, atrasar-se.
ret.i.cent *adj.* reticente, reservado.
re.tire *v.* aposentar-se, reformar-se.
re.tort *s.* réplica / *v.* replicar.
re.turn *v.* retornar, regressar, voltar
/ *s.* retorno, regresso, volta.
re.venge *s.* vingança, desforra
/ *v.* vingar-se.
re.verse *s.* contrário, reverso, oposto
/ *adj.* contrário, reverso, oposto
/ *v.* revogar, inverter, anular.
re.view *v.* rever, revisar, examinar
/ *s.* revista, revisão, exame, inspeção.
re.ward *s.* recompensa,
gratificação / *v.* recompensar,
retribuir.
re.write *v.* reescrever.
rhi.no.ce.ros *s.* rinoceronte.
rhyme, rime *s.* rima; verso; poesia
/ *v.* rimar, fazer versos.
rhyth.m *s.* ritmo, cadência.
rib *s.* costela.
rib.ald *adj.* irreverente, devasso,
dissoluto.
rib.bon *s.* fita, faixa.
rice *s.* arroz.
rich *adj.* rico.
rich.es *pl. s.* riquezas, bens.
rid *v.* libertar, livrar-se.

ride *s.* passeio / *v.* passear;
cavalgar.
rid.i.cule *s.* ridículo.
right *s.* direito, correto, justo
/ *adj.* certo, correto, direito;
à direita / *adv.* corretamente,
justamente.
ri.gid *adj.* rígido, firme, duro,
inflexível.
rig.or.ous *adj.* rigoroso, severo.
rile *v.* aborrecer, irritar (coloquial).
rim *s.* borda, beira; aro, aba.
ring *s.* anel; círculo; toque de
campainha ou telefone / *v.* tocar,
soar, telefonar.
rink *s.* pista de patinação, rinque.
riot *s.* desordem, distúrbio
/ *v.* provocar distúrbios.
ripe *adj.* maduro (fruta)
/ *v.* amadurecer.
rise *s.* ação de levantar, ascensão
/ *v.* ascender, subir, erguer-se.
rit.u.al *adj.* ritual, cerimonial.
riv.er *s.* rio.
road *s.* estrada.
roar *v.* rugir, urrar / *s.* rugido, urro.
roast beef *s.* rosbife.
rob *v.* roubar.
rob.ber *s.* ladrão.
rob.ber.y *s.* furto, roubo.
robe *s.* roupão, robe; manto.
robot *s.* robô.

ro.bust *adj.* robusto, vigoroso, forte.
rock *s.* rocha, pedra; estilo musical / *v.* balançar-se; embalar (criança).
rock.et *s.* foguete / *v.* disparar.
rod *s.* vara, haste.
ro.de.o *s.* rodeio.
roll.er coast.er *s.* montanha-russa.
Roman *adj.* romano / *s.* romano.
romance *s.* romance; caso amoroso; história de amor.
ro.man.tic *adj.* romântico.
roof *s.* telhado.
room *s.* quarto, aposento, sala.
roost.er *s.* galo.
root *s.* raiz.
rope *s.* corda, cabo, cordame.
rose *s.* rosa / *v. pret.* do *v. rise*.
rose.bud *s.* botão de rosa.
rose.bush *s.* roseira.
rose.ma.ry *s.* alecrim.
ro.ta.ry *adj.* rotativo, giratório.
rough *adj.* áspero, tosco; bruto, violento.
rough.ness *s.* aspereza, rudeza.
round *adj.* redondo / *s.* rodada / *prep.* em volta de, ao redor de / *v.* rodear.
rou.tine *s.* rotina, hábito / *adj.* rotineiro, de rotina.

row *s.* fileira, fila; briga, motim (coloquial) / *v.* enfileirar; remar; brigar.
row.er *s.* remador.
roy.al *adj.* real; monárquico.
rub *v.* esfregar, friccionar; polir; apagar (com a borracha).
rub.ber *s.* borracha; camisinha (coloquial).
ru.by *s.* rubi.
rud.der *s.* leme.
rude *adj.* grosso, grosseiro, rude.
rum.mage sale *s.* bazar (de caridade).
run *s.* corrida / *v.* correr; administrar, dirigir.
run.ner *s.* corredor; aquele que corre.
runt *s.* nanico, anão, pigmeu.
ru.ral *adj.* rural, campestre.
rush *s.* ímpeto, pressa, agitação / *v.* apressar-se, acelerar.
rush hour *s.* hora de maior tráfego nas ruas ou estradas.
Rus.sia *s.* Rússia.
rust *s.* ferrugem / *v.* enferrujar.
rus.ty *adj.* enferrujado.
ruth.less *adj.* cruel, implacável, desumano.

S, s s. a décima nona letra do alfabeto inglês.
sab.o.tage s. sabotagem / v. sabotar.
sac.ra.ment s. sacramento.
sac.ri.fice s. sacrifício / v. sacrificar.
sad adj. triste; deplorável.
sad.ly adv. tristemente; lamentavelmente.
sad.ness s. tristeza.
safe adj. seguro / s. cofre.
safe.ty s. segurança.
safe.ty belt s. cinto de segurança.
Sag.it.ta.ri.us s. Sagitário (astrologia).
sail s. vela de navio / v. navegar, velejar; deslizar, planar.
sail.ing s. navegação / adj. de vela.
sai.lor s. marinheiro, marujo.
saint adj. santo / s. santo.
sal.ad s. salada.
sal.a.ry s. salário, remuneração.
sale s. venda, liquidação.
sa.loon s. bar, botequim, salão (de navio).
salt s. sal / v. salgar.
salt.ish adj. salgado.
sal.vage s. salvamento / v. salvar.
same adj. mesmo, igual / adv. do mesmo modo / pron. o(a) mesmo(a).
sam.ple s. amostra / v. testar, provar.
sand s. areia.
san.dal s. sandália.
sand.wich s. sanduíche.
sand.y adj. arenoso.
sane adj. são(ã), sadio(a), sensato(a).

sar.cas.m *s.* sarcasmo, ironia.
sar.dine *s.* sardinha.
sat.ire *s.* sátira.
sat.is.fy *v.* satisfazer; saciar; corresponder.
Sat.ur.day *s.* sábado.
Sat.urn *s.* Saturno.
sauce *s.* molho.
sau.cer *s.* pires.
sauc.y *adj.* atrevido(a); provocante.
sau.na *s.* sauna.
saus.age *s.* salsicha; linguiça.
sav.age *adj.* cruel; feroz.
save *v.* salvar.
sa.viour *s.* salvador.
sax.o.phone *s.* saxofone.
saw *s.* serra, serrote / *v. pret.* do *v.* to see.
say *v.* dizer.
scale *s.* escala, régua, metro; escama; prato de balança / *v.* escalar; pesar.
scan.dal *s.* escândalo.
scant *adj.* escasso; insuficiente.
scar *s.* cicatriz / *v.* marcar.
scare *s.* susto, espanto / *v.* assustar, espantar.
scarf *s.* cachecol; lenço de cabeça.
scar.y *adj.* assustador.
scent *s.* perfume; aroma.
sched.ule *s.* horário; lista; programa / *v.* programar.
schol.ar.ship *s.* bolsa de estudos.

school *s.* escola.
sci.ence *s.* ciência.
scoot.er *s.* motor pequeno; patinete; lambreta.
score *s.* contagem (de pontos) / *v.* marcar (pontos).
scorn *s.* desprezo / *v.* desprezar.
Scor.pi.o *s.* Escorpião (astrologia).
Scot *s.* escocês(esa).
Scot.land *s.* Escócia.
scratch *s.* arranhão; unhada / *v.* arranhar, coçar.
scream *s.* grito / *v.* gritar.
screen *s.* tela, tela para cinema.
screw *s.* parafuso / *v.* aparafusar.
script *s.* escrita; roteiro; manuscrito.
scrub.ber *s.* esfregador, esfregão, escovão.
scuff *s.* chinelo; ato de arrastar os pés / *v.* esfolar; arrastar os pés.
sea *s.* mar.
seal *s.* foca; brasão, escudo / *v.* selar, fechar com lacre.
sea.man *s.* marinheiro, marujo.
sea.quake *s.* maremoto.
search *s.* busca, procura; pesquisa, exame / *v.* procurar; investigar.
sea.son *s.* época, período, estação do ano / *v.* temperar, condimentar.
seat *s.* assento, banco, lugar / *v.* acomodar.

se.cond *adj.* segundo(a) / *num.* segundo / *s.* segundo (1/60 de 1 minuto) / *adv.* em segundo lugar.
sec.re.ta.ry *s.* secretário(a).
sec.tion *s.* seção, parte; artigo.
sec.u.lar *adj.* secular.
se.cure *adj.* seguro / *v.* prender; assegurar.
se.cu.ri.ty *s.* segurança; garantia, fiança.
se.date *adj.* sossegado, tranquilo / *v.* sedar.
sed.i.ment *s.* sedimento.
se.duce *v.* seduzir.
see *v.* ver, enxergar, olhar.
seed *s.* semente, germe.
seek *v.* procurar.
seep *v.* penetrar, infiltrar-se.
see.saw *s.* gangorra.
seg.ment *s.* segmento; gomo (laranja).
seg.re.gate *v.* segregar.
sel.dom *adv.* raramente.
se.lect *adj.* selecionar, escolher.
self *s.* eu, ego, a própria pessoa / *pron.* si, mesmo(a).
sell *v.* vender.
se.men *s.* sêmen, esperma.
sen.ate *s.* senado.
send *v.* mandar, enviar.
se.nile *adj.* senil.
se.ni.or *s.* mais velho / *adj.* superior, sênior.
sen.sa.tion *s.* sensação.
sense *s.* senso, sentido, percepção / *v.* sentir, perceber.
sen.si.bil.i.ty *s.* sensibilidade.
sen.si.ble *adj.* sensato, sábio, cauteloso.
sen.si.tive *adj.* sensível, sensitivo, delicado.
sen.su.al *adj.* sensual.
sen.tence *s.* sentença, frase, oração.
sen.try *s.* sentinela.
sep.a.rate *adj.* separado, diferente / *v.* separar.
Sep.tem.ber *s.* setembro.
sep.tic *adj.* sético, putrefaciente.
se.quence *s.* sequência, série.
ser.e.nade *s.* serenata.
ser.geant *s.* sargento.
se.ri.al *s.* seriado, novela / *adj.* serial, em série.
se.ries *s.* série; sucessão.
se.ri.ous *adj.* sério; grave.
ser.vice *s.* serviço; culto.
ses.sion *s.* sessão.
set *s.* jogo, grupo, conjunto; aparelho / *v.* ajustar; pôr, colocar; estabelecer.
set.tle *s.* banco, sofá / *v.* assentar; estabelecer-se, fixar residência; acalmar-se.
set.tle.ment *s.* colonização, assentamento; decisão, acordo.

set.up s. instalação, configuração, arranjo.
sev.en num. sete.
sev.en.teen num. dezessete.
sev.enty num. setenta.
sev.er.al adj. vários, diversos.
se.vere adj. severo; austero.
sew v. coser, costurar.
sew.age s. esgoto.
sex s. sexo.
sex.u.al adj. sexual.
sex.y adj. erótico, excitante.
shack.le s. algema; obstáculo / v. algemar.
shade s. penumbra, sombra / v. escurecer, sombrear.
shad.ow s. sombra.
shad.y adj. sombreado.
shag.gy adj. felpudo; peludo.
shake v. sacudir, tremer, agitar.
shal.low adj. raso; superficial.
shame s. vergonha; uma pena, uma lástima (coloquial). / v. envergonhar.
sham.poo s. xampu / v. lavar os cabelos.
shan.ty.town s. favela.
shape s. forma, figura, contorno / v. formar, dar forma.
share s. parte, porção; cota, ação / v. dividir.
shark s. tubarão.

sharp adj. esperto, perspicaz; afiado, pontudo.
shave v. barbear, fazer a barba.
she pron. ela.
shear v. tosquiar.
sheep s. ovelha.
sheet s. lençol; folha (de papel); chapa.
shelf s. estante, prateleira.
shell s. concha, casca, casco.
shel.ter s. abrigo, refúgio / v. abrigar, proteger.
sher.iff s. xerife.
shin s. canela (da perna).
shin.bone s. tíbia.
shine s. brilho / v. brilhar.
shin.y adj. brilhante, lustroso.
ship s. navio, barco / v. embarcar, enviar.
shirk s. vagabundo / v. esquivar--se, faltar ao dever.
shirt s. camisa.
shock s. choque, impacto / v. chocar, colidir; escandalizar.
shoe s. sapato.
shoe.mak.er s. sapateiro.
shop s. loja / v. fazer compras.
shore s. margem, costa.
short adj. curto; breve; baixo.
shot s. tiro, disparo; tentativa; injeção (coloquial).
shoul.der s. ombro.

show — skit

show *v.* mostrar, exibir / *s.* mostra, exibição.
shrimp *s.* camarão.
shrub *s.* arbusto.
shuf.fle *v.* embaralhar (cartas) / *s.* truque, embuste.
shun *v.* afastar-se de, evitar.
shunt *v.* manobrar, desviar / *s.* desvio, manobra.
shut *v.* fechar, tapar / *adj.* fechado, tapado.
shy *adj.* tímido(a), reservado(a), acanhado(a).
Si.ci.ly *s.* Sicília.
sick *s.* doente; vômito / *adj.* enjoado, farto.
sick.le *s.* foice.
side *s.* lado; margem.
side.walk *s.* calçada.
sift *v.* peneirar.
sight *s.* vista; visão.
sign *s.* indício; sinal; signo (astrologia) / *v.* assinar, inscrever.
sig.na.ture *s.* assinatura.
sig.ni.fy *v.* significar.
si.lence *s.* silêncio / *v.* silenciar.
si.lent *adj.* silencioso(a), calado(a).
silk *s.* seda / *adj.* de seda.
sil.ly *adj.* bobo(a), idiota, ridículo(a).
sil.ver *s.* prata / *adj.* de prata, prateado.
sim.i.lar *adj.* parecido, semelhante.
sim.ple *adj.* simples, fácil.
sim.u.late *v.* simular.
sin *s.* pecado / *v.* pecar.
since *adv.* desde, desde então / *conj.* desde que, visto que / *prep.* desde, desde então.
sin.cere *adj.* sincero.
sing *v.* cantar.
sing.er *s.* cantor(a).
sin.gle *adj.* único, só; solteiro.
sin.is.ter *adj.* sinistro; ameaçador.
sink *s.* pia / *v.* afundar.
sin.ner *s.* pecador(a).
sir *s.* senhor.
sis.ter *s.* irmã.
sister.in.law *s.* cunhada.
sit *v.* sentar-se, sentar, acomodar.
site *s.* local, lugar.
sit.u.a.tion *s.* situação.
six *num.* seis.
six.teen *num.* dezesseis.
sixty *num.* sessenta.
size *s.* tamanho, área, dimensão.
skate *s.* patim / *v.* patinar.
skel.e.ton *s.* esqueleto.
skid *s.* derrapagem, escorregão / *v.* derrapar, escorregar.
skil.ful *adj.* habilidoso.
skill *s.* habilidade, destreza.
skin *s.* pele.
skit *s.* paródia, sátira.

skull

skull s. crânio; caveira.
skunk s. gambá.
sky s. céu.
slan.der s. calúnia / v. difamar, caluniar.
slang s. gíria; jargão.
slap s. palmada, tapa / v. esbofetear, dar tapas.
slea.zy adj. sórdido.
sleep s. sono / v. dormir.
sleigh s. trenó.
slice s. fatia, pedaço, porção / v. fatiar, cortar em fatias.
slick adj. jeitoso, liso.
slide s. escorregador / v. deslizar, escorregar.
slight adj. fraco, franzino; mínimo, leve.
slim adj. magro / v. emagrecer.
slip s. tropeção, escorregão, erro, lapso / v. escapar, fugir, escapulir.
slip.per s. chinelo.
slo.gan s. frase; lema, moto.
slop v. transbordar, derramar / s. lavagem (comida que se dá aos porcos).
slope s. ladeira, rampa.
slow adj. lento, vagaroso / v. reduzir, diminuir.
slum.ber s. sono leve, soneca / v. dormir, tirar uma soneca.
slur s. calúnia, insulto / v. desprezar, passar por cima.

sneeze

sly adj. astuto, malicioso.
small adj. pequeno.
small.pox s. varíola.
smart adj. inteligente, esperto; elegante.
smash s. quebra, choque / v. despedaçar.
smell s. cheiro / v. cheirar.
smile s. sorriso / v. sorrir.
smoke s. fumaça / v. fumar.
smooth adj. macio, suave, liso / v. alisar, suavizar.
smoth.er v. sufocar, asfixiar, abafar / s. nuvem de fumaça, de poeira.
smudge s. mancha / v. manchar, sujar.
smug adj. metido(a), convencido(a).
smut.ty adj. obsceno, indecente; sujo.
snack s. petisco, lanche.
snag s. obstáculo, dificuldade.
snail s. lesma, caracol.
snake s. cobra, serpente.
snap s. estalo / v. estalar.
snare s. armadilha, cilada / v. apanhar em armadilha, trair, enganar.
sneeze s. espirro / v. espirrar.

sniff s. farejada, fungada / v. fungar, cheirar, farejar.
snoo.ker s. sinuca, bilhar.
snooze s. soneca / v. cochilar.
snore s. ronco / v. roncar.
snow s. neve / v. nevar.
so adv. tão; desse modo, assim; de maneira que, logo.
soak v. encharcar, deixar de molho.
soap s. sabão.
sob s. soluço / v. soluçar.
so.ber adj. sóbrio(a); sério(a).
soc.cer s. futebol.
so.cia.ble adj. sociável.
so.cial adj. social.
so.ci.e.ty s. sociedade.
so.ci.ol.o.gist s. sociólogo(a).
sock.et s. tomada, soquete.
so.da s. refrigerante.
sod.den adj. encharcado.
sofa s. sofá.
soft adj. macio, suave.
so.lar adj. solar.
sol.dier s. soldado.
sol.id adj. sólido.
sol.i.dar.i.ty s. solidariedade.
sol.i.ta.ry adj. solitário.
sol.u.ble adj. solúvel.
so.lu.tion s. solução.
some pron. alguns, algumas, uns, umas.
some.thing pron. algo, alguma coisa.
some.time adv. algum dia.
some.times adv. às vezes, de vez em quando.
son s. filho.
song s. canção.
son.net s. soneto.
soon adv. logo, brevemente, cedo.
so.phis.ti.cat.ed adj. sofisticado.
sore adj. doloroso, dolorido, machucado / s. machucado, mágoa.
sor.ry adj. arrependido / interj. perdão! como? sinto muito!
soup s. sopa.
sour adj. azedo; ácido.
south s. sul / adj. do sul / adv. para o sul.
Southern Cross s. Cruzeiro do Sul.
sou.ve.nir s. lembrança, recordação.
spa s. fonte de água; estância hidromineral.
space s. espaço, lugar; intervalo.
spa.ghet.ti s. espaguete.
Spain s. Espanha.
Span.ish adj. espanhol / s. espanhol.
spank v. dar palmadas; bater, espancar.

spare *adj.* desocupado; de sobra, extra, disponível / *v.* poupar, economizar.
spar.row *s.* pardal.
sparse *adj.* escasso, esparso.
spas.m *s.* espasmo.
spawn *v.* desovar, criar, gerar / *s.* desova (de peixes), cria, prole.
speak *v.* falar.
spe.cial *adj.* especial.
spe.cies *s.* espécie.
spe.cif.ic *adj.* específico, preciso.
speed *s.* velocidade, rapidez / *v.* acelerar.
spell *v.* soletrar, escrever / *s.* feitiço, encanto; período.
spend *v.* gastar, consumir.
sperm *s.* esperma.
spew *v.* vomitar, lançar / *s.* vômito.
sphere *s.* esfera.
spice *s.* tempero, condimento / *v.* temperar, condimentar.
spi.der *s.* aranha.
spike *s.* ponta; espiga.
spill *v.* derramar, transbordar.
spin.ach *s.* espinafre.
spine *s.* espinha dorsal; espinho; lombada (de livro).
spire *s.* agulha; pináculo.
spir.it *s.* espírito, alma; atitude.
spir.its *s.* bebida alcoólica; humor.
spir.i.tu.al *adj.* espiritual.

spit *v.* cuspir / *s.* cuspe, saliva.
spite *s.* rancor, ressentimento.
spit.tle *s.* saliva, cuspe.
spleen *s.* baço.
split *s.* fenda; brecha.
splut.ter *v.* gaguejar, balbuciar.
sponge *s.* parasita; esponja / *v.* esfregar (com esponja); parasitar.
spon.sor *s.* patrocinador.
spon.sor.ship *s.* patrocínio.
spon.ta.ne.ous *adj.* espontâneo.
spoon *s.* colher.
spo.rad.ic *adj.* esporádico.
sport *s.* esporte.
spot *s.* lugar, local; pinta, espinha / *v.* localizar, descobrir (coloquial).
sprain *s.* distensão, deslocamento, entorse / *v.* torcer, deslocar.
spray *s. spray*, borrifador, pulverizador / *v.* borrifar, pulverizar.
spring *s.* primavera; mola; nascente; salto.
sprite *s.* duende.
spy *s.* espião(ã) / *v.* espionar.
squad *s.* pelotão, esquadra.
square *s.* quadrado; praça / *adj.* quadrado.
squid *s.* lula.
stab *s.* punhalada, facada / *v.* apunhalar, cravar.
sta.bil.i.ty *s.* estabilidade.

sta.di.um *s.* estádio.
staff *s.* pessoal, empregados.
stag *s.* veado adulto.
stag.nant *adj.* estagnado.
staid *adj.* sério(a); sossegado(a); calmo(a).
stair *s.* degrau.
stairs *s.* escada.
stake *s.* estaca; aposta / *v.* apostar; fixar em estaca ou poste.
stal.wart *adj.* robusto, forte; fiel, leal.
stam.i.na *s.* resistência, força.
stamp *s.* selo, carimbo, marca / *v.* bater o pé, carimbar, selar.
stand *s.* posição, postura; barraca, estande, banca / *v.* tolerar, aguentar.
stan.dard *s.* padrão / *adj.* padrão, modelo.
stand by *s.* alerta, reserva, lista de espera.
sta.ple *s.* grampo (de papel) / *adj.* principal / *v.* grampear.
star *s.* estrela, astro; celebridade / *v.* estrelar.
star.fish *s.* estrela-do-mar.
stark *adj.* severo, rigoroso, inflexível.
star.ry *adj.* estrelado.

start *s.* princípio, começo, início / *v.* começar, iniciar, dar partida.
state *s.* estado / *v.* declarar, afirmar.
stat.ic *adj.* estático, parado, imóvel / *s.* estática, interferência (rádio).
sta.tion *s.* estação (de ônibus, trem); radioemissora.
sta.tis.tic *s.* estatística.
stat.ue *s.* estátua.
stat.ute *s.* estatuto; lei.
stay *s.* estada, permanência / *v.* ficar, permanecer.
steak *s.* filé, bife.
steam *s.* vapor; fumaça / *v.* cozinhar a vapor, emitir vapor.
steel *s.* aço / *adj.* de aço.
step *s.* passo, degrau; medida / *v.* andar, dar um passo, pisar.
ster.e.o *s.* estéreo.
stern *adj.* severo, austero, duro.
stick *s.* galho; vara; bastão; bengala / *v.* perfurar, espetar; colar, grudar.
still *adv.* ainda, ainda assim, contudo / *adj.* quieto(a), calmo(a), parado(a).
stim.u.late *v.* estimular.
sting *s.* picada, ferroada / *v.* picar.
stink *s.* catinga, fedor / *v.* feder.
stock *s.* estoque, reserva / *v.* estocar, armazenar.
stom.ach *s.* estômago.

stone s. pedra, rocha; caroço, semente; pedra preciosa, joia, gema.
stop s. parada / v. parar.
stop.page s. paralisação, parada, interrupção.
stor.age s. armazenagem.
store s. loja, depósito, armazém / v. armazenar, pôr em estoque.
storm s. tempestade, temporal.
sto.ry s. história, conto, narrativa.
stove s. fogão.
straight adj. correto; honrado; direto, reto; liso.
strain s. tensão, esforço; deslocamento / v. esforçar-se; deslocar, luxar.
strait s. estreito / adj. estreito.
strange adj. desconhecido, estranho.
stran.gle v. estrangular, sufocar.
stra.te.gic adj. estratégico.
strat.e.gy s. estratégia.
straw.ber.ry s. morango.
streak s. traço, listra, risca / v. riscar.
stream s. riacho; córrego.
street s. rua.
strength s. força, resistência.
stress s. pressão, tensão, cansaço físico ou mental, esforço / v. estressar.
strife s. luta, conflito.

strike v. bater, atingir, atacar / s. greve; ataque; golpe.
string s. fio, barbante.
stroke s. pancada, golpe; derrame, apoplexia.
strong adj. forte, firme.
struc.tur.al adj. estrutural.
stu.dent s. estudante.
stud.y s. estudo; escritório (em uma casa) / v. estudar.
stu.pid s. estúpido, idiota / adj. estúpido, idiota.
sty s. chiqueiro; terçol.
style s. estilo, maneira.
sub.ject s. assunto; matéria; sujeito (gramática) / v. sujeitar, submeter.
sub.ma.rine s. submarino / adj. submarine.
sub.mit v. submeter, apresentar.
sub.scribe v. fazer a assinatura de, assinar; consentir, concordar.
sub.stance s. substância, essência.
sub.sti.tute s. substituto, reserva / adj. substituto, reserva / v. substituir.
sub.urb s. subúrbio.
sub.way s. passagem subterrânea; metrô.
suc.cess s. sucesso, êxito.
such adj. desta maneira / adv. como tal, assim mesmo / pron. semelhante, tal, tão, tanto.

sue *v.* processar, acionar.
suede *s.* camurça / *adj.* de camurça.
su.et *s.* sebo.
suf.fi.cient *adj.* suficiente.
sug.ar *s.* açúcar.
suit *s.* terno (roupa); petição / *v.* processar; cair bem, ficar bem (roupas).
suit.case *s.* mala.
sul.len *adj.* rabugento(a), teimoso(a), carrancudo(a).
sum.ma.ry *s.* resumo; sumário.
sum.mer *s.* verão.
sun *s.* sol.
Sun.day *s.* domingo.
sun.glass.es *s.* óculos de sol.
su.per.mar.ket *s.* supermercado.
sup.pli.er *s.* fornecedor(a).
sup.ply *v.* fornecer, abastecer / *s.* fornecimento, abastecimento.
sup.port *s.* apoio, suporte, sustento / *v.* apoiar, sustentar.
sup.pose *v.* supor, presumir, imaginar.
sure *adv.* claro, certo, seguro.
surf *s.* surfe.
sur.ge.ry *s.* cirurgia.
sur.name *s.* sobrenome.
sur.prise *s.* surpresa / *v.* surpreender.
sur.vey *s.* inspeção, vistoria; pesquisa, levantamento / *v.* pesquisar.

sur.viv.al *s.* sobrevivência.
sus.pect *adj.* suspeito(a) / *s.* suspeito / *v.* suspeitar, desconfiar.
sus.pense *s.* suspense, tensão.
sus.tain *v.* sustentar, manter.
swal.low *s.* andorinha; gole, trago / *v.* engolir.
swamp *s.* pântano, brejo.
swan *s.* cisne.
swap *s.* permuta, troca / *v.* trocar, permutar.
swarm *s.* aglomeração, multidão; enxame (abelhas).
sweat *s.* suor, transpiração / *v.* suar, transpirar.
sweat.y *adj.* suado(a).
sweet *s.* doce / *adj.* doce; amável, gentil.
swell *v.* inchar, dilatar.
swim *v.* nadar.
swing *s.* balanço, oscilação / *v.* balançar, oscilar.
sym.bol *s.* símbolo.
sym.pa.thet.ic *adj.* solidário(a), compreensivo(a).
sym.pa.thy *s.* solidariedade, compreensão, empatia.
sym.pho.ny *s.* sinfonia.
syr.up *s.* xarope.
sys.tem *s.* sistema; organização.

T, t *s.* vigésima letra do alfabeto inglês.
ta.ble *s.* mesa; tabela, lista; tabuada.
tablet *s.* tablete, comprimido; placa comemorativa.
tack.y *adj.* pegajoso(a), grudento(a).
tac.tic.al *adj.* tático(a).
tag *s.* etiqueta, identificação, rótulo.
tail *s.* rabo, cauda.
tai.lor *s.* alfaiate.
take *v.* tomar; pegar; levar.
take-off *v.* decolar / *s.* decolagem, partida.
tale *s.* conto, história; fofoca, fuxico.
talc *s.* talco.
tal.ent *s.* talento.

talk *s.* conversa, papo / *v.* conversar, falar, dizer.
tall *adj.* alto(a), grande.
tan *s.* bronzeado / *v.* bronzear.
tang *s.* sabor forte.
tan.ge.rine *s.* tangerina, mexerica.
tank *s.* depósito, reservatório; tanque.
tape *s.* fita (adesiva); fita magnética / *v.* gravar.
tape re.cord.er *s.* gravador.
tar.get *s.* alvo, objetivo, meta.
tar.iff *s.* tarifa; lista de preços; taxa de importação / *v.* taxar, tarifar.
taste *s.* sabor, gosto, paladar / *v.* experimentar, provar, saborear.
tat.too *s.* tatuagem / *v.* tatuar.
Tau.rus *s.* Touro (astrologia).
tax *s.* imposto, tributo, encargo / *v.* tributar, cobrar imposto, taxar.

tea *s.* chá.
teach *v.* ensinar; lecionar.
team *s.* time, equipe.
tear *s.* rasgão; lágrima / *v.* rasgar; chorar.
tease *v.* caçoar, provocar.
tech.ni.cal *adj.* técnico.
tech.no.lo.gi.cal *adj.* tecnológico.
te.di.ous *adj.* chato, maçante, tedioso.
teen.ag.er *adj.* adolescente.
tel.e.gram *s.* telegrama.
tel.e.phone *s.* telefone / *v.* telefonar.
tel.e.scope *s.* telescópio.
tell *v.* dizer; contar.
te.me.ri.ty *s.* temeridade.
tem.per *s.* temperamento, humor / *v.* moderar.
tem.pe.ra.ture *s.* temperatura; febre.
tem.ple *s.* templo.
tem.po.ra.ry *adj.* temporário.
ten *num.* dez.
ten.a.ble *adj.* sustentável, defensável.
tend *v.* tender, inclinar-se.
ten.den.cy *s.* tendência, propensão.
ten.nis *s.* tênis.
ten.or *s.* tenor.
ten.sion *s.* tensão, pressão.
tent *s.* tenda, barraca.
ten.ta.tive *s.* tentativa; experiência; provisório, experimental.
ter.mite *s.* cupim.
ter.ri.ble *adj.* terrível, horrível.
ter.ri.fy *v.* aterrorizar.
ter.ri.to.ry *s.* território.
ter.ror *s.* terror.
test *s.* prova, ensaio; teste, exame / *v.* testar, examinar.
tes.ta.ment *s.* testamento.
text *s.* texto.
tex.ture *s.* textura.
than *conj.* que, do que.
thank *s.* agradecimento
♦ ~*s* muito obrigado!
/ *v.* agradecer.
thank.ful *adj.* agradecido(a), reconhecido(a).
that *pron.* (*pl. those*) isso, esse, essa, aquele, aquela; que / *conj.* que, para que, a fim de que.
the *art. def.* o, a, os, as.
thea.tre *s.* teatro.
their *pron.* seu(s), sua(s), dele(s), dela(s).
them *prep.* os, as, a eles, a elas, lhes.

theme s. tema, tópico.
them.selves pron. eles mesmos, elas mesmas.
then adv. então, em seguida, logo.
there adv. aí, ali, lá.
there to be v. aux. haver, existir (there is, there are).
ther.mom.e.ter s. termômetro.
the.sau.rus s. enciclopédia, coleção de palavras ou frases.
they pron. eles, elas.
thigh s. coxa.
thin adj. magro / v. afinar.
thing s. coisa.
think v. pensar, achar; julgar.
third num. terceiro.
thirst s. sede, vontade, ânsia.
thirst.y adj. sedento(a).
thir.teen num. treze.
thir.ty num. trinta.
this pron. (pl. these) este, esta.
thou.sand num. mil.
threat s. ameaça, perigo.
threat.en v. ameaçar.
three num. três.
throat s. garganta.
through prep. por, através de, durante.
throw s. arremesso, lance / v. arremessar, lançar.
thumb s. polegar.

thump s. murro, pancada / v. golpear, bater.
thun.der s. trovão / v. trovejar.
Thurs.day s. quinta-feira.
tick.et s. passagem, bilhete; multa.
tie s. gravata; empate / v. amarrar, atar, empatar.
ti.ger s. tigre.
tight adj. esticado(a); apertado(a).
time s. tempo, hora, momento; espaço de tempo, época, ocasião.
tire v. cansar, esgotar / s. pneu.
ti.tle s. título.
to prep. a, para, ao / adv. em direção a; partícula utilizada antes do verbo para designar o infinitivo.
to.day s. hoje / adv. hoje.
toe s. dedo do pé.
to.geth.er adv. juntos.
toi.let s. banheiro; vaso sanitário, privada.
tol.e.rance s. tolerância.
to.ma.to s. tomate.
tomb s. tumba, túmulo.
to.mo.rrow s. amanhã / adv. amanhã.
tone s. tom, tonalidade.
ton.ic s. tônico.
to.night adv. esta noite, hoje à noite, à noite / s. esta noite.

too *adv.* também, igualmente; demais; muito.
tool *s.* ferramenta, instrumento.
tooth *s.* (*pl. teeth*) dente.
top *adj.* mais alto, máximo, principal / *s.* cume, pico, ponto mais alto.
top.ic *s.* tópico, assunto.
tor.ment *s.* tormento / *v.* torturar.
tor.toise *s.* tartaruga (da terra).
tor.ture *s.* tortura / *v.* torturar, atormentar.
toss *v.* atirar, lançar, chacoalhar, agitar / *s.* agitação, arremesso, sacudida.
to.tal *adj.* total / *s.* total, soma.
touch *s.* toque, tato / *v.* tocar.
tough *adj.* duro, forte, valentão.
tou.pee *s.* peruca, topete postiço.
tour *s.* viagem, excursão / *v.* excursionar.
tour.ist *s.* turista.
tow.el *s.* toalha.
tow.er *s.* torre, fortaleza.
town *s.* cidade.
tox.ic *adj.* tóxico(a).
toy *s.* brinquedo.
trace *s.* traço; indício; rastro, pista / *v.* rastrear, descobrir.
track *s.* rastro, pista, trilha; faixa de um CD / *v.* rastrear, localizar.
trac.tor *s.* trator.

trade *s.* comércio; negócio.
trade.mark *s.* marca registrada.
traf.fic *s.* trânsito, tráfego; tráfico.
tra.ge.dy *s.* tragédia.
tra.gic *adj.* trágico(a).
train *s.* trem.
trans.fer *s.* transferência / *v.* transferir.
trans.form *v.* transformar.
trans.late *v.* traduzir.
trans.port *s.* transporte / *v.* transportar.
trap *s.* armadilha, cilada / *v.* prender, aprisionar.
tra.peze *s.* trapézio.
trap.pings *s.* decoração, ornamento.
trash *s.* lixo, refugo; besteira (coloquial); ralé.
trav.el *s.* viagem / *v.* viajar.
tray *s.* bandeja.
trea.son *s.* traição.
trea.ty *s.* tratado, acordo, pacto.
tree *s.* árvore.
trem.ble *s.* tremor / *v.* tremer, estremecer.
tribe *s.* tribo.
trick *s.* truque, ardil / *v.* enganar, pregar uma peça.
trip *s.* viagem, passeio; tropeço / *v.* tropeçar.
tri.pod *s.* tripé.

tri.umph *s.* triunfo / *v.* triunfar.
troop *s.* grupo, bando, tropa.
tro.phy *s.* troféu.
trop.ic *s.* trópico / *adj.* trópico.
troub.le *s.* problema, dificuldade, encrenca
/ *v.* importunar, incomodar.
troub.le.some *adj.* importuno, problemático, desagradável.
trou.sers *s.* calças compridas.
trout *s.* truta.
truce *s.* trégua, folga.
truck *s.* caminhão.
true *adj.* verdadeiro; legítimo; real.
tru.ly *adv.* exatamente, verdadeiramente, sinceramente.
truss *v.* atar, amarrar, fixar
/ *s.* armação, suporte, andaime.
trust *s.* confiança, responsabilidade, crédito
/ *v.* confiar.
truth *s.* verdade.
try *s.* tentativa / *v.* tentar.

T-shirt *s.* camiseta.
Tues.day *s.* terça-feira.
tu.mult *s.* tumulto.
tu.nic *s.* túnica.
tuning *s.* sintonização, afinação.
tun.nel *s.* túnel.
tun.ny *s.* atum.
tur.ban *s.* turbante.
tur.bine *s.* turbina.
turn *s.* volta, giro; vez, ocasião
/ *v.* girar.
tur.nip *s.* nabo.
turn.o.ver *s.* faturamento; circulação, rotatividade.
twelve *num.* doze.
twenty *num.* vinte.
twice *adv.* duas vezes.
twist *s.* torção, giro, guinada
/ *v.* retorcer, retorcer.
two *num.* dois.
type *s.* tipo, espécie, classe.
type.writ.er *s.* máquina de escrever.
typ.i.cal *adj.* típico, característico.

U, u s. vigésima primeira letra do alfabeto inglês.
ug.li.ness s. feiura.
ug.ly adj. feio(a); perigoso(a).
ul.cer s. úlcera.
um.brel.la s. guarda-chuva.
un.a.ble adj. ser incapaz, impossibilitado.
un.ac.com.pa.nied adj. desacompanhado(a).
u.nan.i.mous adj. unânime.
un.as.sum.ing adj. modesto(a), despretensioso(a).
un.a.void.a.ble adj. inevitável.
un.bal.anced adj. desequilibrado(a), desajustado(a).
un.bear.a.ble adj. insuportável, intolerável.
un.beat.en adj. invicto(a), insuperado(a).
un.be.lie.va.ble adj. inacreditável, incrível.
un.bro.ken adj. inteiro(a), intato(a).
un.cer.tain adj. incerto(a), indeciso(a), inseguro(a).
un.cle s. tio.
un.com.fort.a.ble adj. incômodo; desconfortável.
un.com.mon adj. raro, incomum.
un.con.di.tion.al adj. incondicional.
un.der prep. debaixo de, embaixo, por baixo, sob.
un.der.stand v. entender, compreender.
un.der.wa.ter adj. subaquático.
un.der.wear adj. roupa de baixo.
un.em.ployed adj. desempregado(a).
un.fair adj. injusto(a).

341

un.flag.ging *adj.* incansável, resistente.
un.for.get.ta.ble *adj.* inesquecível.
un.for.tu.nate *adj.* infeliz.
un.for.tu.nate.ly *adv.* infelizmente.
un.friend.ly *adj.* hostil, inamistoso(a), antipático(a) / *adv.* hostilmente.
un.hap.pi.ness *s.* tristeza, infelicidade, infortúnio.
u.ni.form *adj.* uniforme / *s.* uniforme.
u.ni.fy *v.* unificar; unir.
u.ni.lat.e.ral *adj.* unilateral.
u.nion *s.* união; sindicato trabalhista.
u.nique *adj.* único, só, ímpar.
u.ni.son *s.* acordo, concordância, harmonia / *adj.* uníssono.
u.ni.ty *s.* unidade.
u.ni.ver.sal *adj.* universal, ilimitado(a).
u.ni.verse *s.* universo, cosmo.
u.ni.ver.si.ty *s.* universidade, academia.
un.just *adj.* injusto(a).
un.known *adj.* desconhecido(a), ignorado(a).
un.less *conj.* a menos que, a não ser que.
un.lock *v.* destrancar, abrir.
un.mar.ried *adj.* solteiro(a).
un.nat.u.ral *adj.* artificial; afetado; anormal.
un.ne.ces.sa.ry *adj.* desnecessário, inútil.
un.pleas.ant *adj.* desagradável, antipático.
un.plug *v.* desligar.
un.pop.u.lar *adj.* impopular.
un.real *adj.* irreal, ilusório.
un.safe *adj.* perigoso, inseguro.
un.suit.a.ble *adj.* inadequado, impróprio.
un.sure *adj.* inseguro, incerto.
un.til *prep.* até / *conj.* até que.
un.u.su.al *adj.* incomum, inusitado.
un.wrap *v.* desembrulhar.
up *adj.* avançado, adiantado / *adv.* em cima; para cima, acima / *prep.* em cima, para cima, acima.
up.date *v.* atualizar.
up.grade *v.* elevar o nível, melhorar / *s.* elevação, melhoria, subida.
up.keep *s.* manutenção.
up.stairs *adv.* em cima / *s.* andar de cima / *adj.* do andar superior.
up.stream *adv.* rio acima.
up-to-date *adj.* moderno; atualizado, em dia.
Ura.nus *s.* Urano.

ur.ban *adj.* urbano, da cidade.
ur.gency *s.* urgência, premência.
u.ri.nate *v.* urinar.
us *pron.* nos, nós.
us.age *s.* uso, costume.
use *s.* uso (utilidade) / *v.* usar.
use.ful *adj.* útil, proveitoso, aproveitável.

u.su.al *adj.* usual, habitual, normal.
u.ten.sil *s.* utensílio.
u.til.i.ty *s.* utilidade.
u.til.ize *v.* utilizar.
ut.ter *adj.* completo(a), total, absoluto(a) / *v.* proferir, expressar, dizer.

V, v s. vigésima segunda letra do alfabeto inglês; representa o número cinco em algarismos romanos.

va.can.cy s. vaga, vacância.

va.ca.tion s. férias.

vac.cine s. vacina.

vac.u.um s. vácuo / v. limpar com aspirador de pó.

vain adj. vaidoso(a); vão, fútil.

Valentine's Day s. dia dos namorados, dia de São Valentim.

val.id adj. válido, vigente.

val.ley s. vale.

val.u.a.ble adj. valioso, precioso.

val.ue s. valor, preço / v. avaliar, calcular o preço de.

vam.pire s. vampiro(a).

van s. caminhonete, furgão.

van.dal s. vândalo, bárbaro.

va.nil.la s. baunilha.

van.ish v. desaparecer, sumir.

van.i.ty s. vaidade.

var.i.a.ble adj. variável / s. variável.

var.i.a.tion s. variação, alteração.

va.ri.e.ty s. variedade, diversidade.

var.i.ous adj. vários(as), diversos.

var.nish s. verniz, esmalte / v. envernizar.

vase s. vaso, jarra.

vas.e.line s. vaselina.

vast adj. vasto, enorme, imenso.

vault s. abóbada, galeria arqueada; salto, pulo / v. pular.

vege.ta.ble s. vegetal, verdura, hortaliça / adj. vegetal.

ve.ge.ta.tion s. vegetação.
vel.vet s. veludo.
ven.om s. veneno, peçonha; ódio.
vent s. abertura, orifício, respiradouro.
ven.ture s. empreendimento, projeto / v. aventurar-se, arriscar-se
Venus s. Vênus.
verb s. verbo.
ver.ba.tim adj. literal, textual / adv. palavra por palavra, literalmente, textualmente.
verge s. limite, margem, beira.
ver.i.fy v. verificar, conferir.
ver.sa.tile adj. versátil, volúvel.
verse s. verso; poesia; estrofe.
ver.sion s. versão.
ver.ti.cal adj. vertical.
ve.ry adv. muito.
vet.e.ran s. veterano / adj. veterano.
vi.a.ble adj. viável.
vi.brate v. vibrar, oscilar, tremer.
view s. vista; cenário / v. ver, observar, enxergar.
view.point s. ponto de vista.
vi.o.late v. violar, profanar.
vi.o.lence s. violência, força.
vi.o.let s. violeta (flor); violeta (cor) / adj. violeta, roxo.

vir.gin s. virgem, donzela / adj. virgem, donzela.
Vir.go s. Virgem (astrologia).
vir.tue s. virtude; mérito.
vi.sa s. visto.
vis.i.ble adj. visível, perceptível.
vi.sion s. vista; visão.
vis.it s. visita / v. visitar.
vi.tal adj. essencial, indispensável, vital.
vit.a.min s. vitamina.
vo.cab.u.la.ry s. vocabulário.
vo.ca.tion s. vocação; tendência, inclinação.
vod.ka s. vodca.
vogue s. voga, moda.
voice s. voz.
void s. vazio, lacuna / adj. vazio(a), livre, isento(a).
volt.age s. voltagem.
vol.un.ta.ry adj. voluntário, espontâneo.
vote s. voto / v. votar.
vouch v. garantir, atestar, assegurar, afiançar / s. garantia, fiança.
vow.el s. vogal.
voy.age s. viagem (espacial ou marítima).
vul.ture s. abutre, urubu.

W, w s. vigésima terceira letra do alfabeto inglês.

wa.fer s. bolacha, biscoito.

waft v. flutuar, soprar (vento) / s. rajada, lufada (vento).

wag v. sacudir, abanar.

wa.ger s. aposta / v. apostar.

wag.gon s. carroça, vagão.

wail s. lamento, gemido / v. lamentar-se, gemer.

wait s. espera, demora / v. esperar, aguardar.

wait.er s. garçom.

waive v. renunciar a, abrir mão, ceder.

wake up v. acordar, despertar.

walk s. passeio, caminhada / v. andar a pé, passear.

wall s. parede, muro / v. cercar, murar.

wal.let s. carteira (de dinheiro).

wal.lop v. surrar, espancar / s. pancada.

wal.lpa.per s. papel de parede / v. revestir (parede) com papel.

want v. querer, desejar; precisar.

war s. guerra, conflito.

ward.er s. carcereiro(a), guarda, sentinela.

war.drobe s. armário, guarda-roupa.

ware.house s. armazém.

warm adj. quente, morno(a), aquecido(a); cordial / v. aquecer, esquentar.

warmth s. calor, quentura; amabilidade, cordialidade.

warn v. prevenir, avisar, advertir.
warn.ing s. aviso, prevenção, advertência / adj. preventivo(a).
war.ran.ty s. garantia.
war.ri.or s. guerreiro.
wart s. verruga.
wash s. lavagem / v. lavar.
wash.a.ble adj. lavável.
wasp s. vespa.
waste s. perda, sobras; desperdício; lixo / v. perder, desperdiçar.
watch s. relógio (de bolso ou de pulso); cuidado / v. olhar, observar.
wa.ter s. água.
wa.ter.mel.on s. melancia.
wave s. onda, ondulação; sinal, aceno / v. acenar; ondular.
wa.ver v. vacilar, fraquejar, hesitar / s. oscilação, indecisão.
wav.y adj. ondulado, ondulante, flutuante.
wax s. cera / v. encerar.
way s. caminho; modo; forma; maneira.
we pron. nós.
wealth s. riqueza, fortuna, abundância.
wear v. usar (roupa, sapatos, etc.); vestir, trajar.

wear.y adj. cansado(a), fatigado(a).
weath.er s. tempo (meteorológico).
web s. teia; rede; trama.
wed v. casar-se, unir, ligar.
wed.ding s. casamento.
wed.lock s. matrimônio, casamento, união.
Wednes.day s. quarta-feira.
week s. semana.
weigh v. pesar.
weight s. peso, fadiga.
weir s. represa, açude.
wel.come s. acolhimento, recepção / adj. bem-vindo / v. dar boas vindas.
weld s. solda / v. soldar.
well adv. bem, estar bem / s. fonte, poço.
west s. oeste / adj. ocidental / adv. para o oeste.
wet adj. úmido(a), molhado / v. molhar, umedecer.
whale s. baleia.
what adj. que, o que, qual / pron. quê (interrogativo), qual, quais.
wheat s. trigo.
when adv. quando / pron. quando / conj. quando.

where	witty

where *pron.* onde / *adv.* onde, aonde / *conj.* onde.

which *pron.* que, qual / *adj.* que, qual.

while *conj.* durante, enquanto.

whine *s.* gemido, lamento, choro / *v.* gemer, choramingar.

white *s.* branco / *adj.* branco.

who *pron.* que, o qual, quem.

whole *adj.* todo, inteiro, completo / *s.* todo, conjunto, totalidade.

whop.per *s.* lorota, grande mentira.

why *adv.* por que, por quê (interrogativo), por que razão / *pron.* por que, pelo qual / *conj.* por que.

wick.ed *adj.* malvado(a), perverso(a).

wide *adj.* largo, extenso, amplo.

wid.ow *s.* viúva / *adj.* viúva.

wid.ow.er *s.* viúvo / *adj.* viúvo.

wife *s.* esposa.

wig *s.* peruca.

wild *adj.* selvagem, agreste; violento, louco(a).

will.ful *adj.* teimoso(a), obstinado(a).

will *s.* vontade, desejo; testamento / (*v. aux.* na formação do futuro simples).

will.pow.er *s.* força de vontade.

wil.y *adj.* esperto(a), astuto(a).

win *v.* ganhar, vencer.

wind *s.* vento.

win.dow *s.* janela, vitrine.

wind.y *adj.* com vento, ventoso.

wine *s.* vinho.

wing *s.* asa; ala.

win.ner *s.* vencedor, vitorioso.

win.ter *s.* inverno.

wire *s.* arame.

wire.less *s.* rádio (uso antiquado) / *adj.* sem fios, por meio do rádio.

wir.y *adj.* resistente, rijo, de arame.

wis.dom *s.* sabedoria; ciência; bom senso.

wise *adj.* sábio(a); sensato(a), prudente.

wish *s.* desejo / *v.* desejar.

wist.ful *adj.* pensativo(a), saudoso(a), melancólico(a).

witch *s.* bruxa, feiticeira.

with *prep.* com.

with.out *prep.* sem.

with.stand *v.* resistir a.

wit.ness *s.* testemunha / *v.* testemunhar, presenciar.

wit.ty *adj.* espirituoso(a); engenhoso(a).

wiz.ard s. feiticeiro, mago.
wolf s. lobo.
wom.an s. (*pl. women*) mulher.
won.der.ful *adj.* maravilhoso, espetacular.
wood s. madeira, lenha; floresta, bosque.
word s. palavra.
work s. trabalho, emprego, profissão / *v.* trabalhar.
world s. mundo.
worm s. verme, lombriga.
wor.ried *adj.* preocupado; aflito.
wor.ry s. preocupação / *v.* preocupar, afligir.
worse *adv.* (*comp.* de *bad*) pior / *adj.* pior.
worst s. o pior / *adv.* (*superl.* de *bad*) pior / *adj.* pior.
wring s. torção; aperto / *v.* torcer, espremer.
write *v.* escrever.
wrong s. injustiça; erro / *adj.* errado, incorreto, falso / *adv.* erradamente, erroneamente.

X, x s. vigésima quarta letra do alfabeto inglês; representa o número 10 em algarismos romanos.

Xmas abrev. de *Christmas*.
X-ray s. radiografia, raio s. X / v. tirar chapa, radiografar.

Y, y *s.* vigésima quinta letra do alfabeto inglês.
yard *s.* quintal, pátio; jardim frontal; jarda (unidade de medida equivalente a 91,4 cm).
yawn *s.* bocejo / *v.* bocejar.
year *s.* ano.
yearn.ing *s.* anseio, aspiração, desejo / *adj.* ansioso, desejoso.
yeast *s.* levedura, levedo; fermento.
yell *s.* grito, berro / *v.* gritar, berrar.
yel.low *s.* amarelo / *adj.* amarelo / *v.* amarelar.
yelp *s.* latido, ganido / *v.* latir, ganir.
yes *s.* sim / *adv.* sim, é mesmo.
yes.ter.day *s.* ontem / *adv.* ontem.
yet *adv.* ainda / *conj.* porém, contudo, no entanto.
yield *s.* rendimento, lucro, produto / *v.* render, produzir.
yo.ga *s.* ioga.
yolk *s.* gema de ovo.
yon.der *adv.* além, acolá, mais longe / *adj.* longínquo.
you *pron.* você, tu, vós, vocês.
young *adj.* jovem, moço.
your *adj. poss.* teu(s), tua(s); seu(s), sua(s).
your.self *pron.* teu mesmo, a você mesmo(a), próprio(a).
youth *s.* juventude, mocidade.

Z, z *s.* vigésima sexta letra do alfabeto inglês.
za.ny *adj.* tolo(a), bobo(a).
zeal *s.* zelo, fervor.
ze.bra *s.* zebra.
ze.ro *num.* zero.
zest *s.* vivacidade, entusiasmo; gosto, sabor; prazer.

zinc *s.* zinco / *v.* zincar, galvanizar.
zip code *s.* código de endereçamento postal (CEP).
zo.di.ac *s.* zodíaco.
zone *s.* zona, região.
zoo *s.* zoológico.
zo.ol.o.gist *s.* zoólogo(a).